京大的文化事典
自由とカオスの生態系
杉本恭子
FILM ART
フィルムアート社
吉田寮への
どうなん!?
こざっぱりとしてはる。
くまのまつり
OPEN
10·9
雑草

京大的文化事典

自由とカオスの生態系

はじめに――なぜ今、京大的文化を？

入試の季節に登場する折田先生像、タテカンが並ぶ石垣上のカフェ、あるいは伝説的なライブや演劇の場となった西部講堂、食堂をイベントスペースとして開く吉田寮など。京都大学には面白い空間や一風変わった風習がたくさんあります。これらを「京大的文化」と呼び、「実は、学問の自由を真剣に追求するがゆえの副産物ではないか？」という仮説のもと、きまじめに探求した結果を事典風にまとめたのが本書です。

わたしは、一九九〇年代に同志社大学で学生生活を送り、吉田寮食堂や西部講堂などで何かあるたびに遊びに行っていました。同志社と京大は、自転車で鴨川を渡って一〇分ちょっと。百万遍の交差点まで来るといつも、胸の奥まで空気を吸い込みたくなるような解放感がありました。行き交う京大生たちの間をすりぬけて右折すると、イベントがないときには眠っているような西部講堂があり、時計台前につづく東一条通り、ハモニカＢＯＸの裏、吉田寮がある近衛通りとどんどん空気の色が変わっていくのです。吉田寮のうっそうとした銀杏並木で自転車を降りるとなぜかいつもホッとしました。キャンパスではしょっちゅうやぐらに遭遇するし、こたつを出してお酒を飲む人もいるし、タテカンの種類と数ときたら圧倒的。いわゆる〝ふつう〟の学生や教職員さえ、どこかでそれを面白がっているという意味で共犯的に見えました。わたしが百万遍で感じていたのは、こうした京大のカオスな生態系が醸し出す空気、だったのかもしれません。

大学を卒業してからも、百万遍の交差点を通りかかると、その空気をふっと捉えていました。そして、「世の中がどう変わろうとも、京大だけはあのままなんやろな……」と勝手に思っていました。タテカンが強制撤去されたときでさえ、学生と京大当局の〝いつもの攻防戦〟が終わったら、タテカンは復活するだろうとたかをくくっていたのです。

どうやら風向きが変わりつつあることを認識したのは、本書の編集者・臼田桃子さん（二〇〇〇年度生）からメールをもらったとき。国立大学法人化が行われて以降、「日常の風景だった京大の自由な雰囲気が変わってきているのを感じていた」という彼女の言葉にどきりとしました。とにかく一度、ひさしぶりに京大に行ってみよう――吉田寮から吉田南構内、時計台のある本部構内へと歩いてみると、たしかに「自由な雰囲気」の濃度が薄くなった気がします。一方で、折田先生像はいまだ健在で、吉田寮や熊野寮の寮祭はあいもかわらず一週間以上やっているようです。今のうちに、京大的文化とその根っこにある大学自治とのつながりを伝えたいと思い本書をつくりました。

　同時に、京大的文化を生み出してきた、京大の「自由」という土壌を問い直したいとも思いました。いま、京大で起きていることは、個別京大だけの問題ではなく、日本社会、ひいてはこの世界の不自由さと地続きになっているはず。京大的文化の源流をたどり、現在起きていることを見ていくことは、「わたしたち自身はどうありたいのか」「どんな世界をつくりたいのか」を問うことにもつながると考えています。

　とはいえ、まもなく創立一二五年を迎える京大のすべてを扱うのはさすがに手に余ります。そこで、本書の取材執筆をするにあたり、大きなルールを設定しました。まず、わたしが知る一九九〇年代を起点として現在に至るまでの京大的文化を中心に扱うこと。卒業生・学生への取材は、原則として八九年度生以降を対象とすること。テーマは場と空間を軸とすること。そして、過去の記録としてではなく、あくまで「現在を問うもの」として書くことです。

　読み物として楽しんでもらえるように、京大的文化の歴史とその展開のプロセスを追うかたちで構成しましたが、「こたつ」とか「タテカン」とか、目次から気になる項目を引いて事典として使ってもらうのもアリです。それぞれに自由な読み方をして、いろんなふうに面白がってもらえたらうれしいです。

京都大学ざっくり略年表

京都大学（当時は京都帝国大学）の創立は、一八九七年六月。関西に帝国大学を設置する気運が高まるなか、西園寺公望（さいおんじきんもち）は日清戦争で得られた賠償金をもって、京都に帝国大学を設立することを提案。第三高等学校（以下、三高）の校舎と校地を京都帝国大学が使用し、三高は現在の吉田南構内に移転するというかたちで開校しました。

京都帝国大学は、東京帝国大学に次ぐ「二番目の大学」として、日本における大学のあり方を問う宿命を帯びていました。初代総長・木下広次先生が目指したのは、自由な学問研究と学生の自主性を重んじるユニークな教育システムでした。

のちに、京大生たちは、反帝国主義的な政治運動のなかで、日清戦争の賠償金によって開校したという意味を問い直すようになりました。また、三高および京都大学が目指してきた自由な学問研究のあり方は、本書で見ていく京大的文化の根本にも深く関わっています。ここでは、創立から現在までの京都大学の略史を、ざっくりと振り返っておきたいと思います。

明治二年

1869

一八六一（文久元）年に、長崎で設立された長崎養生所（のちの長崎精得館）の理化学部門を大阪に移設し、舎密局（せいみきょく）（のちの理学所）が開校される

明治三年

1870

理学所と洋学校を合併し、開成所と改称。開成所はのちに大阪専門学校となり、大阪中学校、さらに大学分校と改称される

明治一九年
1886
大学分校、第三高等中学校と改称

明治二七年
1894
一八八九（明治二二）年に京都に移転した、第三高等中学校、第三高等学校と改称

明治三〇年
1897
京都帝国大学創立。理工科大学設置

明治三二年
1899
法科大学、医科大学、図書館、医科大学附属医院設置

明治三九年
1906
文科大学設置

大正二年
1913
吉田寮開寮。地塩寮の前身となる京都大学YMCA寄宿舎開寮。京大事件（澤柳事件）[※1]が起きる

大正三年
1914
理工科大学を、理科大学と工科大学に分離。京都大学YMCA会館竣工

大正八年
1919
各分科大学を「学部」に改称。法学部、理学部、工学部、医学部、文学部となる。経済学部設置

大正一二年
1923
農学部設置

大正一四年 1925
時計台竣工、日本で初めて治安維持法が適用された京都学連事件[※2]が起きる

昭和八年 1933
滝川事件[※3]

昭和一二年 1937
柔剣道場（西部講堂の前身）竣工

昭和一五年 1940
学旗・学歌制定。京大から多数の医師が七三一部隊[※4]に参加

昭和一八年 1943
学生の徴兵猶予停止、学徒出陣はじまる

昭和二一年 1946
正規学生として、はじめて女子が入学する

昭和二二年 1947
京都帝国大学を、京都大学に改称

昭和二四年 1949
新制・京都大学発足。教育学部を設置。第三高等学校を統合し、大学分校（のちの教養部）を設置

昭和二五年 1950
第三高等学校を廃止、宇治分校（のちの宇治キャンパス）開校

昭和二六年
1951
京大天皇事件[※5]が起きる

昭和三五年
1960
薬学部設置

昭和三八年
1963
大学分校を教養部に改称

昭和四〇年
1965
熊野寮開寮

昭和四四年
1969
京大闘争。約一年間にわたり、教養部がバリケード封鎖される

昭和四八年
1973
竹本処分粉砕闘争がはじまる[※6]

昭和五二年
1977
竹本信弘経済学部助手の分限免職処分決定

平成元年
1989
吉田寮の在寮期限の執行完了

平成四年
1992
総合人間学部設置、教養部廃止へ。大学院重点化はじまる

平成一四年
2002
A号館本館の取り壊し

平成一五年
2003
大学院工学研究科、桂キャンパスへの移転はじまる

平成一六年
2004
国立大学法人法の制定を受け、国立大学法人京都大学設立

平成二五年
2013
国際高等教育院設置

平成二七年
2015
吉田寮食堂の補修が完了、新棟竣工する

※1 **京大事件** 澤柳事件とも呼ばれる。澤柳政太郎総長（当時）は、教学の刷新を理由に七人の教授を罷免。法科大学（現・法学部）の教授・助教授は「教授の人事権は教授会にあり」と主張。教授会の任免権を求める意見書を作成し、新聞などを通じて世間にも広く訴え、抗議の連帯辞職を行った。奥田義人文部大臣（当時）は、法科大学の主張を認め、澤柳総長は依頼免官に至った。教授会自治を確立させた事件とされる。

※2 **京都学連事件** 京都帝国大学、同志社大学などのマルクス主義を研究する社会科学研究会が弾圧された事件。学生三三名が検束された。当時、全国の大学、高校などの社会科学研究会が参加する学生社会科学連合会が、「学連」と

呼ばれていたことから事件名にその名がある。

※3 **滝川事件** 「学問の自由と大学の自治」一四九頁参照

※4 **七三一部隊** 満州に拠点を置いていた大日本帝国陸軍の研究機関。正式名称は関東軍防疫給水部本部で、兵士の感染症予防等の研究と同時に生物兵器の研究・開発も行い、そのための人体実験も行っていた。「七三一部隊」はその秘匿名称。

※5 **京大天皇事件** 昭和天皇が京都大学に来学したとき、多数の学生が正門付近に押しかけ、全学学生自治会・同学会が公開質問状の提出を試み、また自然発生的に反戦歌「平和を守れ」の大合唱が起きて一時騒然とした。京大当局は、同学会の解散命令を出し、幹部八名の無期停学処分を下した（同学会は一九五三年に再建）。

※6 **竹本処分粉砕闘争** 経済学部助手だった竹本信弘氏（ペンネーム、滝田修）の処分をめぐる闘争。竹本氏は助手の立場ながら京大闘争に参加し「日本のゲバラ」と呼ばれた活動家。一九七一年八月に起きた朝霞自衛官殺害事件の首謀者として指名手配を受けたが、「身に覚えのない濡れ衣を晴らす義務はない」と竹本氏は地下に潜行。逮捕されるまで、一〇年七カ月に及ぶ逃亡生活を送った。一九七三年一月、経済学部教授会は本人との連絡が取れないことなどを理由に竹本氏の分限免職処分を京大評議会に上申。これを不当とした学生側は処分の撤回を求める運動を展開。学生が「竹本処分粉砕」と大書した時計台の姿は七〇年代京大のシンボルだった。一九七七年六月、評議会は竹本氏の処分を決定。時計台の字もいったん消されたが、学生は「竹本処分粉砕」とあらためて時計台に描いた。

時計台、一九七七年 時計の下に「竹本処分粉砕」の文字が見える（提供：京都大学大学文書館）

京大的文化的キャンパスマップ

＊印を付した場所は、過去に存在したスポット。

Ⓐきんじハウス＊
1995年6～8月まで、有志グループが旧動物別館を占拠しフリースペースになっていた。

Ⓑアトリエハニー（旧郡役所）**＊**
きんじハウスと同時期に半占拠状態になり「アトリエハニー」と名付けられていた。

Ⓒ旧S自BOX＊
以前のS自BOX（理学部自治会）はこのあたりにあった。

Ⓓ旧A自BOX＊
以前のA自BOX（農学部自治会）はこのあたり。元学部長室だったため家具が立派だった。

ⒺS自BOX
現在のS自BOX（理学部自治会）。理学部1号館中庭にある。

ⒻA自BOX
現在のA自BOX（農学部自治会）は、農学部総合館北側一階。ビラがたくさん貼られた入り口が目印。

Ⓖ西部講堂
数多くの伝説をつくってきた西部講堂。独特のオーラを発している。

Ⓗ石垣★カフェ＊
「石垣撤去反対」を掲げた石垣★カフェはここにあった。

Ⓘ旧学生部＊（教育推進・学生支援部棟）
旧学生部は、学生との交渉窓口であり、何かあるたびに占拠されたが、学生のよき理解者でもあった。

Ⓙ時計台
かつては総長室もあった京大当局の象徴。占拠されたり、前で集会やライブが行われたり、「竹本処分粉砕」と書かれた時代もあった。

Ⓚクスノキ
16枚張りの巨大タテカンが出る場所。くびくびカフェもこのクスノキの下にあった。

ⓁJ地下
J自BOX（法学部自治会）がある。

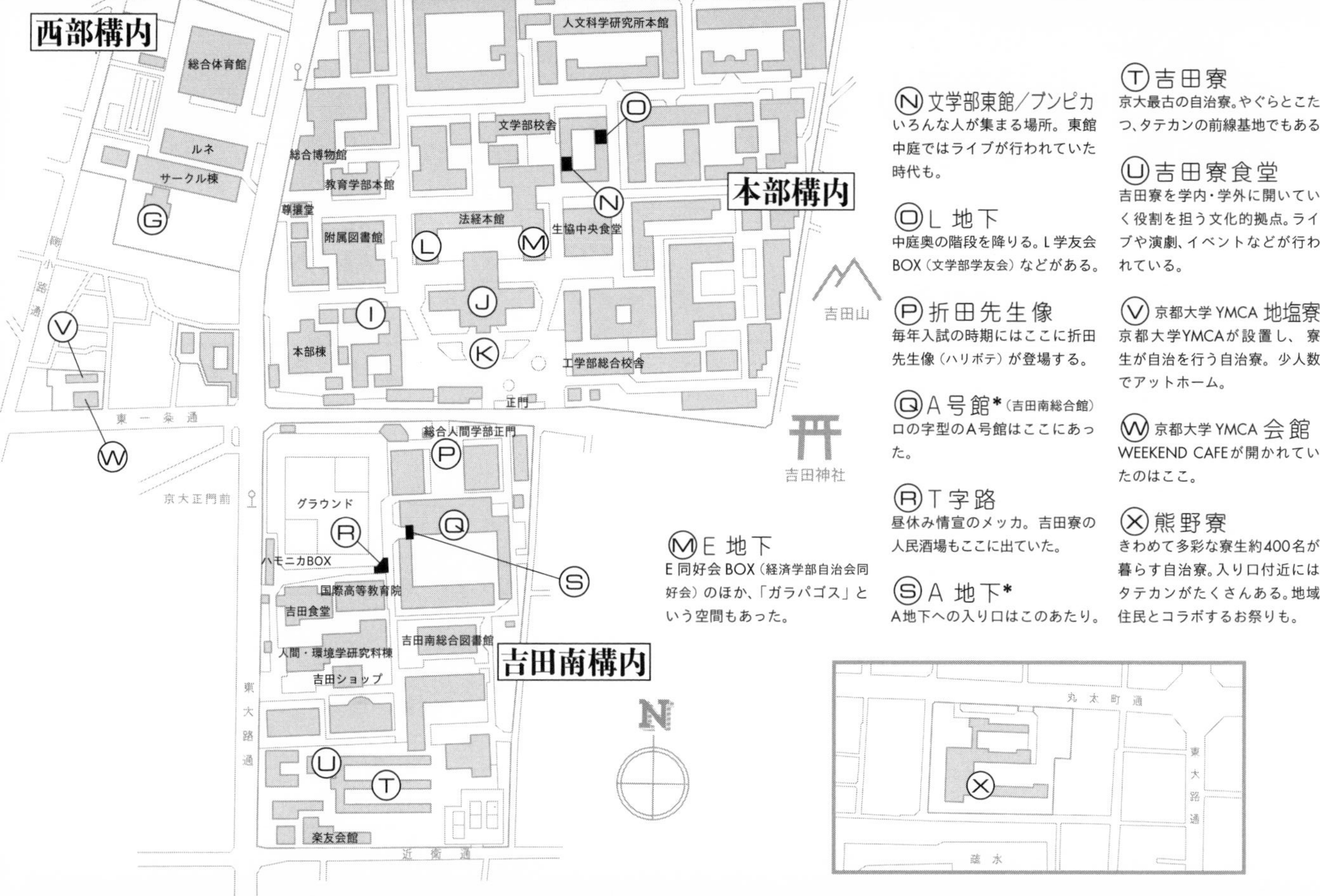

Ⓜ E 地下
E 同好会 BOX（経済学部自治会同好会）のほか、「ガラパゴス」という空間もあった。

Ⓝ 文学部東館／ブンピカ
いろんな人が集まる場所。東館中庭ではライブが行われていた時代も。

Ⓞ L 地下
中庭奥の階段を降りる。L 学友会 BOX（文学部学友会）などがある。

Ⓟ 折田先生像
毎年入試の時期にはここに折田先生像（ハリボテ）が登場する。

Ⓠ A 号館*（吉田南総合館）
ロの字型のA号館はここにあった。

Ⓡ T 字路
昼休み情宣のメッカ。吉田寮の人民酒場もここに出ていた。

Ⓢ A 地下*
A地下への入り口はこのあたり。

Ⓣ 吉田寮
京大最古の自治寮。やぐらとこたつ、タテカンの前線基地でもある。

Ⓤ 吉田寮食堂
吉田寮を学内・学外に開いていく役割を担う文化的拠点。ライブや演劇、イベントなどが行われている。

Ⓥ 京都大学 YMCA 地塩寮
京都大学YMCAが設置し、寮生が自治を行う自治寮。少人数でアットホーム。

Ⓦ 京都大学 YMCA 会館
WEEKEND CAFEが開かれていたのはここ。

Ⓧ 熊野寮
きわめて多彩な寮生約400名が暮らす自治寮。入り口付近にはタテカンがたくさんある。地域住民とコラボするお祭りも。

『京大的文化事典——自由とカオスの生態系』目次

凡例

・各項目間の相互関係をつかんでもらえるよう、他項目のワードの初出は太字とし項目番号を付した。

・各項目の理解の助けとなるキーワードに▼印を付し、近接するページ下部に注記を入れた。

序章 折田先生像と「自由」

折田先生像（ハリボテ）

0-3

が現れるのは、入学試験がはじまる二月下旬の吉田南構内。毎年、新聞などに取り上げられているので、ご存知の方も多いのではないでしょうか。もうすっかり、京大（あるいは京都）の風物詩のひとつに収まっています。

本書の、あるいは京大的文化の入り口として、まずは折田先生像（ハリボテ）から書き起こしたいと思います。なぜなら、折田先生像（ハリボテ）は、京大的文化に共通する要素を三つも兼ね備えているからです。ひとつずつ、説明してまいりましょう。

ひとつめは、キッチュなサブカルに見せかけて注目を集め、紐解いていくと本質的な問いに至る仕掛けになっていること。

折田先生像（ハリボテ）は、そもそも「折田先生」の姿をかたどったものではなく、アニメのキャラクターやゆるキャラなどをモチーフにしています。はじめて見る人は、「なんで、『折田先生像』なのだろう？」と首をかしげると思います。ひとつ気になることがあると、疑問は次々に湧いてくることでしょう。「ていうか、折田先生って誰？」「なんでここに置いてあるの？」などなど。これらを順に紐解いていくと、「大学のあり方に対する問い」が現れ、最後には建学の精神である「自由の学風」[※1]にまでたどり着くのです。

ふたつめは、ハリボテとて、決して侮ることができないのが京大です。京大の基本理念において、自学自習を促す根幹とされる「対話」[※2]によって成立していること。もっとも、折田先生像（ハリボテ）においては、非言語的な対話ではあるのですが。

例年、折田先生像（ハリボテ）は、入学試験前夜にどこからか運ばれてきて、ひそやかに設置され（ることになってい）ます。予定はわかっているわけですから、〝犯人〟を捕まえるのは難しくないはず。ですが、京大当局が〝犯人〟探しをしたという話を聞いたことはありません。ただただ、学生は折田先生像（ハリボテ）をつくってゲリラ的に設置し、「もうよいですか？」というタイミングを見計らうかのごとく当局はそれを撤去する。まるで潮の満ち引きのように、このやりとりだけが淡々と繰り返されてきました。折田先生像（ハリボテ）を設置したい学生と、それを撤去したい京大当局。一年に一度、双方の意思を確認することで、対話は継続されているのです——これは非常に高度なコミュニケーションだと考えられます[※3]。

そして三つ目は、京大当局を含む全学的な参加を促す運動性を秘めていることです。はじめは、一過性の事件だった**折田先生像**（銅像）0-2は、ふとしたことからレスポンスが被せられたことにより、連続性のある表現物へと進化しました。さらに、**当局の看板**0-4を出してしまったせいで、京大当局までもがうっかり巻き込まれるに至っています。今や、原形を一切留めていない折田先生像（ハリボテ）ですが、「折田先生像」という五文字のキーストーンが埋め込まれている限り、運動は続いてしまうのです。たとえ、制作者たちにはその意思がまったくなかったとしても。

実は、これらの要素は、京大に現れるさまざまな造形物にも共通して見られる種類のものです。まずは、折田先生像の理解を深めることによって、さまざまな事象を面白がる視座を築いていきましょう。

0-1

折田彦市【おり・た・ひこ・いち】

折田先生像（銅像）のモデルとなった人物。一八四九～一九二〇（嘉永二～大正九）年、薩摩藩生まれ。旧制第三高等学校（三高）初代校長である。十代半ばで藩主・島津茂久に仕え、一九歳で西郷隆盛の推薦により岩倉具視▼に近侍。岩倉の子息に随行して渡米し、七年間の留学生活を送る。ニュージャージー大学（現・プリンストン大学▼）で、文学士（Bachelor of Arts）および文学修士（Master of Arts）を取得。帰国後、一八七六（明治九）年文部省に入省。一八七九（明治一二）年に体操伝習所主幹に任命されて以降は教育界の人となる。一八八〇（明治一三）年以降三〇年間は、三高およびその前身校▼の校長を務めた。

折田彦市（以下、先生）は、一二〇年以上にわたる京大の歴史において、もっとも長く、そしてもっとも深く愛されている人物である。「生徒の人格を認めることから教育が始まる」[※4]という信念をもち、三高から京大へと自由の校風▼をインス

岩倉具視（いわくらともみ）
一八二五～八三年。日本の公家、政治家。公武合体を唱え、王政復古の実現に参画。維新十傑のひとりに数えられる。明治維新後は、先進的な欧米諸国の視察および不平等条約の改正のため派遣された岩倉使節団に、特命全権大使として自ら参加した。

プリンストン大学
一七四六年に創立された米・ニュージャージー州の私立大学。アイビー・リーグ八校の一校。リベラル・アーツ教育を伝統とし、専門職大学院を設置していない。ノーベル賞受賞者を六八名輩出している。

三高およびその前身校
三高は、一八六九（明治二）年五月一日、大阪で設置された舎密局（せいみきょく）を起源とする。折田先生は、一八七九年（明治一二）に改組された大阪専門学校の校長に赴任する。同校は、一八

トールした。

たとえば、教職員と生徒がお互いに「さん付け」で対等に呼び合うことを定めた「生徒称呼（しょうこ）ノ事」は、教師の威厳が重んじられた明治時代の教育現場においては、非常に先進的な取り決めだった。なぜ、薩摩武士だったはずの先生が、これほどまでに上下関係にこだわらず、学生の人格を尊重することを第一に考えられたのだろうか。

その背景にあるのは、先生が七年間を過ごしたアメリカでの経験だ。プリンストン大学で、リベラル・アーツ▼とキリスト教に出会った先生は、一人ひとりの人格を尊重する環境のなかで、薩摩武士としてのアイデンティティを解体。代わりに、「自由」や「自主独立」の精神を培ったようだ。

三高の卒業生は、「三高の自由は折田校長の人格に由来する」というが、まさに先生はその人格を通して「自由」を伝えた。学生たちの自主性を重んじて極力干渉はせず、やりたいことをするにまかせ、何よりも学生たちと親しむことを心から喜んだ。しばしば寄宿舎の風呂に一緒に入って学生と話したし、「卒業したらもう先生ではない。お友達だ」と、卒業生たちと親交を結んだという。学生たちは鷹揚で誠実な先生を、「第二の父」「神のごとき存在」と呼んだ。三高卒業生が残した古め

八〇（明治一三）年には官立大阪中学校に、一八八五（明治一八）年には大学分校に改称。翌一八八六（明治一九）年に第三高等中学校となり京都移転が決定する。一八九四（明治二七）年、高等学校令に基づき第三高等学校に。一九五〇（昭和二五）年、新制京都大学への合同を経て廃止され、一般教育を担当する大学分校になる。
→教養部 1-1

自由の校風
京都大学の「自由の学風」と、三高の「自由の校風」は同一視されがちだが、少し異なる部分があるように思う。コラムにて後述する。

リベラル・アーツ
古代ギリシャにおける「自由民として教養を高める教育」を起源とし、ローマ時代に「自由七科」（文法、修辞、弁証、算術、幾何、天文、音楽）として定義された。この七科の上位に位置すると考えられたのが哲学である。一三世紀ヨーロッパで大学が誕生すると、神学部や医学部に進む前に自由七科を学ぶことが公式に定められた。現代の日本においては、専門教育の前段階として、人文科学・社会科学・自然

かしい文章を読むと、先生への敬慕の念がむんむんに伝わってくる［※5］。

興味深いのは、いくら調べても「三高の校風は『自由』である」と先生自らが定義したという記録が見当たらないことだ。むしろ、先生自身は「学校は自分の物ではなく、いつ校長が変わらぬとも限らない」のだから、「自分の意見方針を際どく現す」ことも、「特殊な校風を打ち立てることもなかった」と述懐している［※6、7］。

にもかかわらず、三高生たちは先生の退任後に就任した新校長に対し、自由な校風を伝統として遵守するように迫ったという。おそらく、先生の教育、そして人格そのものを通して受け取ったものを、三高生たちが言語化して共有したのが「自由の校風」だったのではないだろうか。先に言葉があったのではなく、みなでつくりあげた校風を「自由」と名付けたという経緯には、何かしら心を打たれるものがある。

科学の基礎分野を横断的に学ぶ科目群や教育プログラムを「リベラル・アーツ教育」または「一般教養」と呼ぶことが多い。折田先生が触れたのは、アメリカのリベラル・アーツ・カレッジ。全寮制少人数教育、教官と学生のつながりの強さなど、三高のあり方に強く影響している。

折田彦市（提供：京都大学大学文書館）

0-2

折田先生像（銅像）【おり・た・せん・せい・ぞう［どう・ぞう］】

折田先生の功績を讃えるためにつくられた銅像。三高創立七〇周年記念事業として一九四〇（昭和一五）年に建立されたが、翌年には太平洋戦争による物資不足を補うために施行された金属類回収令により供出。代わりに石膏像が制作される。一九五五（昭和三〇）年、同窓生による銅像再建募金によって、彫刻家・辻晋堂▼（京都市立芸術大学名誉教授）にあらためて銅像制作を依頼。同年一一月六日、ご遺族参列のもとに除幕式が行われた。

折田先生像（銅像）はかつて、旧三高構内（現・吉田南構内）にあった。そして、多くの銅像がそうであるように風景に同化し、特に学生たちの関心を引くこともなかったのである――あの事件が起きるまでは。

一九八八年、学生間の対立（いわゆる内ゲバ）への介入のため、京大には機動隊が三回も〝乱入〟している（うち二回は学生数百人を実力排除）。このとき、折田先生像（銅像）は赤く塗られ、「怒ってゐる」と添え書きされた。「機動隊乱入への抗議活動の一環として、怒りを表現したかったらしいですね。折田先生が誰かは知らなかったそうで

辻晋堂
一九一〇～八一年、鳥取生まれ。元・京都市立芸術大学彫刻科教授。その作品はサンパウロ・ビエンナーレやベネチア・ビエンナーレなど、国際的な彫刻展にも招待出品された。折田先生像（銅像）もまた、すぐれて味わい深い作品である。ぜひ、百周年時計台記念館で対面してほしい。

す」と話すのは**折田先生を讃える会** 0-5 の管理人・角山雄一さん。同会宛てに、銅像を赤く塗った本人を名乗る人から情報が寄せられたという。

その後、折田先生像は洗浄され、一度は元の姿を取り戻す。しかし、一九九〇年頃、ふたたび顔を赤く塗られて台座▼に「怒る人」の落書きを受けた。京大当局がこの状態をしばらく放置している間に、折田先生像（銅像）は「怒る人」と呼ばれるようになっていたらしい。すると、今度は顔の部分が青く塗り直され、台座には「怒らないで」と上書きされたのである。

この応酬をきっかけに、折田先生像（銅像）へのいたずらは常習化する。像への加工も、「塗る」だけに留まらず、被り物や付属品を用いたものへとエスカレート。本体部分がまったく見えない「仮装」状態にまで突き進む。「銅像アート」として、学外にも一定のファン（あるいはウォッチャー）を生み出した。

この状況に対して、京大当局は決して手をこまねいていたわけではない。おそらく、「わかっていると思うけど、汚さないでほしい」という意思表明だったのだろう。像が汚されるたびに洗浄を繰り返したが、いたずらはいっこうに止まない。ついには、その意思を言語化した、**当局の看板** 0-4 の掲示に踏み切る。ところが、この看板自体もまた**折田先生像（ハリボテ）** 0-3 を構成する新たなアイテムとして取り込

台座

石造りの台座で、前面に「折田先生像」、背面に折田先生について書かれたプレートが嵌められていた。銅像撤去後、「総合人間学部構内（当時）の植え込み裏に台座が転がっている」というタレコミが折田先生を讃える会に寄せられる。同会管理人が自ら検証に訪れたところ実際に台座は転がっていた。詳しくは同会ウェブサイトにて。↓**折田先生を讃える会** 0-5

怒る人、一九九一年（撮影：ななしさん、提供：折田先生を讃える会）

まれてしまうのだった。

いたずらと洗浄の繰り返しによって、像の傷みも限界に達していたのだろうか。とうとう折田先生像（銅像）が姿を消す日がやってきた。一九九七年四月、京大当局は「総合人間学部の講義棟群の建て替え計画」を理由に銅像を撤去し、総合人間学部図書館（現・吉田南総合図書館）の地下に保管する。二〇一三年以降は、百周年時計台記念館の一階歴史展示室にて、修復された銅像（本物です）が公開されている。ちなみに、当時を知る複数の卒業生は「一連のいたずらが行われていた間、ほとんどの学生は折田先生が誰なのかを知らなかったはず」と証言する。

時計台は、三高本館の跡地に建てられている。折田先生は、校長の日々を送った場所から、今日も京大生をあたたかく見守っているのだろうか。校長退任のスピーチで語られた、「余は卅（さんじゅう）年来此校に在り今別れるとも心は永く留まって諸君と共にあるだらう」という言葉のままに[※8]。

撤去される前の折田彦市像、一九九四年
（提供：京都大学大学文書館）

0-3

折田先生像（ハリボテ）【おり・た・せん・せい・ぞう［はり・ぼて］】

折田先生像（銅像）が撤去された後、一九九八年以降に出現した、「折田先生像」を名乗りつつも、折田先生とはまったく無関係な姿をしているハリボテ群のこと。主にアニメのキャラクターやゆるキャラを模しており、選ばれるモチーフは世の中の流行との関連性もあるようでなかったりする。入学試験がはじまる二月下旬に、折田先生像（銅像）があった場所付近に設置される。

折田先生像（**銅像**）0-2が撤去されても、折田先生像の歴史は終わらなかった。翌一九九八年には力石徹▼の姿になった**折田先生像**（**ハリボテ**）が、台座（もちろんハリボテ）とレプリカになった**当局の看板**0-4の三点セットで出現。このときから、「折田先生像」の伝説は新たな局面に突入した。

しかし二〇〇一年には、総合人間学部の講義棟群の建て替え工事が本格化。銅像のあった場所も立ち入り禁止区域になってしまう。「さすがにこれで幕引きか」——と誰もが思ったことだろう。ところが、翌年三月。総合人間学部図書館（現・吉

力石徹
漫画作品『あしたのジョー』（高森朝雄原作、ちばてつや作画）の登場人物。主人公・矢吹丈のライバル。

ゴルゴ13
漫画『ゴルゴ13』（さいとう・たかを作）の主人公。超一流スナイパーであり、暗殺者「ゴルゴ13」ことデューク東郷。

てんどんまん
テレビアニメ『それゆけ！ アンパンマン』（やなせたかし原作）のキャラクター。アンパンマンの友人。

地デジカ
地上デジタルテレビ放送（地デジ）完全移行を推進するキャンペーン用のキャラクター。地デジ完全移行は二〇一一年七月を目標としていた。

田南総合図書館）前に、折田先生像（ハリボテ）がナウシカの姿で現れたのである。しかも王蟲まで連れて……。以降、ゴルゴ13▼（二〇〇三）、てんどんまん▼（二〇〇八）、地デジカ▼（二〇一二）、キョロちゃん▼（二〇一四）、カービィ▼（二〇一六）、そしてリセットさん▼（二〇一八）、小渕恵三元首相（二〇一九）などなど。現在に至るまで毎年欠かさず「折田先生像」の名を冠するハリボテは制作されている。

銅像の時代から数えれば、すでに三〇年以上の時が過ぎた。学生は卒業して入れ替わっているはずなのに、律儀にも折田先生像（ハリボテ）の制作は絶えることなく受け継がれている。「誰がつくっているのかわからないのに続いている」ということも、ハリボテを構成する重要な特性のひとつである。

キョロちゃん
チョコボール（森永製菓）のマスコットキャラクター。

カービィ
ゲームソフト『星のカービィ』（任天堂、HAL研究所）の主人公。ピンク色で丸い。

リセットさん
コンピュータゲーム『どうぶつの森』（任天堂）のキャラクター。プレイ中にリセットボタンを押したり、セーブしないで電源を落とすと、次回プレイ時に現れて関西弁で説教をする。

ナウシカと王蟲、二〇〇二年（提供：折田先生を讃える会）

ゴルゴ13、二〇〇三年（提供：折田先生を讃える会）

小渕恵三先生、二〇一九年（撮影：筆者）

0-4 当局の看板【とう・きょく・の・かん・ばん】

一九九四年、折田先生像への度重なるいたずらに対し、京大当局（総合人間学部）が制作した小さなメッセージ看板。現在は、この看板のレプリカも折田先生像（ハリボテ）を構成する一部になっている。看板の裏には、なぜか女性アイドルの写真シールが貼付される。

折田先生像（銅像）0-2の時代に、ひたすら洗浄するという行為をもって意思表示をしていた京大当局が、一度だけ言葉によって語りかけたのが**当局の看板**だ。以下、原文である。

折田彦市先生は
第三高等学校の校長として
京大の創設に尽力し、
京大に自由の学風を

築くために多大な功績を残した人です。
どうかこの像を汚さないで下さい。
総合人間学部

ずいぶん控えめな物言いだと思われるだろうか？　でも、ここで「像を汚すな」と禁止したなら、「なぜ像を汚してはいけないのか」をめぐる対話をはじめなければならない。像を汚してはいけない理由を論証できなければ、学生側の思うツボ……だった可能性も否定はできない。いろいろ考えていると、「どうかこの像を汚さないで下さい」の一文に泣けてくる。

しかし、当時の学生たちはここで引き下がるほど甘くはなかった。まずは台座にスプレーで「この像を汚さないで」と雑にレスポンス。**折田先生像**（ハリボテ）0-3の時代に入ると、文面をパロディ化した当局の看板のレプリカは、さながら脇侍▼のごとく必須アイテムと化した。

当局の看板のレプリカの初出は、ハリボテ第一号・力石徹のとき。以降、折田先生像（ハリボテ）は、当局の看板と台座の三点セットで設置されるようになった。第二号ラオウ▼のときの文言はこんな調子である。

脇侍
「わきじ」「きょうじ」と読む。阿弥陀如来とその両脇の観音・勢至菩薩のように、本尊とされる仏像の両脇に侍するものをいう。

折田彦市先生は
ケンシロウの強敵（とも）として
漢（おとこ）の生き様を貫き、
京大生に反骨の精神を
築くために多大な功績を残した人です。
我が生涯に一片の悔いなし！

武論尊▼

このほか、京大当局が「折田先生像」に関する公式見解を表したのは二〇〇八年。この年の折田先生像（ハリボテ）のキャラクター「てんどんまん」に対し、「『アンパンマン』の一連の著作権を有する企業」からの問い合わせを受けたときだ。京大当局はウェブサイトで、「吉田南構内の風物詩の一つとして一定の期間状況を見守っています」とコメント▼を発表している。もう少し、続きを引用してみよう。

「ただ、この数年は何者かによって壊されることが続いております。悪戯なのか気に入らないのか動機は定かではありませんが、誰のものであれ創作物を壊すとい

ラオウ
漫画『北斗の拳』（武論尊原作、原哲夫作画）の主要キャラクター。北斗四兄弟の長男。世紀末覇者拳王を名乗る。

武論尊
一九四七年～。長野生まれ。漫画原作者。『北斗の拳』『ドーベルマン刑事』ほか、代表作多数。

コメント
高等教育開発推進機構（当時）のウェブサイト内で発表された。現在、該当ページは削除されている。

う行為は、最も悪質で下劣で野蛮な行為です。今年はそのようなことがないように、無事折田先生像が役目を全うされることを望んでいます」

「風物詩の一つ」として黙認するのみならず、折田先生像（ハリボテ）を「折田先生像」とさえ呼んでいる。というか、「折田先生像の役目」とはいったい……？　このように京大当局の一貫して煮え切らないスタンスもまた、「折田先生像」というクリエイションに寄与してきたと言えるのかもしれない。

ラオウ、二〇〇〇年（提供：折田先生を讃える会）

0-5

折田先生を讃える会【おり・た・せん・せい・を・たたえる・かい】

二〇〇二年開設、銅像からハリボテまで、折田先生像に関する情報をまとめたウェブサイト。管理人は京都大学環境安全保健機構放射性同位元素総合センター助教の角山雄一さん。院生時代に折田先生像（銅像）に出会って衝撃を受け、助教として戻ったときには「ナウシカ」の折田先生像（ハリボテ）に再会して感激。折田先生像の観察とアーカイブに着手したことから、折田彦市先生本人にも深い敬意を抱くに至る。二〇一九年現在、会員数は三〇六名。折田先生の生涯を追いかけたウェブサイト「前略　折田彦市先生」を併設。https://sites.google.com/site/freedomorita/

折田先生を讃える会の管理人、角山さんが京都大学大学院に入学したのは、ちょうど**折田先生像**（銅像）0-2が七変化をしはじめた頃。折田先生像（銅像）をめぐる学生と京大当局のやりとりを見て、「やっぱり京大は全然違うなぁ」と感じていたという。「エキセントリックなことをバン！とやる学生たちの突飛さと、それを許容して受け入れる京大当局。その度量の深さには、ものすごく惹かれるものがありましたね」

助教として京大に就職した二〇〇二年三月初旬、角山さんは偶然通りかかった総合人間学部図書館（現・吉田南総合図書館）前で**折田先生像（ハリボテ）**0-3の「ナウシカ」に再会する。「ぞわぞわっとしましたね。僕の専門である放射線の世界を考えるうえで、『風の谷のナウシカ』は非常に大切な話なんですよ。漫画も全巻持っていて何回も読み直しているほどです」。それと同時に、「銅像がないのにハリボテが現れる」という事態の〝異常さ〟にも好奇心を掻き立てられた。「これは記録に残したい」と感じた角山さんは、像の写真をアーカイブ▼として整理するとともに、折田先生その人を伝えるウェブサイトを立ち上げ。「折田先生のことをちゃんと知ったうえで愛でましょう」という思いを込めて、折田先生を讃える会と名付けた。それからもう二〇年近くなるが、折田先生像（ハリボテ）のモチーフが何になるのか、「予想が当たったことは一度もないです」と角山さんは笑う。

現在、折田先生を讃える会には、折田先生像（銅像）時代からの写真付き年表が整備されている。その情報の多くは、卒業生や教官たちによってもたらされたものだ。撤去されて行方がわからなくなっていた折田先生像（銅像）の保管場所も、内部関係者が「総合人間学部図書館地下にある」と情報をリーク。角山さんは保管場所に潜入し、銅像の撮影に成功している。「僕は理系だから、虫の観察記録をつけている

アーカイブ
折田先生を讃える会以前に、人間環境学研究科桜川研究室のウェブサイト内に、折田先生像の写真をアップするページがあった。当時はフィルムカメラの時代。現像した写真をスキャンしてアップロードするという、非常にめんどうなアーカイブ作業が行われていた。角山さんが折田先生を讃える会をはじめたきっかけのひとつには、この桜川研の活動があった。

ような気分。応援も批判もなく、傍観者として図鑑をつくるようなイメージですね」。あくまで〝ウォッチャー〟としての立場は崩さず、「誰がつくっているのか」については一切関知しようとしない。

角山さんは、三高同窓会にコンタクトをとり、ご高齢の卒業生から思い出話も聞いたそうだ。彼らに紹介された資料を読みふけり、知れば知るほどに「三高と折田先生のファン」になっていった。「日本におけるリベラル・アーツを考えるうえでも、折田先生は外せない重要な人物なんですよ。学生が勝手にやっていることを生暖かい目で見るという京大当局のスタンスも、三高から受け継がれたものだと思いましたね」。折田先生を讃える会のトップには、「折田彦市先生ノ事」というリンクが貼られており、角山さんが執筆した「折田先生入門ガイド」を読むことができる。「先生が何をした人なのかをきっちり押さえておくほうが、より深くいたずらを楽しめると思いますよ」

東日本大震災以降、角山さんは福島第一原子力発電所の事故で被災した町の学校などを舞台に、「リスクリテラシー教育」に取り組んでいる。放射線のリスクや社会問題を捉えるには、放射線の知識やエネルギー政策だけでなく、被災地の状況なども知らなければならない。「先端科学技術は、常にリスクとベネフィットのバランスで成立しています。放射線を学ぶことは、テクノロジーが発展する世の中で生きていくうえでよい教材になる」と角山さんは話す。「多角的にいろんな知識を勉強してはじめて全体像が見えてくるというのは、リベラル・アーツそのもの。今の僕は折田先生が目指そうとしたことを地でやっているのかもしれません」

角山さんは、折田先生像（ハリボテ）をつくる人たちにも、「たとえいたずらでも、とことん突き詰めるべき」とエールを送る。「突き詰めていけば、『本当にこの現状でいいの？』『みんなが信じている常識って根拠あるの？』というところまでいくと思うんです。それって真実を求めることにつながるんじゃないかな」。もはや、ハリボテ・ウォッチングからはじまったとは思えないほどいい話になっている。

コラム：もっと深く考えるために

自由の学風

「京都大学は一八九七年の創立以来、『自重自敬』の精神に基づき自由な学風を育み、創造的な学問の世界を切り開いてきました」[※9]――京都大学ウェブサイトに掲載されている、第二六代京都大学総長・山極壽一先生のメッセージの冒頭です。すらっと流れるきれいな文章ですが、足を止めるべき言葉がいくつか含まれています。

まずは、「自重自敬」。「自重」も「自敬」も、大きくいえば「自尊」を意味しますが、「自敬」はドイツ語の「Selbstachtung」の和訳。「人格の尊厳ないし絶対の価値を自己自身に認める意識」[※10]であり、他者についても同じく人格の尊厳を認めることまでも含むという哲学の言葉です。第一回京都帝国大学入学宣誓式において、初代総長・木下広次先生が「大学学生に在りては自重自敬を旨とし以って自立独立を期せざるべからず」[※11]と語ったことに由来します。

京都帝国大学ができるまでは、日本の大学といえば帝国大学（のちの東京大学）ひとつだけでした。木下先生は「本学は東京帝国大学の支校ではなく、規模小なりといえども独立の一大学」であることを目指し、京大ならではの特色を打ち出しました。何よりも大切にしたのは、学生が自主的な学習研究活動を行える環境づくりです。たとえば、年級制を採用する東大に対して履修科目の一部を自由に選択できる科目制を採用。修学年限は三年以上五年以内と幅をもたせ、休学の理由として「個人的に余儀なき場合」を認めています。これらはいずれも「学生の人格を認め個性を尊び、真理愛好の精神を涵養せんとの深き意に出たもの」[※12]。木下先生は、式辞などで繰り返し学生を「大人君子」として遇することを伝えたそうです。また、学問においても生活においても、細かな干渉を行わないことも明言していました。

木下先生がつくろうとした京大独自の「自由の学風」は、隣接していた三高の「自由の校風」と混ざりあいながら、「現実的、具体的歩みの中で、おのずと歴史的に形成されてきた『生きた理念』［※13］となりました。教育においては、規則や必修単位数で学生を管理しようとはせず、あくまで学生自らの探究心による勉学が行われることを重視。学内の意思決定においても、教職員や学生の意見を反映する「大学自治」が行われてきたというわけです。

二〇〇一年、京大は「京都大学の基本理念」を制定しましたが、その前文にも「創立以来築いてきた自由の学風を継承し、発展させつつ」と書かれています。一二〇年を超える歴史のなかで、「自由の学風」という言葉はそれぞれの時代を映してきたのではないかと思います。二〇二〇年の「自由の学風」には、いったいどんな京大のありようが映り込んでいるのでしょうか。

ちなみに、木下先生の銅像は時計台に向かって左側にあります。時計台を設計した建築家・武田五一がつくったという、ナツメヤシの葉のレリーフが埋め込まれた台座とのバランスもよく、質実剛健なイメージだった**折田先生像**（銅像）0-2に比べるとおしゃれな感じ。ちょっと、いたずらしにくい雰囲気があるかもしれません。

※1 二〇〇一年一二月四日、京大評議会において定められた「京都大学の基本理念」においても「創立以来築いてきた自由の学風を継承」することが明記された。「自由の学風」についてはコラムを参照のこと。

※2 「京都大学の基本理念」には「京都大学は、多様かつ調和のとれた教育体系のもと、対話を根幹として自学自習を促し、卓越した知の継承と創造的精神の涵養につとめる」とある。

※3 二〇一九年、京大当局は折田先生像が出る場所に、試験場案内マップなどの看板をあらかじめ設置。折田先生像（ハリボテ）を即日撤去するなど、〝対話〟に変調が見られている。

※4 板倉創造『一枚の肖像画――折田彦市先生の研究』三高同窓會、一九九三年、一九頁

※5 同右、七頁

※6 折田彦市談「回顧三十年の感」『読売新聞』「折田校長勇退記念」特輯号、一九一〇年一二月一日。板倉、前掲書、一五〇―一五二頁より重引用（旧仮名・漢字は現代語に変換した）

※7 神陵史編集委員会編『神陵史――第三高等学校八十年史』三高同窓會、一九八〇年

※8 板倉創造、前掲書、一四九頁

※9 「山極壽一総長からのメッセージ」京都大学ウェブサイト、二〇一四年一〇月 http://www.kyoto-u.ac.jp/ja/about/president/message.html

※10 『大辞林 第三版』三省堂

※11 『教育時論』四四八号、開発社、一八九七年

※12 京都帝国大学編著『京都帝国大学史』京都帝国大学、一九三七年、二九頁

※13 京都大学自己点検・評価委員会編『自由の学風を検証する――京都大学自己点検・評価報告書』京都大学、一九九四年

1章 教養部とA号館

それにしても、

なぜ京大には**折田先生像**（ハリボテ）0-3をつくるような学生が、たえまなく現れるのでしょうか。そもそも、〝そういう〟京大に惹かれて入学してくるから？　もちろん、それもあるかもしれません。しかし、一番大きな要因は、昨日までのあたりまえを覆してしまう場がいくつも存在していることだと思います。かつては、全学生が学んだ**教養部**1-1とその構内全体（現・吉田南構内）がそういう場でした。

教養部構内は、今の吉田南構内のようにクリーンではありませんでした。校門前にはいつもゲバ字のタテカンが並んでいたし、折田先生像（ハリボテ）のほか、**やぐら**3-1や**こたつ**3-2もあちこちに出没。旧三高校舎だった**A号館**1-4（現・吉田南総合館）は、使用に関する公式なルールすら存在しないというフリースペースになっていて、学生たちは授業が行われていない教室で自由に活動していました。さらにさらに時代をさかのぼると、半年以上にわたる**バリケード・ストライキ**1-3によって、教養部構内全体が祝祭空間へと転じたこともあったのです。

教養部で三五年間を過ごしたドイツ文学者の前田敬作先生は、「どこの大学のどの学部がこのような自由と気ままを許してくれただろうか。また、許してくれるだろうか。自由と気ままは、いわばここの空気である。しかもここにだけある空気である」と書いています。「自由は、天下公認の崇高な価値あるいは感情だ。気ままや好き勝手には、規律や規範に背いている、あるいは正道を踏み外している状態といったニュアンス、つまりは、だらしのない、なにやら胡散くさい臭いがつきまとう。教養部の自由には、この匂いがかなり強烈にまじっている。そして、ともすれば崇高になりすぎる傾きのある自由という蒸留水になんとも言えない芳醇な味をつけている。ちょっぴりいかがわしく、胡散臭いかもしれぬが、ぼくは、この匂い、この味がたまらなく好きだ」[※1]

しかし、「胡散くさい臭い」や「芳醇な味」は、高校生気分がまだ抜けていない新入生にはカルチャーショック。ちょっと手荒い通過儀礼になることもありました。

呆然としている新入生に向けて、心理学者の木下富雄先生がやさしく(?)語りかけた一文が残っています。「京都大学は自由というより放任、つまりホッタラカシの大学なのである。そしてこのことが、京大を学問的修羅場とかサバイバルの場にすることに結びついている。けれどもこれで挫けるようでは、諸君の未来ははじめから暗い」。さらに、「アホ」と「カシコ」は相互依存の関係にあり、京大の「ホッタラカシ」は個人分散を大きくすることで「アホ」と「カシコ」を両方増やしているのだと論じています[※2]。

こうした文章を読むにつけ、京大的文化は学生だけでなく、教養部をはじめとした教官たちによっても育まれてきたのだと思うのです。本章では、自由の培地であった当時の教養部の風景を読み込み直すとともに、自由の学風の担い手だった教官たちにもフォーカス。「大学という空間はどれほど自由になれるのか」を見ていきたいと思います。

1-1 教養部【きょう・よう・ぶ】

一九四九年～九三年までの四四年間、京大の一般教育を担った部局。第二次世界大戦後の学制改革▼を経て、京都帝国大学は第三高等学校に合同申し入れを行い京都大学大学分校を設置。一九六一年に教養部吉田分校に統合されるまで、一回生は宇治分校（現・宇治キャンパス）、二回生は吉田分校に分かれて学んだ。教養部に改称されたのは一九五四年、一九六三年に教養部制が官制化された。一九九三年一〇月、人間・環境学研究科と総合人間学部の発足と同時に廃止。教養部で行われていた一般教育は、現在の国際高等教育院による「教養・共通教育」に引き継がれた。

教養部は、名実ともに元・三高である。戦後、三高は京都帝国大学に包括されて、新制・京都大学の分校になった。三高の教授陣は分校に移籍し、校舎もそのまま分校が使用。**折田彦市** 0-1 先生以来の自由の校風も受け継がれたといえよう。

教養部は豊穣な学問の場だった。全学部の一、二回生の教養科目を網羅するため、

学制改革

学校の制度と種類、修業年限などの教育体系を改革すること。日本では、一九四六年、連合国軍最高司令官総司令部（GHQ）占領下において、アメリカ教育使節団の報告に基づいて行われた、六・三・三・四制（小学校六年、中学校三年、高等学校三年、大学四年）への改革を指すことが多い。

哲学、歴史学、社会学、経済学、地理学、数学、化学、生物学、地学、外国語、文学、保健体育……と「夜店の屋台さながらの雑然さでありとあらゆるものが揃っていた」[※3]。教鞭をとっていたのは、ただものではない名物教授たち。佐野哲郎▼先生は、「頭を上げて見回しさえすれば、おもしろい人間やものがいっぱい見付かる所である。学問や文化は言うにおよばず、自然も芸術も政治もみな揃っている」[※4]と書いている。いわば、優秀すぎる教授たちが「一般教養」の授業として、自らの専門分野のなかで好き勝手に面白いことをやっていたのが教養部であった。

人口密度の高さもまた、教養部の特徴のひとつだった。分校開校当時には、約九〇〇名のキャパシティしかない旧三高校舎に、一学年一五〇〇名の京大生が入学。宇治分校(現・宇治キャンパス)を開設し、一回生は宇治分校、二回生は吉田分校で学ぶという策を講じた。一九六一年に吉田分校の校舎を増築し、両分校を統合すると間もなく一八歳を迎えた団塊の世代▼がキャンパスを満たす。教養部が廃止されたとき、京大の学生数は一、二回生だけで五八六三名。三回生以上で教養課程科目を履修する学生数を合わせると、九〇〇〇名近い学生が教養部構内にひしめいた(ただし、全員が出席していたわけではないはずだ)。

ギュウギュウだったのは学生だけではない。教官もまた複数で研究室を共有して

佐野哲郎
一九三一年〜。英米文学者。訳書にエーリッヒ・フロム『生きるということ』『反抗と自由』など。

団塊の世代
一九四七〜四九年に生まれた、第一次ベビーブーム世代のこと。約八〇〇万人いるとされる。同世代の人々を描いた、堺屋太一の小説『団塊の世代』から広まった言葉。

おり「着任して三〇年経ってから、やっと自分の研究室をもてた」という人もいたようだ。さらには、研究室を学生たちに自由に使わせてくれる（あるいは、使われてしまう）教授もいて、「先生のほうが肩身が狭そうだった」という逸話も聞く。

また、教養部構内では**バリケード・ストライキ**[1-3]が頻発し、教室や研究室が使用不能に陥ることもあった。日々撒かれる大量のビラはキャンパスを舞い、今では想像もつかない汚さだったと思われるが、必ずしもそれはネガティブに捉えられていたわけでもない。

米山俊直▼先生は、「動物生活には密度効果ということがあって、あまりにポピュレーションがふえると、アリにもハネがはえてくるそうな」と冗談とも本気ともつかないことを書いている。そして、窓の外に見えるキャンパスをこんなふうに描写した。「正門の**タテカン**[5-1]もけっこう雰囲気をもっているし、年中行事めいてきたバリケードも、雨にぬれたときそれなりの風情がある。毎日のようにくばられるビラのたぐいも、これは用務員さんたちの絶大なご苦労があるわけだが、いちおう片付けられる。老朽校舎のうすぎたない外観も、それなりの景観をつくっている」[※5]。清潔で機能的なキャンパスも悪くはないけれど、米山先生の目に映っていた教養部の風景はとても有機的で、強く惹きつけられるものがある。

米山俊直
一九三〇〜二〇〇六年。奈良生まれ。文化人類学者。日本やアフリカの農村などを調査・研究。京都学を提唱したことでも知られる。

教養部A号館、教養部正門、一九六七年頃（提供：京都大学大学文書館）

1-2 森毅【もり・つよし】

一九二八～二〇一〇年、東京生まれ。数学者、評論家、エッセイスト。第三高等学校卒業後、東京帝国大学理学部数学科に進学。北海道大学理学部助手を経て、一九五七年京都大学教養部助教授に就任（一九七一年～教授）。一九九二年の退官まで三四年間京大に勤めた。専門は「関数空間の解析の位相的研究」。『まちがったっていいじゃないか』（ちくま文庫）、『数学的思考』（講談社学術文庫）、『ボクの京大物語』（福武文庫）など著書多数。

「**教養部**[1-1]のことを教えてください」と言うと、誰もが必ず**森毅**先生の名前を口にする。卒業生はみな親しみを込めて「モリキ」と呼ぶ。『京大変人講座』（三笠書房）には「まず授業を教室ではやらず、京大の構内に植わっている樹の下で講義をしていた」[※6]という型破りな授業スタイルが紹介されているが、森毅先生にはとかくこの種のエピソードが多すぎる。人柄はすこぶるチャーミングで、学生たちを惹きつけてやまなかったという。

「わからないことがわかる、そうしたらわかって嬉しいという人と、そうでもないと思っちゃう人がいる。僕は後者」[※7]という森毅先生には、数学者としての論

森毅『ボクの京大物語』福武文庫、一九九五年

文は多くないが、学生を教えることには熱心だった。数学の講義を学部ごとのカルチャーに応じてアレンジ。試験中であっても「何か聞くことないか、あったら教えたるで」と講義をはじめ「試験中の講義ってエエですねえ、迫力あってようわかりました」と学生に気に入られた[※8]。「文系の授業をもったことが発端」で数学教育と数学史にも関心をもち、関連する著書（共著・編著含む）は一〇〇冊に近い。

いろんなところに首をつっこむのも好きだった森毅先生は、大学の職員組合でも活躍。京大で働くさまざまな職種の人たちと知り合った。一九六九年前後の大学紛争時には対立する全共闘▼と民青▼、大学当局の間を飄々と渡り歩いて交渉ごとを取りまとめた。一九七〇年代に入ると「団交▼のご用命は森プロへ」と、「団交プロダクションのようなことを始めてしまった」[※9]。一九八〇年代以降は、〝教養部の顔〟として教養部の改革にも関わっている。いわく、「つきあいが広く、がんばらないタチだから、便利で使われた」[※10]

とはいえ、それこそ「金にも力にも縁のない、ただの道楽」だという活動に、なぜ森毅先生は奔走したのだろうか？　やはり、京大には自由で面白いことが起きる大学でありつづけてほしいという願いがあったのではないか。

『ボクの京大物語』（福武文庫）には、教養部の名物教授たちとのエピソードもたっ

全共闘
全学共闘会議。一九六八～六九年にかけて、各大学で学部自治会やセクトを超えて運動するために生まれた組織。

民青
日本民主青年同盟の略称。日本共産党と連携して活動している。

団交
団体交渉の略。賃金や労働条件の改善を求めて、労働者が団結して使用者側と交渉すること。個別の交渉を行うと労働者側の立場が弱くなりやすいため、団体交渉によって労使の対等な交渉に近づける。団体交渉権は憲法で保障される労働三権（団結権、団体交渉権、団体行動権）のひとつ。大学においては、学生が労働者の立場に擬して大学当局と交渉を行う。
→総長団交 3-9

ぷり登場する。六〇年安保のときには、「みんなが行くから、いこかって感じ」と実に軽快に教官たちもデモに参加。一九六五年の日韓条約調印に抗議するために、京都・高島屋前で座り込みをして、一晩警察のお世話になったという野村修▼先生。頭の回転が早くて団交に勝ちすぎるという井上健▼先生。教官有志のデモで「この際、ヘルメット被ったらいかんか」と無邪気に聞いたという池田浩士▼先生[※11]。いずれも、研究者としてすぐれた業績を残した人ばかりである。

野村修
一九三〇～九八年、千葉生まれ。ドイツ文学者。ブレヒト、ベンヤミン、エルツェンスベルガーなどの翻訳多数。

井上健
一九二一年～二〇〇四年、大阪生まれ。理学博士（素粒子論）。

池田浩士
一九四〇年～、滋賀生まれ。ドイツ文学者、評論家。京都精華大学客員教授。ナチズムに関する研究、ルカーチやブロッホの翻訳などを行う。

1-3

バリケード・ストライキ【ばりけーど・すとらいき】

バリケード《名》（barricade）は「防塞、障害物」の意。市街戦、反乱・蜂起の際に、道路や建物を封鎖するための臨時の防壁をいう。語源はフランス語のbarrique（大樽）。一五八五年五月一二日、ユグノー戦争・三アンリの戦いにおいて、パリ市民がギーズ公を守るために大樽を積み上げたものが最初のバリケードとされる。大学におけるバリケード・ストライキは、机や椅子、タテカンなどを針金で結束してバリケードを築き、校舎あるいはキャンパス全体を封鎖。主張・要求を掲げて講義や試験を放棄し、大学の機能を麻痺させる。略してバリスト。

教養部［1-1］構内は、京大のなかでもおそらくもっとも頻繁に**バリケード・ストライキ**（以下、バリスト）が行われた場所である。一九六九年をピークとする大学紛争の嵐が過ぎた後、一九七〇年度から教養部廃止までの二三年間に行われたバリストは、長期にわたるものを含めてなんと二八回！　バリストによって、定期試験が全面的に延期されたことは八回もあるという［※12］。

ひとつ、歴史的なバリストのようすを取り上げよう。

一九六九年一月三〇日、一五〇〇人の学生が集まったという教養部代議員大会▼は、無期限バリストを可決。四月になってもバリストは続き、入学式の日には教養部や**西部講堂** 2-1 などを舞台に映画上映や講演会を行う、バリケード祭▼がはじまった。バリケードのなかで、学生たちが「反大学」をスローガンにした自主講座を立ち上げると、教養部の教官たちも正規の講義に代わる自主講座を開講。学生と教官は「どっちがおもしろいものをやるかで、学生という客を取り合」った[※13]。教官たちは「はからずもそれぞれ得意の分野やテーマをもとにして講義を行う機会」に恵まれ[※14]、講義の内容も充実していたようだ。ふだんは大学に来ない学生たちも出席。出版社からも聴講に来る人がいて「次はどの先生に本を書いてもらおうか」という算段まではじまったらしい[※15]。

バリストのなかでは、学生と教官による対話も続いていた。学生側の批判を真摯に受け止めた教養部教授会は、授業計画や方法の改革を行っている。教官と学生の接点を増やすため、少人数クラスによるゼミナール制を取り入れ、教官と学生がともに参加する一泊研修旅行も実施。また、教授だけでなく助教授(当時)、講師、助手、教務職員までが参加できる民主的な教授会運営にも踏み切った(「学問の自由と大学の自治」一五〇頁参照)。

教養部代議員大会
教養部学生を代議員とする学生大会。学生大会は学生自治組織における最高決議機関となる。

バリケード祭
一九六九年の京大闘争のさなか、教養部闘争委員会、映画サークル連合、京都大学新聞社などからなる実行委員会が開催。教養部構内および西部講堂において、講演会やシンポジウム、自主映画上映会、演劇、コンサートなどを実施した。
↓**西部講堂** 2-1

ドイツ文学者の林功三▼先生は、「京都大学の内部にあの紛争を契機にして大学改革をまじめに考えつづけてきた部分もあることを、いまの学生諸君にもぜひ知っておいてもらいたいと思う。それはほかでもない、わが教養部の教授会である」と訴えている。しかもそれは「けっして外からの、業界や文部省からの要請によるものではなく、あくまで自発的な改革である。こういう改革は、じつは日本の大学の歴史にもあまり例のないものである」[※16]（「京大と大学改革」二〇九頁参照）

教養部の歴史を紐解くと、真剣でありながらもどこか愉快な対話の光景と自律的な変革の軌跡が見えてくる。言うまでもないが、対話とは自らも変わりうることを前提として行われるものである。

林功三
一九二八〜二〇〇七年。長野生まれ。ドイツ文学者。京都大学名誉教授。ドイツ文化・社会史を研究。ナチズムに関する文献の翻訳も手がけた。

1-4

A号館

【えー・ごう・かん】

現在の吉田南総合館の場所にあった、教養部最大の校舎。もとは一九三六年に建てられた三高校舎（A号館北棟）だけがあったが、学生数の増加に伴い一九五九年から八七年にかけて順次増築され口の字型の校舎になった。北棟（本館）は夜間や休日も施錠されなかったため二四時間出入りが自由で、授業が行われていない教室は学生の課外活動の場となっていた。本書では特に記載のない限り北棟をA号館と呼ぶ。

昼間は講義が行われているけれど、夜になるとバンドが練習する音、バイオリンや管楽器などの音が聞こえてくる——**A号館**はそんな不思議なところだった。入学間もない頃にここで講義を受ける一回生にとっては、この空間そのものが大きなカルチャーショックだったにちがいない。

A号館で活動していたのは、劇団やバンド系、放送局など約二〇のサークル。建前上は、夜間や休暇中の使用は許されていなかったのだが、実質的には三六五日二

右：かつてのA号館　左：教養部正門、一九九〇年（提供：京都大学国際高等教育院）

四時間出入り自由な、誰のものでもない共有空間。その使用について明文化されたルールはなく、各教室は「いつもこの時間帯はあのサークルが練習する」という、相互の了解だけでなんとなく棲み分けられていた。また、A号館には、真夜中に本を読みに来る人や、何をするわけでもなくただ時を過ごしに来る人もいたようだ。夏季休暇中も入れたので、八月一六日の五山送り火のときには、学生のみならずご近所の人たちも屋上に集まってゆく夏を見送った。その数は、一〇〇人に近かったと聞く。

その場を共有する人たちのゆるい不文律のみで成立していたという意味においても、A号館はまさしくフリースペースだった。そこに居たい人が思い思いに過ごすことができる学内（あるいは社会）の余白でもあったのだと思う。

A号館の教室使用に対する制限が強まったのは**教養部**[1-1]廃止以降のことだ。一九九五年の夏季休暇中には、二階の防火シャッターが降ろされて各教室も施錠された[※17]。ところが正面入り口のシャッターが開いていたので、結局は出入りは可能だったというから面白い。完全にロックアウト▼すると学生は強く反発する。「（使っていいけど）使わないでね」とでもいうようなメッセージの伝え方に、往年の京大当局らしさがにじんでいる。

A号館の黒板（提供：京都大学新聞写真アーカイブ［京都大学人文科学研究所蔵］）

ロックアウト
もともとは、学生側のバリケードに対抗して、大学側が行った封鎖のことを指した。転じて、大学側が建物やキャンパスを封鎖して学生を締め出すこと。

A号館といえば、壁が見えなくなるまで貼り重ねられて束のように分厚くなったステッカー▼も名物だった。新歓の季節には、黒板の端に各種団体からのメッセージがたくさん板書されたし、机の上にビラを置く「置きビラ」も盛んだった。しかし、一九八〇年代初頭以降、教養部の校舎の壁や窓ガラスには「ザクロン」という貼紙防止塗料が塗られていく。学生たちは、塗料を剝がしてステッカーを貼るなどの抵抗をたびたび試みたが、京大当局はかたくなにクレンジングを行った。また、黒板の周囲にはチョークで文字が書けないようにパラフィンが塗布されるなど、徐々に校舎内の自由な表現の場は縮小させられていく。

一九九四年にA号館のロックアウトを報じた**京都大学新聞** [5-9] の記事には、ある総合人間学部学生のコメントが掲載されている。「誰でも、いつでも、自由に使えること。他者に対して開かれていること。それって、良いことでしょ？　誇りに思ってもいいことなのに……」[※18]。A号館は、空間そのものでこの共有感覚を語りかける力をもっていたのだと思う。

ステッカー
壁に貼るビラのこと。

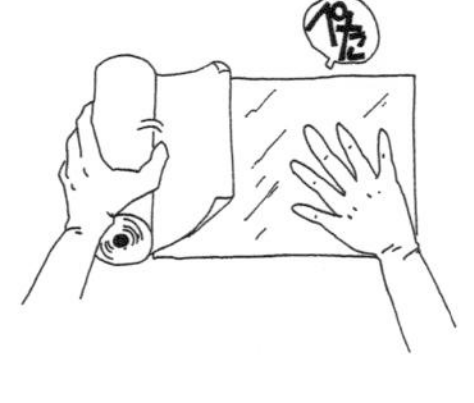

右：ビラの体裁　左：ステッカーの貼り方、「表現の獲得のために」『京大毒本第〇號』（京都大学新聞社、一九八五年、五七―五八頁）より（提供：京都大学新聞社）

1-5 A地下【えー・ち・か】

一九六六年二月、A号館の地下室を改造してつくられた元・学生控室だと思われる[※19]。当初は学生の休憩スペースとして活用されていたが、学生紛争時に破壊されて一時は使用不可能に。一九七〇年五月に復旧して開室した。一九九五年頃は、いくつかのサークルによって利用されるようになっていた。

A号館1-4の地下は**A地下**と呼ばれ、学生たちが占有する空間になっていた。階段を降りると、テーブルと椅子が置かれた共有スペースがあり、その奥にはいくつかのサークルボックスがあった。入り口の階段があやしげだったので、ちょっと覗いただけで首を引っ込めた人も多いかもしれない。

A地下の一番奥には「BLACK RIOT」というバー空間もあった。BLACK RIOTがはじまったのは一九九六年前後。当時の吉田寮生が中心になって立ち上げた。その名の通り、壁は真っ黒。オープン当時はサッポロ黒ラベル、ラベルに黒猫が描かれた白ワイン・シュバルツカッツ、ウィスキーはブラックニッカ、おつまみは黒豆……と黒いメニューだけを出していた。ところが、立ち上げメンバーはすぐに、自分たちが接客には向いていないことを実感。日替わりマスター制で運営することにしたそうだ。

やがて、「A号館の地下にバーがあるらしい」という噂は、少なからぬ京大生に認知されるようになっていく。思い切って階段を降りてたどり着きさえすれば、多様な人が集う未知なる場が待っているということも。

BLACK RIOTはA号館本館の取り壊し▼がはじまった二〇〇七年八月にいったん休業。その後は、ハーモニカBOX▼に移行したとウワサされる。

A号館本館の取り壊し
二〇〇一年一二月、A号館北棟建て替え計画が発覚。A号館を使用してきた人たちは「A号館使用者会議」（二〇〇五年以降は「吉田南教室使用サークル連盟」）を立ち上げて、代替スペースの確保をめぐって総合人間学部（二〇〇三年以降は国際教育研究開発推進機構）と粘り強く交渉を行った。機構側は、課外活動のための教室は吉田南四号館に集約し「貸し出しは平日のみ、二一時で完全施錠」という条件を提示。これに対して、A号館使用者会議は四号館への集約を受け入れたうえで「事前の申請があれば実質的な二四時間使用可能」という運用方針を認めさせた。

ハーモニカBOX
吉田グラウンド西側のサークルボックス。推理小説研究会（ミステリー研）、考古学研究会、美術研究会、放送局（KURS）、現代物理学研究会（軽音系サークルである）などがある。

1-6 キリン【きりん】

一九八七年春に、A号館西側の壁に突然現れたキリンの壁画。特にメッセージ性はなさそうで、「なぜ、キリンだったのか?」という理由も明らかではない。京大当局によって消されるたびに描き直され、その都度モチーフは変化したが、なぜか通称はキリンのままである。

京大ではたびたび校舎などに巨大な落書きが登場する。おそらく、もっとも有名なのは、**A号館**[1-4]西側の壁面に描かれていた**キリン**ではないだろうか。初代の登場は一九八七年の春。わずか三カ月ほどで京大当局によって消されてしまった。

ところが一九八九年九月九日、今度は二尾のしっぽをもつ妖怪・猫又が現れた。長いしっぽは建物上部まで伸び上がり、背中にはステゴザウルスの背板のようなものがある。**京都大学新聞**[5-9]は「『まあ、あってもいいんちゃうの』という意見が一般的なようだが、中には『キリンより落ちる』『も少し工夫がほしい』という手厳しい意見もあった」[※20]と報じている。

初代キリン、二〇一九年一一月祭展示企画「タテカンの歴史と規制を問う」(「立て看規制を考える集まり」準備会主催)展示写真より(撮影:筆者)

幸運にも、壁画を描いたことがあるという卒業生に話を聞けた。「たしか、僕が描いたのは一九九〇年。美術部の友人に『A号館の壁に絵を描きたいからザイルかららぶらさがってやってくれない?』と頼まれてね」。山岳系サークル▼に所属していた彼はザイルを駆使して、地上からの指示にしたがって絵を描いたという。ところが、その理由を聞くと、「さぁ、ただ描きたかっただけじゃない?」とふんわりした答えが返ってきた。「前からずっと絵があって、消されては描くみたいないたちごっこだったんだよね。前の絵を誰が描いたのかは知らないけど『消されたからまた描こうか』みたいな感じだったんじゃないかな」

他の卒業生からは、一九九〇年代半ば頃の目撃談を聞いた。「夜に、はしごに登って描いていたな。何の絵だったかは覚えていないけど……」。一九九五〜二〇〇〇年に在籍した卒業生は「僕の在学中は前衛っぽい雰囲気の絵でした。『よくわからないもの』と呼んでいたかも」と証言する。校舎を汚す落書きであるキリンをなぜか悪く言う人はいない。学生が好きなことを好きなように表現する、そのシンボル。あるいは、学生が「ここは自分たちの空間だ」ということを主張するためのマーキング。そのようなものとしてキリンは愛でられていたのかもしれない。

山岳系サークル
京大に複数ある。時計台に「竹本処分粉砕」（「京都大学ざっくり略年表」一一頁、※6参照）の文字を描くなど、京大的文化の一翼を担ってきた側面も。

A号館にキリンを描く学生たち（提供：京都大学新聞写真アーカイブ［京都大学人文科学研究所蔵］）

1-7

国際高等教育院構想【こく・さい・こう・とう・きょう・いく・いん・こう・そう】

二〇〇八年一二月二四日の中央教育審議会「学士課程教育の構築に向けて」答申を受けて、全学共通の教養科目を検討するなかで二〇一二年七月に浮上した構想。全学共通科目を多数担ってきた総合人間学部および人間・環境学研究科に対して一三五名（当時）の教員のうち、九六名ものポスト異動を提示するという、松本紘総長（当時）の一方的な決定・通知のやり方に、総合人間学部および人間・環境学研究科の教員を中心に大きな反対運動が起きた。学生らは、国際高等教育院のことを頭文字をとって「ＫＫＫ」と呼ぶらしい。

二〇一二年一一月一二日の昼休み、吉田南構内の総人広場▼にトラメガ▼片手に演説する一団が現れた。「いつものアジ演説▼か」と思いきや、声を張りあげているのは総合人間学部（以下、総人）および人間・環境学研究科（以下、人環）の教官有志。学生たちは驚いて足を止め、多いときには約七〇名が耳を傾けたという［※21］。

教官たちが訴えていたのは、**国際高等教育院構想**の撤回である。

当時の京大の全学共通科目は、高等教育研究推進機構（企画）、人環と理学研究科

総人広場
吉田南構内の門を入ってすぐ、吉田南総合館前の広場。

トラメガ
トランジスタ・メガホンの略。電子回路で音声を増幅させる拡声器。同志社大学では、ラウド（ラウド・スピーカーの略）と呼ばれていた。デモ、集会の必須アイテム。

アジ演説
アジテーション（agitation）演説の略。人々の気持ちを煽り、行動を起こさせるように語りかける演説のこと。

（実施責任）、各研究科（科目の提供）と運営体制が複雑なうえ、科目の内容については「専門性が強く全学共通科目の理念にそぐわない」という批判もあった。そこで、京大当局は、全学共通科目企画・実施責任を一元的に担う国際高等教育院を設置し、専門性を抑えた科目をつくろうと考えたのである。

ところが、国際高等教育院構想は、各研究科の教官の移籍または兼任が前提となっていた。人事権は大学自治の根幹である。にもかかわらず、松本紘総長（当時）は同構想の翌年度からの実施を、全教職員宛ての一斉送信メールで通知した。まさに青天の霹靂、学内には動揺が広がった。

とりわけ衝撃が大きかったのは、全教官の七〇％以上にあたる九六名の移籍または兼務を求められた人環と総人である。「これは、事実上の学部解体ではないか」「専門性の高い教員による教養教育こそ学生は魅力を感じるはずなのに」と人環教授会は紛糾した。しかし、制度的な権限は総長にあり、教授会にはその決定を覆す力はない。**京大変人講座**[1-8]を主宰する酒井敏先生（人間・環境学研究科教授）は「あんなに悲壮感の漂う教授会はもう二度とないと思う」と振り返る。

「だけど、当時の研究科長は『京大は最後の砦ですよ。今ここで我々が何も言わないと、あのときに何も言わなかったからこうなってしまったと、他大学から未来永劫言われつづけますよ』と発言されたんです」。教授会は「負けること覚悟で反対運動に立ち上がろう」と全会で一致。冒頭のアジ演説に至ったというわけだ。

酒井先生もまた、このとき立ち上がった教官のひとりだった。「今の学生には、ゲバ字▼の看板にアジ演説では届かない」と一計を案じ、**折田彦市**[0-1]の名前でツイッターアカウント（@orita_hikoichi）を取得。人環棟一階の外から見えるガラス面に、徹夜でアルミトラスを組み上げてモニターを設置し、「自由の学風は京大の憲法である」というメッセージを発信しはじめた。声をあげたのは人環・総人の教官だけではない。各学部自治会連盟による公開要求書の提出、人環留学生ネットワークによる抗議声明のほか、教員有志の会（一二五五筆）と学生有志による署名（九三〇筆）も提出された。人環教員有志二一名からは国際高等教育院構想の手続きについての監査請求が行われ、さらには教員有志の会が松本総長の辞職を求める事態も招いた。

二〇一二年一二月一八日、国際高等教育院の設置案は臨時部局長会議において、各学部からの修正要求を踏まえた案で承認された。酒井先生は、「学部時代から数えるともう四〇年以上ここにいるわけですが、大学当局が自由を保障した試しなんて一度もありません」と言う。京大の自由の学風は無条件に与えられたものではなく、学生・教職員を含む全学的な対話のなかで獲得しつづけてきたものなのだ。

ゲバ字

学生運動において、ビラやタテカン、旗やヘルメットなどに使用された角ばった書体。「闘争」を「斗争」、「会議」を「会ギ」とするなど総画数を減らす工夫をする。筆跡を判明しづらくさせる目的があったという説もある。

国際高等教育院反対集会のビラ（撮影：筆者）

1-8

京大変人講座

【きょう・だい・へん・じん・こう・ざ】

二〇一七年五月開講。人間・環境学研究科の酒井敏教授が「世の中の息苦しさに我慢しきれず」に立ち上げた公開講座。ナビゲーターは越前屋俵太氏。「京大では変人はホメ言葉です」を合言葉に、京大に受け継がれる「自由の学風」と「変人のDNA」を広く伝えるべく、山極壽一総長はじめ、京大の〝変人〟教官を講師に迎えて不定期に開催している。

京大変人講座は、**国際高等教育院構想** 1-7 のときに、「自由の学風は京大の憲法である」というメッセージを発信した酒井敏先生がゲリラ的にはじめた公開講座だ。「僕が京大変人講座をはじめたのにはいくつか理由があるんです」と酒井先生は言う。ひとつは、京大という「暴力的な自由さのある原っぱ」に放り出された学生たちが、悩んで引きこもる確率が以前より高くなっていること。「元気なうちに『人間どこか変なんだからそのままいけばいい』とワクチンを打つ必要がある」と考えたという。

酒井敏ほか『京大変人講座』三笠書房、二〇一九年

もうひとつは、京大のみならずこの世の中に感じる「息苦しさ」への問題提起だ。今の社会では効率を求める風潮ばかり強まっていくけれど、そもそもこの世界ははかりしれない予測不可能性に満ちている。「大学に対して役に立つことをやれと迫る文部科学省の背後には、財務省の意向があります。財務省がどこを見ているかというと経済界です」。経済界、すなわち企業が求めているのはイノベーションを起こす力のある人材だ。酒井先生はここに目をつけた。「京大からノーベル賞受賞者が出るのは、まがったキュウリをまがったキュウリなりに育てる自由の学風があるからですよ。『京大はこれでいいんだ』と経済界が納得し財務省が認めれば、文部科学省の考えも変わるかもしれない」。そのネーミングからは想像できないほど、京大変人講座の野望は大きい。

ちなみに、酒井先生の考える変人とは「自分の心に忠実である人」。他の人の目を意識せずに自分がやりたいことをやる人は、ちょっと変に見えるかもしれない。でも、それでいいいいじゃないか。うまくいかないことを承知でアホなことをやればいい――京大から世界に向けて、京大変人講座が発しているメッセージの要はここにある。

教養部解体

教養部[1-1]が解体されてからもうすぐ三〇年。今の京大生の多くは、教養部があったことすら知らないかもしれませんが、酒井敏先生（人間・環境学研究科教授）は「よくいわれる〝京大っぽさ〟は教養部が原点だったと思う」と言います。

教養部が発行していた月刊誌『京大教養部報』[※22]を読むと、教官たちが教養部で研究すること、学生たちとつきあうことをとても楽しんでいたことが伝わってきます。分校時代は、宇治と吉田を往復するバスのなかで「ミニ教授会」を開いたり、ボロボロの研究室を共有しながら議論を楽しんだり。一九六九年の**バリスト**[1-3]では、授業を阻止されたうえ、出講するやいなや尚賢館[※23]に閉じ込められるという事件もあったのですが、そんなときでさえ怒るよりむしろ面白がる教官が多かったようです。

今の京大でそんなことが起きたら、あっという間に学生がお咎めを受けそうですが、当時はまだ教官と学生、京大当局と学内のすべての人たちとの間に、ぬくもりある信頼関係があったのだと思います。**A号館**[1-4]が二四時間自由に使用できたのも、やはり根本的なところで学生の自主管理に対する信頼があったからではないでしょうか。その背景には、「学生たちのやることに極力干渉しない」「学生たちと親しむことを心から喜ぶ」という、**折田彦市**[0-1]先生のスタンスが息づいていたようにも思われます。

一方で、教養部のあり方については長らく議論が重ねられていました。

ひとつには、教養部で二年間をかけて行う一般教育の意義が見失われていき、早めに専門課程で教育をすべきだと考えられるようになったこと。また、教養部は教育機関として位置付けられていたため、教官の研究条件や研究環境が十分でないという問題もありました。こうしたなかで、教養部という制度そのものの見直しが行われ、教養部の解体と総合人間学部の新設という結論が出されたのです

(「京大と大学改革」二〇九頁参照)。

しかし、教養部は一般教育の場だけに留まらない役割も担っていました。酒井先生は「教養部には駆け込み寺みたいなところがあった」と言います。たとえば、学部では希望する研究テーマを扱う教官が見つからない学生が、教養部の研究室に居候することがありました。「各学部は〝京都大学の○学部〟を背負って立たなければいけないけど、教養部には、『とりあえず、なんかやってみる?』というスタンスで学生と一緒に面白いことをできる雰囲気がありましたね。学生から見るとすごく気楽な場所だったんだと思います」

京大には、伝統的に「大学は自学自習が基本であり、講義はあくまで副次的なものだ」という考え方が根付いていました。自分の価値観に基づいて、自分のやりたいことを見つけて挑戦するには、余白となる時間や空間が必要です。A号館を含めて、教養部という場はまさに誰もが自由にやりたいことをやれる余白であり、豊穣な学問への入り口だったのではないかと思うのです。

※1 前田敬作「停年退官に際して——雑居ビル礼讃」『京大教養部報』一四五号、一九八五年
※2 木下富雄（教養部長）「学問的サバイバル」『京大教養部報』一九四号、一九九一年
※3 前田敬作、前掲論文
※4 佐野哲郎（教養部長）「新入生の諸君に」『京大教養部報』一五四号、一九八六年
※5 米山俊直「〝帰属意識〟について」『京大教養部報』六八号、一九七五年
※6 酒井敏ほか『京大変人講座』三笠書房、二〇一九年、一七九頁
※7 森毅『ボクの京大物語』福武文庫、一九九五年（初版は福武書店、一九九二年）、六三頁
※8 同右、六四頁
※9 同右、一二六頁
※10 同右、一七八頁
※11 同右、一〇一頁
※12 京都大学百年史編集委員会『京都大学百年史：部局史編二』第一四章（旧）教養部、京都大学後援会、一九九七年、六七四頁
※13 森毅、前掲書、八九頁
※14「授業再開さる」『京大教養部報』二二号、一九六九年
※15「一八〇〇号記念特集——この一〇年の軌跡」『京都大学新聞』一九七九年四月一日
※16 林功三「退職にあたって学生諸君に訴える」『京大教養部報』一七七号、一九八九年
※17「総合人間学部A号館二階ロックアウトに反対の声あがる」『京都大学新聞』一九九五年七月一六日
※18「A号館が使いたい！　総合人間学部A号館二階夏休み中ロックアウト」『京都大学新聞』一九九四年九月一六日
※19「学生控室の利用について」『京大教養部報』三二号、一九七〇年
※20「とぴっく'89『第二のキリン出現す!!』A号館西側 今度はネコ」『京都大学新聞』一九八九年九月一六日
※21「国際高等教育院 人環・総人教員有志が反対運動」『京都大学新聞』二〇一二年一一月一六日
※22「主体性を全教官におき、全学生を主な対象とする、今までになかった場」をつくることを目的として、一九六四年四

月一五日に創刊。教養部の廃止まで夏季休暇を除いて月刊で発行された。往時の教養部を伝える非常に貴重な資料となっている。

※23 吉田南構内の門を入って左手にあった木造平屋建ての建築。三高時代には武道場だった。サークルボックスとして使用されており、一部は中核派の拠点にもなっていた。一九八九年七月三日、不審火により焼失。

2章
西部講堂
OPEN

大屋根[2-5]に三つ星を掲げる巨大な木造建築、**西部講堂**[2-1]は京大において時計台と同じくらい有名な建物のひとつ。東大路通りから見えるその姿は、異様なオーラをまとっているようです。音楽や演劇が好きなら、数々の伝説的なコンサートやイベントが行われた場所として、憧れた人も多いと思います（わたしもそのひとりです）。あるいは、今は著名になった演劇人や映画人の青春の記憶が残る場所として、その名前を知った人もいるでしょう。

今ではすっかり忘れられていますが、西部講堂はもともと柔剣道場だった建物です。**A号館**[1-4]の教室が、学生の自主活動の場として上書きされていったように、西部講堂もそこに集う人たちが場をどんどん上書きしていきました。まずは、戦後間もない頃。「ここで映画を観たら面白そう！」と考えたのでしょうか。学生たちが映写機を運び込んだのをきっかけに、文化サークルの活動拠点になります。一九六〇年代後半、学生運動が盛んになると西部講堂は政治的な集会の場になったり、デモの出撃拠点になったりしたこともありました。

現在のように、西部講堂が表現の場として開かれていったのは、一九七〇年代に入ってからです。隔週で行われたロック・コンサート**MOJO WEST**[2-2]は、京都から全国へと広がるムーブメントの震源地に。毎年恒例の大晦日のロック・コンサートもはじまり、西部講堂は日本中の若いロック・バンド憧れのステージになりました。また、西部講堂では前衛的な舞踏や演劇の公演もたくさん行われました。全国各地を渡り歩いて野外に自前のテント劇場を立てて公演するテント芝居の劇団は、京大生たちにテンポラリーな建造物のつくり方を伝授。京大的文化に大きな影響を与えました。日常の空間のなかにテント劇場という非日常の空間を持ち込む愉快さは、次章で扱う京大的文化のシンボル・**やぐら**[3-1]や**こたつ**[3-2]に受け継がれていったのです。

学生運動、ロック、テント芝居——西部講堂は、既存の秩序や常識を鋭く問いながら、まだこの世に生まれて間もない新しい表現を試みながら、社会運動と文化運動が分かちがたく結びあう独自のスタイルを築き上げていきました。その運営を担ってきたのが、一九七五年に結成された**西連協**（西部講堂連絡協議会）2-3という公認サークル。西部講堂を使用する団体や個人を主体とする会議体で、他大学生や一般の社会人も交えて、ともに自分たちの場をつくっていきました。現在、学内の自治空間に共有されている、「場の〝当事者〟を京大生に限定しない」という考え方も、西部講堂が長い年月をかけて培ってきたもののひとつです。

まさしく、京大的文化のレジェンド・西部講堂。本章では、それぞれの時代のなかで西部講堂という自治空間がどう上書きされていったのか、その歴史をたどりながら京大的文化の原型を見ていきましょう。また同時に、〝当事者〟という視点から、大学のなかの自治空間である西部講堂の可能性に触れることを通して、他でもないわたしたち自身の「今いるこの場に対する〝当事者〟性」を問い直していきたいと思います。

2-1

西部講堂【せい・ぶ・こう・どう】

フランク・ザッパ▼が最初で最後となった来日公演を行い「世界でもっともビューティフルでクレイジーな劇場」と呼んだ〝ロックの殿堂〟であり、表現のあらゆる可能性を追求する空間。もとは、一九三七年に竣工した京都帝国大学の柔剣道場。学生食堂や理髪店、健康相談所、学友会事務室や部室などを備えた、中央学生控所の一施設としてつくられた[※1]。一九七五年以降は、西部講堂連絡協議会が自主管理を行っている。

百万遍の交差点から南へ約二〇〇メートル。京大自動車部のガレージの向こうにそびえる、一見すると巨大なお寺のような木造建築が、〝アングラの殿堂〟あるいは〝ロックの殿堂〟と呼ばれてきた**西部講堂**だ。内部の広さは約二〇×一〇メートル。天井の高い空間で、入り口の左側にステージがある。イベントがないときはしんと静まり返っていて、柱や壁に染み込んだ過去の記憶がにじみだしてくるようだ。

フランク・ザッパ
一九四〇～九三年。アメリカの前衛ロック・ミュージシャン。その生涯を通じて反権力を貫き、とりわけ言論の自由の重要性を訴え、検閲を強く批判したことでも知られる。来日公演はたった一度、四公演のみ行った。西部講堂での公演前、西連協のメンバーは大文字山に登り、夜空に懐中電灯で「Z」の字を描くという奇抜な宣伝をしたそうだ。

映画部
一九二四年創立の歴史ある部。二〇一九年五月一二日、西部講堂で映画部OBのひとり、瀬々敬久監督作品『菊とギロチン』の上映会が開催された。チラシには「『自主自立』『自由』をもう一度」というコピーが書かれていた。

前の広場でイベントがあるときは京大自動車部の車は移動され、ステージやテントなどが建てられて祝祭空間に変貌する。

西部講堂は、一九三七年に元京都高等工芸学校（現・京都工芸繊維大学）跡地に建設された柔剣道場だった。ところが一九五〇年前後、一台の映写機が運び込まれたことをきっかけに、文化サークル活動の拠点と化していく[※2]。一九六〇年代以降は、映画部▼や劇団などの文化サークルによる映画演劇連合（以下、映演連）が、西部講堂を自主管理するようになる。映演連の人たちは、映画や演劇という表現を通して、「文化を担う者」という自覚をもっていた。社会のあり方にも目を向けて行動し、「円山公園の集会の席上に、果敢なるデモの先頭に、サークルの旗をかざし、自己の存在を主張してはばかることはなかった」[※3]という。「音楽や芸術に政治をもち込むな」という今の風潮からは意外に思われるかもしれないが、「文化を担う者として集会やデモに行く」という行動は、当時の若者として奇異なことではなかった。

簡単にではあるが、当時の時代背景を見ておこう。

一九六〇年代、第二次世界大戦後のベビーブームで生まれた世界中の子どもたちが一八歳を迎えていた。彼らは、既存の保守的な文化に「ノー」をつきつける、カウンター・カルチャー▼の担い手となる。ヒッピー、ドラッグ、ロック、フリー

カウンター・カルチャー
Counter Culture（対抗文化）。一九六〇年代にアメリカおよび西ヨーロッパ諸国で生まれた、若者を中心とした文化。旧態依然とした保守的な文化に対抗し、その価値観を批判する新しい文化をつくろうとした。

ヌーヴェル・ヴァーグ
Nouvelle Vague（フランス語で「新しい波」の意）。フランスで一九五〇年代末にはじまった映画運動。商業主義的な映画のあり方、下積みを要求する撮影所の古い道徳観に縛られずに、自由に映画をつくろうとした若い映画作家たちのムーブメント。代表的な監督に、ジャン=リュック・ゴダール、フランソワ・トリュフォー、ルイ・マルなどがいる。

公民権運動
一九五〇〜六〇年代のアメリカで起きた、憲法が保障する権利の適用を求めるマイノリティの運動。あるいは、黒人による公民権法成立を要求する運動のこと。一九六三年八月にはワシントンDCで二〇万人の大行進が行われ、その先頭

ジャズ、**ヌーヴェル・ヴァーグ**▼の監督たちによる映画運動など、アメリカ、そして西ヨーロッパ諸国からはじまった、カウンター・カルチャーのムーブメントは世界中に波及した。また、一九六〇年代後半には、世界中の大学で**公民権運動**▼、反核・反戦運動が同時多発的に起きるという「政治の季節」がやってくる。フェミニズムや環境問題などへの意識も高まり、学生たちはさまざまな社会問題について議論し、街頭でデモをした。やがて、日本にも押し寄せてきたカウンター・カルチャーの波は、**ジャズ喫茶**▼や新宿の**フーテン族**▼などの文化を生み出し、全国の大学に広がった全共闘運動にも影響を与えた。

同時代に発生したカウンター・カルチャーと学生運動は担い手を同じくしていた。映画や音楽は政治的なメッセージを発信し、デモに行く若者はジャズやロックを聴く。このような時代において、西部講堂を拠点とした映演連の人たちが、〝文化〟に閉じ込もらなかったのは自然な成り行きでもあった。

当時の西部講堂は、京大の学生たちが、同志社大学や立命館大学などの学生とともにデモするときの集合場所になっていた。一九六九年四月、**教養部**1-1の**バリスト**1-3内でバリケード祭（以下、バリ祭）が行われたときには、西部講堂でもコンサートや映画上映会が開かれた。また同時期に、百万遍交差点をバリケード封鎖した百

に立っていたマーチン・ルーサー・キング牧師は、かの有名な「私には夢がある（I have a Dream）」の演説を行った。

ジャズ喫茶

ジャズのレコードを聴く喫茶店。すぐれたオーディオシステムを備えているところが多い。まだLPレコードが高価だった時代には、コーヒー代でジャズのレコードを聴けることから、音楽ファンやミュージシャンが集った。一九六〇〜七〇年代には、カウンター・カルチャーのシンボルでもあり、学生運動の活動家たちも足を運んだ。

フーテン族

一九六七年夏、長髪・ジーパン（ベルボトム）、サングラス姿で、新宿駅東口にあったグリーンベルトのあたりに、ただ集まって過ごしていた若者たち。働くことも、学校に行くこともせずに社会の枠組みから外れていようとした。

白樺

吉田山にあったスナック。名前の由来は武者小路実篤らが発行していた雑誌『白樺』か

万遍カルチェ・今出川解放区闘争では出撃拠点に。西部講堂がヘルメット姿の学生で満ちた時代もあったという。

一九六九年、各大学の全共闘運動は機動隊導入をもって収束に向かい、人が人を呼んでいたデモや集会から学生たちの姿が消えていった。政治の季節にあった解放感や人のつながりを、文化やアートの力によって維持していくという戦略を立てたのが、吉田山にあった「白樺」▼のマスター・高瀬泰司▼さん。バリ祭の仕掛け人でもある。「バリ祭のシンボルのひとつである西部講堂を京大生から開放（原文ママ）しなければ、面白くならない」[※4]と考えた高瀬さんによって、西部講堂は「全国の唯一無比の解放空間としての歩みを始めた」[※5]。社会運動と文化運動を融合するムーブメントの場としての西部講堂のはじまりだ。

西部講堂、一九七二年頃

ら。戦後は、喫茶店といえば百万遍の進々堂と白樺しかなく、白樺には吉田寮生はじめ多くの京大生がやってきたという。高瀬泰司さんが、初代店主の娘・照美さんと結婚し二代目マスターになると、学生運動の活動家のたまり場に。特定の政治党派に属さず、白樺に集う人たちは「白樺派」と称された。西部講堂でのイベントの企画会議および打ち上げの場にもなっていた。

高瀬泰司

一九四一～八七年、徳島生まれ。一九五九年京都大学理学部に入学。京大全共闘のリーダーであり、京都府学連委員長も務めた。一九六九年の運動の盛り上がりを持続する戦略として、チームワークを重んじるラグビーに目をつけ、活動家を集めた吉田ラグビー団を結成。そのメンバーが西連協にも参加し、西部講堂のムーブメントを支える力にもなった。人を惹きつける魅力があり、また自由な発想でムーブメントをつくりだす天才でもあったようだ。

2-2 MOJO WEST【もじょ・うぇすと】

一九七〇年、東京・日比谷野外音楽堂で「MOJOフリーコンサート」をプロデュースしていた木村英輝さんが、西部講堂で手がけたロック・コンサート。一九七一年三月二〇日にはじまり、隔週土曜日の一七～二一時に開催された。毎回六〇〇～八〇〇人の観客を集め、映画・演劇の場だった西部講堂にロックやブルースのライブ空間という新たな可能性をつくった。

一九七〇年代の**西部講堂** 2-1 はロックとともに幕を開けた。最初の大きなロック・コンサートは、一九七〇年一二月三一日に開催された「大晦日徹宵ロック・コンサート」になるだろうか。「年越しに紅白歌合戦より面白いことをやろう」とはじまったこのコンサートは、西部講堂の恒例行事として受け継がれ、一時期は「出演すれば翌年は必ず売れる」といわれるまでになった。

西部講堂に〝ロックの殿堂〟の名を与えたのは、木村英輝さんがプロデュースした**MOJO WEST**だ。木村さんは、一九六九年——世界の音楽史にその名を刻んだ

ウッドストック・フェスティバル
Woodstock Music and Art Festival. 一九六九年八月一五～一七日の三日間、米・ニューヨーク州ベセルホワイトレイクで開催された野外コンサート。三〇組以上が出演し、愛と平和、反戦を主張する約四〇万人の観客を集めた。

小松辰男
一九四〇～八六年、東京生まれ。一九五九年同志社大学文学部入学。学生時代から演劇活動を行い、劇作家、演出家、パントマイムの演者としても活躍。劇団現代劇場を主宰し、西連協の立ち上げにも深く関わった。

PYG
ピッグ。一九七一年、沢田研二、萩原健一、岸辺一徳らにより結成。第一回MOJO WESTがデビュー・コンサートとなった。

村八分
一九六九年に結成した日本のロックバンド。当時のメンバーは、チャー坊こと柴田和志（ボーカル）、山口冨士夫（ギター）、浅田哲（ギター）、青木真

野外コンサート、ウッドストック・フェスティバル▼が開催された年——に、ロック・フェスティバル「TOO MUCH」を仕掛けた人物。一九七〇年に日比谷野外音楽堂ではじまった「MOJOフリーコンサート」を成功させ、ロック・イベントのプロデューサーとして知られる存在になっていた[※6]。

そんな木村さんに「西部講堂でロック・コンサートをやらないか」と声をかけ、高瀬さんにつないだのは、舞台演出事務所を運営していた小松辰男▼さんだ。隔週土曜日のロック・コンサートMOJO WESTは、この三人の出会いからはじまった。第一回のMOJO WESTに出演したのは、沢田研二や萩原健一が在籍したPYG▼と村八分▼、豊田勇造▼、内田裕也▼など。その後も、錚々たるミュージシャンが出演している。当時の西部講堂のようすを知りたい人はぜひ、木村さんの著書『MOJO WEST』（第三書館）を手にとってほしい。

MOJO WESTは、京都から全国に影響を及ぼすロック・ムーブメントになると同時に、西部講堂が外部との交流をさらに広げるきっかけにもなった。「出演の可否を打診するため西部詣でと称して、全国からやってくる若者群がひきもきらぬ」[※7]といった状態であったらしい。新たな胎動をはじめた西部講堂という場の運営を担うことになったのが、次項で扱う**西連協**[2-3]である。

ー（ベース）、恒田義見（ドラムス、のちに上原裕に）。唯一のオリジナルアルバム『ライブ』は、一九七三年の西部講堂で収録。また、『くたびれて』のジャケット写真は西部講堂前で撮影された一枚である。

村八分『くたびれて』レコードジャケット

豊田勇造
一九四九年、京都生まれ。シンガーソングライター、ギタリスト。幻野祭の夜、燃え上がる大文字を前にして名曲「大文字」を歌った。

内田裕也
一九三九～二〇一九年、兵庫生まれ。ミュージシャン、俳優。ロック・フェスティバルの主催、海外アーティストの招聘も行っていた。

2-3 西連協【せい・れん・きょう】

西部講堂連絡協議会の略。一九七五年、西部講堂を自主管理する京大の公認サークルとして発足した。京大生のみではなく、西部講堂を使用する団体・個人によって構成されており、全国の劇団や上映団体、他大生や社会人を含め、多くの〝当事者〟が参加してきた歴史をもつ。西部講堂の入り口北側に事務所があり、イベントの企画・運営は会議で話し合われる。

現在**西部講堂** 2-1 を自主管理する**西連協**が結成されたのは一九七五年のこと。西部講堂の運営主体だった映演連の最後のメンバーが卒業してしまい、運営体制の立て直しを迫られてのことだった。西連協には、高瀬さんと小松さんはもちろん、映画部や学内外で活躍していた劇団、同志社大学学生放送局のほか、デザイナー、染色作家や演出家、ミュージシャンや活動家が個人として参加。**地塩寮** 4-12 の京都大学YMCA青年会館に事務所を置いた（その後、現在の場所に移転）。「来る者は拒まず、去る者は追わずの西連協の体質」とメンバーの雑居性はこのときからのようだ[※8]。

西連協の黎明期から、長年にわたってその運営を担ってきた青野荘さんは「西連協には、厳密な内外の区別もなければ、主体／客体の区別もなかった」と話す。「西部講堂で芝居をやりたい、音楽や自主上映をやりたい人はみんな西連協の一員。ただし、自分のやりたい企画をもってくるだけじゃなくて、他の人の企画についても議論をして一緒にやる。西部講堂を使いたい人はみんなこの場の主体になっていきました」

青野さんは「西連協ではとにかくよく話をした」と言う。会議で「西部講堂で何がしたいのか？」と鋭く問い詰めることもあるが、お開きになった後は「時間があるならちょっと飲んでいかない？」と必ず声をかけたそうだ。「まずは話してみないとその人のことってわからないじゃないですか。西部講堂に集まってきた人たちには、肩書きを外してもらうところからはじめてね。真っ白な状態の人たちと話しながら西部講堂でやるのにふさわしいことを一緒に決めていく。そういう空気があったと思います」

興味深いのは、京大当局がこのようなあり方を選んだ西連協を公認したことだ。「もちろん、反対もあったようですが、当時の学生部▼の職員さんが『西部講堂は

学生部

学生管理を主に担当する事務機構。サークルや寮、学生自治会などとの交渉窓口としても機能していた。自治空間の成り立ちやあり方をよく理解し、京大当局との間に立つ役割を果たそうとする職員さんたちも少なくなかった。

↓**オルガ先生像 5-7**

わけのわからない芝居をやっていて、まだ何の成果も生み出していないけれど、一般社会からは差別されながらも歌舞伎や能・狂言を生み出した人たちが集った中世の河原のような場なんだ』と言ってくれたんです。めちゃくちゃありがたかったですね」。事実、無名時代に出演していたアーティストが、世界的に活躍するに至った例はいくつもある。

一九七〇～八〇年代の西部講堂は、新しい表現を模索する人を引き寄せる熱源のようだった。MOJO WEST[2-2]によるロック・コンサートに続いて、麿赤兒▼率いる大駱駝艦（だいらくだかん）や唐十郎▼の状況劇場をはじめとする前衛的な舞踏やアングラ演劇も西部講堂を賑わせた。一般的な貸しホールでは考えられないくらいに、西部講堂という箱は自由に使うことができる。しかも、お金は機材の使用料のみでよい。自分たちの新しい表現を世に問う場を探している人たちにとって、西部講堂はどれほど魅力的だっただろうか。

その一方で、西連協は表現を〝商品〟として扱い、お金儲けの道具にしてしまう商業主義には懐疑的だったし、西部講堂を〝安い貸しホール〟として利用しようとする企画は受け入れなかった。ところが、一九八一年のポリス▼来日公演では、コンサート当日になって企画者の背後に音楽事務所がついていたことが発覚。キャパ

麿赤兒（まろあかじ）
一九四三年、石川生まれ。俳優、舞踏家、演出家。一九七二年から暗黒舞踏集団・大駱駝艦を主宰する。テレビドラマ、映画への出演も多数。

唐十郎
一九四〇年、東京生まれ。一九六三年、紅テントを立てて公演を行う状況劇場を旗揚げ。初期には麿赤兒も在籍した。一九八八年、状況劇場を解散して劇団・唐組を旗揚げし、作、演出、出演を行う。

ポリス
The Police. 一九七七～八六年にかけて活動したイギリスのロック・バンド。スティングが在籍した。二〇〇七～〇八年にデビュー三〇周年を記念して再結成した。

シティを大幅に超える客入りに驚いた西連協はコンサートを中断し、観客との議論を行っている。「僕がステージに出て、『悪いけどこのコンサートは終わらせてもらうで』と言ったから、ポリスも観客もびっくりしていました」と青野さんは話す。「一〇〇〇人も入ったら身動きもできないし、危険だからとガードマンが客の動きを抑制するなら、他の管理されている空間と同じです。この場をつくるみんなで自主管理しているから西部講堂は自由な空間なんだと話していたら、お客さんがどんどん共感してくれたんですよ」

西連協では、イベントの後に行われる炊き出しも名物だったと聞く。一緒に体を動かしてイベントをつくりあげ、片付けをした後は同じ釜の飯を食べる。こうしたなかで培われていく西連協とその周辺の人たちとの濃密な関係性によって、西部講堂という場は支えられていたのだと思う。

2-4

CRY DAY EVENT【くらい・でい・いべんと】

一九八九年一月八日、昭和天皇崩御の翌日正午から三日間にわたって行われた連続イベント。コンチネンタルキッズ、トラッシュ、テーゼ、OUT、SOSなどのバンド約四〇組によるライブ、岡本浜、銀色昆虫館、遊劇体、風の旅団などによる芝居、映画上映会、講演会が行われた[※9]。右翼団体や警察による妨害が予想されたため、西部講堂の周囲にバリケードを築くという厳戒態勢のもとで開催されたが、トラブルなく無事に終わったという。

一九八〇年代の終わりはとてもカオティックだった。

世界に目を向けると、一九八九年から東欧革命がはじまり、同年六月四日には中国で天安門事件が起き、一一月には東西ドイツを隔てていたベルリンの壁が崩壊。一二月、マルタ島でソ連（当時）とアメリカの大統領が会談を行い、冷戦の終結を宣言する。「世界は変わる」という解放感と期待がそこにあった。

国内においては、一九八六年から九一年まで続いたバブル景気に、世の中は浮き足立っていた。大卒求人倍率が二・三～二・八倍前後で推移していたため、大学生にとって就職活動は完全なる〝売り手市場〟[※10]。デザイナーズブランドに身を包み、派手に遊ぶ大学生も少なくなかった。ところが、一九八八年九月、昭和天皇が重体に陥ると世の中の空気が一変。「Xデー」と呼ばれた崩御の日を待ちながら、日本中に抑圧的な自粛ムードがまたたく間に広がった。祭りや祝いごと、華やかなイベントは軒並み中止。その影響は学校の文化祭にまで及んだ。

平成以降の天皇しか知らない世代にはイメージしづらいかもしれないが、昭和天皇には「天皇陛下万歳！」と多くの人を戦場へと駆り立てた戦争の記憶が絡みついていた。なぜ、その天皇の病気がこれほどまでに世の中を重苦しくさせるのか。なぜ、自粛を強いられなければならないのか――いったい天皇とは、天皇制とは何だろうか？という問いを投げかけたのが、昭和天皇崩御の翌日から三日間をかけて**西部講堂**[2-1]で行われた**CRY DAY EVENT**である。

一九八九年一月七日、ついに崩御のニュースが伝えられると、テレビは昭和天皇を追悼する番組一色に。弔旗はためく街のなか、西部講堂だけが異質なうごめきを見せていた。その周囲には急遽バリケードが築かれはじめ、空白だったCRY DAY EVENTの**タテカン**[5-1]に日付が入った。深夜になっても西部講堂の明かりは消えず、人の出入りも絶えなかった。一年以上かけて企画したイベントに向けて、徹夜

での準備作業が行われていたからである。

Xデー翌日の正午、CRY DAY EVENTは、「Xデーを考える交流集会実行委員会」（以下、実行委）のメンバーによるスピーチで幕を開けた。「西部では長年にわたり自分たちの〈音〉をつくってきたが、Xデーこそ、それが試される時だと思います。全国的な歌舞音曲自粛のなか、せめて西部講堂がこんなことをやっている、ということが口コミで大きなうねりになったことは嬉しい」[※11]。それから七二時間、CRY DAY EVENTは休みなく続いた。連日、昼から夕方まではバンド演奏や劇団による公演があり、夜はオールナイトの映画上映会。最終日には「Xデー状況下での表現者の斗(たたか)い」と題したシンポジウムが行われた。

CRY DAY EVENTの企画がはじまったのは、一九八七年一二月。**西連協**[2-3]のメンバーは、実行委を立ち上げて本番までに五回のイベントを行った。実行委の基調報告には、「日頃、西部講堂を基盤に、表現の領域に於いて既成の秩序や体制と闘っている私たちが、Xデーを機にした敵側の天皇制攻撃に対しては直ちにNO！の意志表示をしなければならないこと。そして、大学の施設でありながら一五年近くに渡って自主運営・自主管理を続けてきた西部講堂をそのために最大限活用せねばならないこと」[※12]とある。

右から、CRY DAY EVENTのタテカン、シンポジウムのようす、ライブ風景（提供：京都大学新聞写真アーカイブ［京都大学人文科学研究所蔵］）

〝敵側の天皇制攻撃〟とは、天皇の代替わりを利用して、自粛ムードのなかで言論や表現の自由を抑圧しようとする動きを指す。当時、実行委の中心にいた青野さんは「いろんな表現を通じて天皇制と関わりあってきた人たちの学習会などを積み重ねながら、『西部講堂で何をやるべきなのか』と意思一致をはかっていった」と話す。

いかに準備期間が長かったとはいえ、天皇崩御翌日にすべての出演者を集結させた機動力、そして連日多くの参加者を呼び寄せた集客力には驚かされる。しかも、宣伝はほぼ口コミのみ。マスコミの報道によって、右翼や警察による妨害が危惧されたためだ。チケットは前年四月から販売されていたが、すべて手渡しのみ。「半券を切り取ると菊の花を折る形」になるようデザインされていたという[※13]。

青野さんは当時の西部講堂界隈では、「天皇制に反対する考え方が共有されていた」と話す。「そもそも天皇制反対という考え方は、僕らが学生の頃からずっとありました。ひとつは、昭和天皇の戦争責任を徹底的に追及すべきだということ。もうひとつは、国民主権の民主主義国家において、象徴とはいえども天皇のような特別な存在は本当に必要なのかということ。僕らとしては、CRY DAY EVENTで天皇制の是非を問うような世論を喚起させたかったんですね」

二〇一九年、平成から令和へとふたたび天皇の代替わりが行われ、晴れやかな祝賀ムードに包まれるなか多くの大学は休講した。でも、本当にそれでよかったのか？ CRY DAY EVENT を通して西部講堂が問いかけたのは、天皇制のみならず、無前提に秩序や制度を内面化してしまう、わたしたちのあり方そのものだったのだと思う。

2-5

大屋根【おお・や・ね】

三つ星が描かれている西部講堂の屋根のこと。西連協が中心になってイベントなどで資金を集め、一九九五年秋から約五年をかけて自力で大規模な修理を行った。イベントには、過去に西部講堂のステージに立ったアーティストが多数出演し、カンパ集めに協力した。

大屋根は**西部講堂** 2-1 のシンボルであると同時に、その存在が放つメッセージを表現するメディアでもある。大屋根に三つ星が描かれたのは、一九七二年八月。京大農学部グラウンドで開催された幻野祭▼の前に、京大や同志社大学の有志が延べ一〇〇人集まり、真っ青な空に白い雲と赤い三つ星をペイントした。この三つ星は、テルアビブ空港乱射事件▼を起こした三人を指すという説もあるし、ペインティングを指揮したデザイナーが「ライト・ブルーの空に浮かぶ白い雲と赤い三ッつの星をデザイン的にただ美しいと考えて選んだだけのこと」[※14]という説もある。

幻野祭

一九七一年八月一四日から一六日にかけて、千葉・成田市の成田空港建設予定地（当時）で開催した野外音楽イベント。成田空港建設阻止のための三里塚闘争が展開されるなか、運動だけでなく祭りも必要だという考えのもと開催された。そこに参加していた高瀬さんらが、第二回の幻野祭を京大で企画。一九七二年八月一六日、京都の五山送り火の夜に京大農学部グラウンドで行われた。テルアビブ空港乱射事件で亡くなった二人と海での水難事故で亡くなった京大生の三人を追悼する意味も込められていたという。

テルアビブ空港乱射事件

一九七二年五月三〇日、イスラエルのテルアビブ近郊にあるロッド国際空港（現・ベン・グリオン国際空港）にて発生したテロ事件。パレスチナ解放人民戦線に協力した、京大生だった奥平剛士と安田安之、鹿児島大生だった岡本公三の三名（のちの日本赤軍）が実行。二六名が死亡、七三名が重軽傷を負った。奥平と安田は死亡。唯一生き残った岡本はイスラエルの軍事法廷で「われわれ三人は、死んでオリオンの三つ星になろうと考えていた」と陳述した。

その後、大屋根は何度か塗り直されている。一九七五、六年頃には、当時金粉ショーを行っていた大駱駝艦によって大屋根は金色に塗られた。ところが、使用したブロンズ塗料は酸化しやすく、すぐに藁屋根のような色に。ふたたびペンキで塗り直すことになり、今度は大屋根全体に広がる虹に三つ星が輝くデザインに移り変わった。三つ星の色もまた、黄色、赤、緑の三色になり、現在は黄色一色になっている。大屋根のペインティングのように、建物に何かを描くことによってメッセージを発信する、あるいは風景を異化するという手法は、**キリン**[1-6]などの落書きに受け継がれたと見ることもできそうだ。

西連協[2-3]は一九九五年から五年間をかけて、大屋根の自力再生を行っている。一九九〇年代に入ると、西部講堂の老朽化は進みしばしば雨漏りが起きていた。その都度、懇意にしていた屋根職人・山本宗四郎親方に応急修理を依頼していたものの、瓦のズレや割れがひどくなり、さらには瓦を支える板や垂木も腐りはじめた。本格的な修理が必要と判断した西連協は改修工事を要求したが、京大当局は「一切修理はしない」と回答。「工事は自分たちでやるから、材料費だけでも」という提案も受け入れられなかった。「もう、自分たちでやるしかない」と、西連協はイベントで資金を調達して、自分たちの力で大規模な改修工事を行うことにした。

大屋根修理のために行われた延べ五回のコンサートには、BO GUMBOS▼、憂歌団、ウェスト・ロード・ブルース・バンド、忌野清志郎など、西部講堂とつながりのあるバンドやミュージシャンたちが多数協力。ノーギャラまたは破格のギャラで出演し、総工費の三分の一にあたる約六〇〇万円の資金が集まったという[※15]。なかでも、一九九二年八月のフリーコンサートHOT HOT GUMBO '92▼は、京都の街全体を熱狂させたイベントだった。ド派手なトラックの上で極彩色の衣装に身を包んだBO GUMBOSは、烏丸通から四条通へ、鴨川を渡って北上しながらパレード。ニュー・オリンズのカーニバル、マルディグラさながらにビーズのネックレスをばら撒きつつ、観客で埋め尽くされた西部講堂前の広場に到着すると、大きな風車の前にトラックを止めて休むことなく演奏を続けた。祝祭という言葉にあれほど似つかわしい空間を、わたしは他に知らない。

屋根の修理作業は、山本親方による指揮のもと、西連協に参加する劇団や京大軽音部の部員を中心に、毎日二～五名が行った。京大的文化が発生する空間には、こうしたＤＩＹ精神が脈々と息づいている。「自分たちの場所だ」と思う人たちの存在と、自分たちの手で何でもつくろうとする技と知恵が、自分たちの空間を守る力になるのだ。

BO GUMBOS
ボ・ガンボス。一九八七年に結成。メンバーは、元ローザ・ルクセンブルグのどんと（ボーカル・ギター）と永井利充（ベース・ボーカル）、Dr. Kyon（キーボード・ギター・ボーカル）、岡地明（ドラム）。どんとと Dr. Kyon は、京大軽音部で活動していた。

HOT HOT GUMBO '92
このライブに参加して西部講堂に憧れ京大に入学、西連協に参加した人もいる。エピックレコードジャパンよりＶＨＳ『HOT HOT GUMBO '92』が発売された。

BO GUMBOS『HOT HOT GUMBO '92/HOT HOT GUMBO '93』ＤＶＤジャケット、エピックレコードジャパン、二〇〇五年

2-6

RADIO FREEDOM【レディオ・フリーダム】

西部講堂から放送されていた自由ラジオ▼。当時の電波法では「著しく微弱」な電波であれば免許も申請もなく発信できるという特例があり、半径五〇〇メートル以内のエリアに放送を届けられたため、日本国内でもさまざまな自由ラジオの実験が試みられていた。

インターネットが普及する以前、学生や市民の情報発信はビラやミニコミなどの紙メディアや**タテカン**[5-1]など、アナログな方法に限られていた。どうすれば、もっと自由に自分たちの考えていること、伝えたいことを広く届けることができるのか？　それは、世界中の何か伝えたいことがある人たちに共通の課題でもあった。そんななかで注目されたのが、国による電波規制から電波を解放する自由ラジオ運動だ。

自由ラジオ運動は、一九七〇年代にイタリアやフランスで生まれ、やがてヨーロッパからアメリカへと広がっていった。日本でも、一九八〇年前後からミニFM

自由ラジオ
粉川哲夫『これが「自由ラジオ」だ』（晶文社）によると、自由ラジオのはじまりは第二次世界大戦中。ナチス・ドイツに対して連合国軍側で行われたもの、フランスのレジスタンスがゲリラ的に行った放送など、プロパガンダ放送局に対抗するために行われた。しかし、一九七〇年代のイタリアやフランスの自由ラジオは「国家の電波規制から自由に電波を出すという程度の意味」であり、娯楽的な番組を求める傾向も強かったという。一方で、自由ラジオはイタリアのアウトノミア運動（文化の自律を軸にした自治権運動）とも連動した。

ミニFM局
電波法で定められている微弱電波の範囲内で、FM放送の周波数帯を使用して放送する。

局▼がブームになっていたが、その動きを加速させたのが、一九八三年に発行された粉川哲夫▼の著書『これが「自由ラジオ」だ』（晶文社）である。同書には「絵解き自由ラジオ局のつくり方」が掲載されており、送信機（トランスミッター）の回路図にしたがって部品を組み立てれば、簡単にミニFM局をはじめることができた。

京大でも、教授の研究室の一角を借りて放送するなど、いくつかのミニFM局が生まれた。**西部講堂**[2-1]では、一九八八年にはすでにFM八〇メガヘルツで放送を開始。毎日一八〜二一時まで放送していた[※16]。**CRY DAY EVENT**[2-4]の準備期間には「RADIO PANIC」の名称でほぼ毎日放送されていたようだ。

一九九〇年には**RADIO FREEDOM**の名前で、土曜日の午後に**西連協**[2-3]の事務所に数人が集い、二二〜翌一時半まで放送を行っていた。主に、各自の好きな音楽をかけていたようだが、ラジオというメディアを使って「分散している全国各地の運動の情報を集約し、運動体間のネットワークを展望する試み」を実験しようという向きもあったという[※17]。

人と人をつなぎ、新たな関係性をつくっていく方法をどんどん取り入れていこうとする西部講堂らしいメディアへの取り組みのひとつとして記憶したい。

マイクロFMと呼ばれることもある。一九八〇年代前半にブームになり、一時期は全国に二〇〇〇局が存在したともいわれる。

粉川哲夫
一九四一年、東京生まれ。元東京経済大学教授。東京ゲーテ記念館館長。都市論、メディア論、映画評論家、パフォーマンス・アーティスト。ニューヨーク滞在中に自由ラジオに出会い『これが「自由ラジオ」だ』などの書籍、ワークショップを通じて日本に紹介した。

粉川哲夫『これが「自由ラジオ」だ』晶文社、一九八三年

コラム：もっと深く考えるために

学生など当事者

西部講堂 2-1 をはじめとして、京大には常にさまざまな学外者を受け入れて混ざりあう、波打ち際のような場が存在しています。そのプロトタイプをつくったのが、一般の社会人を含めて西部講堂を使用する人たちを当事者として巻き込むことを選んだ**西連協** 2-3 だったのではないかと思います。西連協のあり方が非常にラディカルだったのは、「大学とはどういう場であるべきか？」という問いを内包していたことです（「学問の自由と大学の自治」一五〇頁参照）。

京大は国立の大学。西部講堂を含めた大学の施設は国のものであり、京大当局が管理を行い、学生はそれを利用する——という構図があるとして、それはいつ誰が決めたことなのでしょうか。あらかじめ用意された答えをただ受け取るのではなく、大学の主体である学生や教職員と対話しながら、ときにはぶつかりあうこともしながら、自分たちで自らのあり方を決めることを、西連協は選んできたのだと思います。

西連協が築いてきた〝当事者〟とともに場をつくるあり方は、その後の京大の自治空間において深化していきました。元**吉田寮**4-1生で、在学中には農学部自治会や**総長団交**3-9にも関わった末岡友行さん（二〇〇二年度生）は、「大学が一部の構成員だけの場所であることに対する批判も含めて自主管理は血肉化したのではないか」と言います。「いろんな人が関わって活動できる空間がないと、表現や文化、社会運動は活性化しません。私的所有権が強い社会にあって、大学は私的所有権に縛られないまちの隙間のような場所。西部講堂や**吉田寮食堂**4-2のように、誰もが当事者として関われる場所はひとつの役割を担ったのだと思います」

A号館1-4や西部講堂、吉田寮食堂などの自治空間における〝当事者〟との関わりは、二〇〇四年四月六日に東山紘久副学長（当時）との間で交わされた確認書において、「学生など当事者」という文言に結実しました。「ここで言う当事者とは、当該の事柄に対し、切実な関係を持ちまた要求を有する者を指し、大学当局がその範囲を一方的に限定することはしない」[※18]。また、この確認書においては、「当事者」は京大当局と話し合う主体として認められています。副学長がサインした書類で、「当事者」を認めたという事実は京大のみならず、この社会が「大学は誰のものか?」を考えるうえでも大きな意味をもつものです(「学問の自由と大学の自治」一五〇頁参照)。

あるいはもっとシンプルに、京大には多様な人が集うことによって起きる予想外の展開を面白がる気風も根強くあるようです。一九八九年にサークルBOXを特集した**京都大学新聞** 5-9 の記事には、「だいたい京大生だけよりもいろいろな大学や職業の人がいた方がおもしろいに決まっている。国有財産は税金でつくられるのであり、特別に問題がない限り誰でも自由に使えるべきだ」[※19]と書かれています。こうした考え方の背景にあるのは、京大生に脈々と受け継がれる自らのエリート性への内省。「京大は特権的であるべきではない」という意識が、大学という場を開いていくバネのひとつにもなっていました。そして、そこに集う人たちが「当事者」になっていくことで、「この場を守りたい」という願いが生まれ、**大屋根** 2-5

の修理のようなことが実現したのだと思います。このような動きは、第四章で扱う吉田寮においても見ることができます。

今いる場所とどんな関わりを求めるかということは、「わたしは誰とどんなふうに生きていきたいのか？」という問いと地続きだと思います。「自治」というとかたくるしいようですが、根っこの部分をごく平たく言うなら「今いる場所の〝当事者〟になること」ではないかと思うのです。

※1 京都大学百年史編集委員会『京都大学百年史：総説編』京都大学後援会、一九九七年、一一三一頁
※2 小松辰男追悼集編纂委員会『夢は荒野を——小松辰男追悼集』私家版、一九八七年、二三三頁
※3 同右、二三四頁
※4 木村英輝『MOJO WEST』第三書館、二〇〇七年、一六〇頁
※5 小松辰男追悼集編纂委員会、前掲書、二四〇頁
※6 「インタビュー 絵師木村英輝さん」『リビング京都』二〇一五年一二月五日
https://www.kyotoliving.co.jp/article/151205/interview.html
※7 小松辰男追悼集編纂委員会、前掲書、二四二頁
※8 同右、二四七頁
※9 木村英輝、前掲書、二三五頁
※10 「第三六回 ワークス大卒求人倍率調査（二〇二〇年卒）」リクルートワークス研究所、二〇一九年四月
※11 「連続特集 ばいばい裕仁〜今こそ、天皇制にかわる我われの新しい原理を」『京都大学新聞』一九八九年一月一日
※12 同右
※13 同右
※14 小松辰男追悼集編纂委員会、前掲書、二四五頁
※15 木村英輝、前掲書、二三七頁
※16 『八十八年度同学会新歓パンフレット衆妙』全学自治会同学会、一九八九年
※17 「サークルスポット Radio Freedom」『京都大学新聞』一九九〇年五月一六日
※18 二〇〇三年一二月三日、長尾真総長（当時）との総長団交において確認された事項について、二〇〇四年四月六日に東山紘久副学長（当時）が署名した確認書（**↓総長団交 3-9**）
※19 「特集 サークルＢＯＸは今…」『京都大学新聞』一九八九年四月一日

3章 やぐらとこたつ

さて、いよいよ、

京大的文化の極みともいえる**やぐら**3-1と**こたつ**3-2の話をしたいと思います。わたしが学生だった一九九〇年代、やぐらやこたつは京大の風景のほとんど一部。あまりにもしょっちゅう現れるので、とくに話題にもならなかったくらいです。

やぐらは、丸太や単管パイプからつくられる構造物であり、そこに自治空間があることを主張するシンボルとなるもの。**A号館**1-4や**西部講堂**2-1などが建物を拠点としたのに対して、キャンパスのなかに自由自在に現れるポータブルさが魅力でした。また、古畳二、三枚とともに運んでくるだけでよいこたつは、やぐら以上に神出鬼没。元来、お茶の間に置かれてきたこたつには、団欒の場を生み出す力が備わっています。うっかりその温もりに足を入れようものならすぐには出られませんし、そこに鍋やお酒があればなおさらです。京大生はこのようなこたつの魔力を駆使して、キャンパスのあちこちに対話の場を開いてきました。入試や新歓の季節に、こたつで鍋や麻雀をしている人たちを遠巻きに見かけた京大関係者も多いのではないでしょうか。

やぐらとこたつの合わせ技でつくられるのが**小屋**3-3です。簡易ながらも屋根を葺き、シートやベニヤ板で囲んで壁をつくり、こたつで居心地よく過ごせるように工夫されていました。小屋の強みは、人が常駐することによって長期的に空間を維持できること。キャンパスに居場所をつくるための小屋、やぐらから発展した小屋や、座り込みやストライキを目的とする小屋もありました。たとえば、二〇〇五年一月から八月に百万遍交差点の石垣上に存在した**石垣★カフェ**3-4は、やぐらから小屋に発展した例ですし、二〇〇九年二月から二年半以上にわたって本部構内で営まれた**くびくびカフェ**3-5は、座り込みのための小屋であると同時に居場所にもなっていました。

面白いのは、やぐらやこたつは特に理由がなくても現れたことです。こうしたやぐらをせっせと建てていた人たちに尋ねてみると、口を揃えて「さあ、なんとなく。

面白かったからかな?」とあやふやな答えばかり返ってきます。それもそのはず。彼らにとってのやぐらはあくまで日常の延長にあるもので、「ふだんやっていることを人に見えるところでやる」という以上の意味はなかったのです。やぐらは、常態化した祝祭を生きる人たちがその存在をひらくツールでもあったのだと思います。

キャンパスの日常に非日常を持ち込むやぐらと、キャンパスには似つかわしくない日常性を持ち込むこたつ、非日常な空間を持続させて新しい場を開く小屋。本章では、これらのポータブルな異空間について考察するとともに、その軌跡を追いかけていきます。

3-1

【やぐら】

櫓。丸太や単管パイプ、パネルなどを用いて組み上げられた、高さ数メートルから二〇メートルほどの構造物。集会や団交、入試などのイベント時に建てられるときには、自治会や寮の旗、あるいはスローガンを書いた垂れ幕が取り付けられた。「砦」または「塔」と呼ばれることもある。主に吉田南構内に建てられた。

現在、資料[※1]で確認できるもっとも古い**やぐら**は、一九八二年一〇月一七日に、**吉田寮**[4-1]と**熊野寮**[4-8]の寮生たちが尚賢館前の築山に建てたものだ。吉田寮の在寮期限▼に先立って、すでに焦点化していた廃寮化攻撃と闘う決意を表すために「我れ敢然と廃寮を阻止する」という垂れ幕がかけられている。

やぐらの起源は、大きくふたつあるといわれている。ひとつは、新東京国際空港

在寮期限
当時、京大評議会が決定した在寮期限に対して、吉田寮の維持・発展を訴えるさまざまな運動が展開されていた[※2]。
↓一六八頁

（現・成田国際空港）の建設・存続に反対する、三里塚闘争において建てられた砦や鉄塔。機動隊に抵抗して立てこもるため、あるいは飛行機の離着陸強行を阻止するためにつくられた。一九七〇〜八〇年代には、多くの京大の活動家たちも三里塚闘争に参加しており、その発想と建築方法を学んでいた可能性がある。もうひとつは、**西部講堂**2-1で公演していたテント芝居の劇団である。一九九〇年代に、やぐらを建てていた井上譲さん（八九年度生）も、西部講堂でその技術を身につけたひとりだ。「あの頃は、巡業するときは必ず西部講堂で公演するテント芝居の劇団がたくさんありました。彼らから、丸太や単管パイプの組み方を教わった人は多いと思う」

その起源においては、やぐらは運動のはじまりを告げるシンボルであり拠点だった。一九八三年のやぐらの写真を見ると、すぐそばに白いパイプテントが併設されており、やぐらの周辺で情宣活動▼を行っていたことがうかがえる。その後も、学内での情宣活動や集会など、「何かをはじめるとき」には「とりあえずやぐら建てる」という癖のようなものが、京大には根付いていった。

一九九〇年代には、非日常空間をつくるためのやぐらも多くなっていく。「テント芝居もそうだけど、キャンパスのなかに異物をバーンとつくることで日常空間が圧倒的に変わるのが面白かったんだよね」と井上さんは話す。「時計台前にやぐら

情宣活動

情報宣伝活動の略語。「情宣」ともいう。広く知ってもらいたいことがあるとき、昼休みなどに人の流れの多い場所でビラを配ったり、トラメガを用いてアピールを行ったりする。タテカン、講義前の教室の机にビラを置く「置きビラ」なども情宣活動の一種である。

を建てるとそこが〝陣地〟になるんですよ」と言うのは、佐々木祐さん（九三年度生）。「自分たちの拠点はどこにでも移動できるし、つくることができる。そうすれば、自治空間はいくらでも広げられるんだということが基本的に面白かったんだと思います」

　鈴木英生さん（九四年度生）は、一九九七年四月に数人の仲間と一緒に「砦」と呼ばれたやぐらを建て、そこで約一〇日間を過ごしたそうだ。「なにか理由があって建てたわけではなかったと思います。ひとつあるとするなら、その前に建てた高さ一二メートルほどの塔を、たった一晩で京大当局に撤去されたので、今度は撤去されにくいように人が住める『砦』をつくり直したんです」。折しも新歓の季節、吉田南構内の生協前に現れた「砦」は、学生たちの注目を浴びた。「無視して通り過ぎるわけにもいかず、いろんな人が感想を言ったり砦に上がりにきたりしました。通路の真ん中に砦が現れたことで〝広場〟が生まれ、ふだんは知り合えないような人たちと飲んだり、語り合ったりする交流スペースとして機能しはじめたんです」

　キャンパスの風景を異化するだけでなく、そこに埋め込まれた関係性をも変えてしまう非日常性。それが面白かったからこそ、彼らはやぐらを建てつづけていた。おそらく、「またやってるわ」と見ていた学生たちも、どこかでその〝面白さ〟を共有していたのではないだろうか。

吉田南構内に現れた「砦」、一九九七年（提供：鈴木英生）

3-2 こたつ【こたつ】

炬燵あるいは火燵。熱源の上部を机などの枠組み（〝炬燵やぐら〟ともいう）で囲い、布団をかけて空間を温め暖をとるもの。京大構内およびその周辺に現れるこたつは古畳とセットで設置され、麻雀あるいは飲食を伴うことが多い。対話の場を開くためのこたつ、抗議の意志を表す座り込みを快適にするためのこたつ、歓迎の表現としてのこたつから、単なる悪ふざけのこたつなど、そのバリエーションは大変に幅広い。

森見登美彦氏の青春小説『夜は短し歩けよ乙女』に登場する韋駄天コタツ▼で知名度を上げた京大の**こたつ**。本項では**やぐら**3-1とともに変幻自在にキャンパスに現れ、対話の場を開く装置となっていたこたつについて考察したい。キャンパスというパブリックな空間において、お茶の間という団欒の場に君臨してきたこたつはきわめて異質であるがゆえに、反転して非日常空間をつくりだす力があるのだ。

「こたつについては、小さなやぐらっていう感覚があったかな」と、佐々木祐さん（九三年度生）は言う。構造的にも〝炬燵やぐら〟というくらいだから、「こたつ＝小さなやぐら」というのは納得できる説明だ。また、**吉田寮**4-1に寮外生として関

韋駄天コタツ
森見登美彦『夜は短かし歩けよ乙女』（角川書店）の第三章「御都合主義者かく語りき」の舞台となる一一月祭▼と思しき学園祭に出没する。曰く「妙な連中がコタツに入って、構内をうろついてんだよ。あんまり神出鬼没だから、韋駄天コタツと呼んでるのさ」

わってきたコテラさん（九九年度生）は、「こたつって移動が簡単でぱっと出せて、出してしまうと場が成立するのが面白いんですよね」と話す。「こたつって日々の営みを背負っているツールだし、靴を脱いで座るからリラックスできるし、ちょっと腹を割って話せる感じになれます。テーブルと椅子ではあの感じにはなれないなぁ。あとやっぱり、外に出しているこたつからの景色って全然違う。すごく簡易に、世界をまったく違う視点から見ることができます」

キャンパスに畳を敷くということにも、コテラさんは「場に対する関わりの特異さ」を感じていたそうだ。「畳を敷くことは『この場を、自分たちのものとして考えるぞ』という意思表示でもあるんですよ。しかも、所有や占有とはちょっと違う。畳によって誰のものでもない空間にしてしまってから、『この場を自分たちのものとして考えよう』と呼びかけるのがミソなんです」

いつ、こたつをキャンパスに出すようになったのかは定かではないが、一九八〇年代には現れはじめ、一九九〇年代には「吉田寮からこたつと古畳をリヤカーに乗せて運ぶ」ことはごく普通に行われていたようだ。なぜ、吉田寮生たちは、キャンパスにこたつを持ち出すようになったのだろうか？

一説では、吉田寮の在寮期限の執行完了時の西寮撤去が影響しているという。

一一月祭

一一月祭は、一一月下旬に四日間にわたって行われる京大の学園祭。一九五三年、毎年行われていた文化祭を「京都大学秋季文化祭一一月祭」という名称で開催したのがはじまり。前夜祭には吉田グラウンドでファイヤー、模擬店、ステージなどがある。一一月祭本部が主催する本部企画（講演、映画祭典、研究室企画、スペシャルライブなど）と一般企画（模擬店、屋内展示、演劇、パフォーマンス）などが、同時多発的に行われる。同時期、北部構内では北部祭典▼が開催されている。
https://nf.la/

北部祭典

または、北部祭。一一月祭期間中、北部構内で北部祭実行委員が主催する。農学部生、理学部生、理学部植物園に関わる職員の人たちを中心に、講演会、野菜や果物、手づくり料理の販売などを行っている。毎年、ここでしか買えない野菜や果物を楽しみにしている周辺住民も多い。一一月祭とまったく雰囲気が違っているのも面白い。森見登美彦さんがこたつに出会ったのは、北部祭典

「西寮がなくなったぶんを取り返そうって気持ちがすごくあったから、T字路▼のほうまで吉田寮の庭にしちゃおうといろいろやりだしたんです」と話すのは、平井さん（九〇年度生）。一九九〇年の**吉田寮祭**4-7では、新入寮生企画「人民酒場」をT字路で開いたという。「寮で酒場を開いても興味がある人しかこない。T字路なら学生も教官もたくさん通るし、『一緒に飲もうよ』って声をかけやすいからね」。人民酒場は二〇〇〇年代に至るまで吉田寮祭の定番イベントとして継続していた。「他にも、話したい教官が通りかかる通路にこたつを出して、飲もうよと誘うこともあった気がする」と言う。

また、こたつは座り込みのアイテムとして使われることもあった。一九九一年の一一月祭では、工学部において行われた産学協同イベントに抗議するために、廊下に多数のこたつを並べて麻雀をはじめ、会場の入り口までの通路をほぼ封鎖したと聞く。あるいは、こたつは仲間を見つけるアンテナとしても機能した。入試や新歓の時期には、こたつに鍋を用意して受験生や新入生を呼び込む自治会などもあった。「受験生のときにこたつで鍋をしていた人たちのことが気になっていて。入学後に再会したのをきっかけに、農学部自治会に入ることになりました」と話すのは坂本悠一さん（二〇〇八年度生）。こたつの誘引力をなめてはいけないという好例だ。

だったそうだ（「インタビュー：森見登美彦氏に聞いてみた」二九一頁参照）。

T字路
A号館西側にあるT字に交差する通路の通称。人通りが多いことから、情宣活動のメインスポットになっていた。

小屋【こ・や】

やぐらに屋根をつけて壁を張り、内部に長時間の滞在あるいは居住ができるようにしつらえられた構造物。こたつあるいはソファとテーブルなどの家具を置き、出会いと交流を生むコミュニケーションの場として開かれていた。平屋建て、二階建てなど様式はさまざまで、随時増築も行われた。丸太で組まれたものは特に「丸太小屋」と呼ばれる。

キャンパスに**やぐら**[3-1]が建てられるたびに、京大当局は撤去するように通告し、人がいないときを狙っては強制撤去を行った。しかし、やぐらに人が常駐していれば、京大当局もうかつに手を出せなくなる。そこで、雨風を防げるように補強し、居心地よく過ごせるように工夫した**小屋**がつくられるようになったようだ。

井上譲さん（八九年度生）は、**吉田寮**[4-1]生だった一九八九年五月頃、他の寮生たちと**教養部**[1-1]図書館（現・吉田南図書館）前に丸太で小屋をつくった。「そのときは、何かを主張するわけではなくてただ建てたんです。昼間はずっと小屋でうだうだしていて。そこで天安門事件の新聞記事を読んだという記憶があります」。同年八月の**京都大学新聞** 5-9 を調べると、「図書館前の小屋消える」という小さな記事が見つかった。同紙によると、小屋を建てた学生自身が「小屋でやることがなくなり新しい出会いも期待できない」「小屋にガタがきて危ない」「また違うのを建てる」などの理由で七月一二日に解体したという[※3]。存続期間は約二カ月、「ただ建てた」にしてはかなり長い。よほど居心地がよかったのだろうか。

一九九一年七月一日、今度は吉田南構内のT字路付近に二階建て、畳敷きの丸太小屋が現れた。建てた学生らは「教育研究環境改〝楽〟委員会」という看板を掲げ、「丸太小屋」と題するビラを三回発行。何らかの主張を行っていたようだ。小屋前のテントでは、通りかかる人たちにカレーライスやビールを安価でふるまっていたという。こちらの小屋が解体されたのは、夏季休暇がはじまって数日後。やはり、建てた学生たち自身が自主的に解体している[※4]。

異空間を現出することに特化した（ように見える）小屋に対して、自分たちの意見や考えを伝えるために建てられたのが**石垣★カフェ** 3-4 や**くびくびカフェ** 3-5 だ。いずれも、長期にわたって学内外に非日常的なコミュニケーションの場を提供した。

3-4

石垣★カフェ【いし・がき・かふぇ】

二〇〇五年一月一四日〜八月一六日まで、百万遍交差点南東角の石垣上に存在したオープン・カフェ。二〇〇四年九月に京大当局が発表した「本部構内北西門改善計画」の予備工事がはじまったことを受けて、工事を阻止するために学生有志が石垣上に建てた。やぐらにこたつを持ち込み、小屋として増強されて石垣★カフェに。京都市民にも愛され、一時は京都の名所のひとつにもなっていた。本部構内北西門改善計画の変更とともにはなばなしく閉店、自主的に解体された。

二〇〇五年一月一四日、百万遍交差点南東角の石垣上に突如として**やぐら** 3-1 が建った。やがて、このやぐらは**石垣★カフェ**と名付けられ、新聞・テレビの報道で広く世間に知られるところとなる。八月一六日の閉店までの来店者数は延べ三五〇〇人。老若男女が石垣の上から百万遍の風景を眺めるひとときを過ごした[※5]。

事の発端は、二〇〇四年九月にキャンパスアメニティ計画の一貫として公表された「本部構内北西門改善計画」。石垣を全面撤去して、交通安全やバリアフリーのために大きな通用門をつくるという計画案だった。しかし、この石垣は学内の諸団体が**タテカン**5-1を設置する場所。「一方的な計画によって自治・自主活動の場である石垣がなくなってしまう」と、本部構内北西門改善計画を考える会▼（以下、考える会）が結成されて、計画の凍結と話し合いを求める要望書を提出した。ところが、京大当局は公開の場での話し合いを拒否。二〇〇五年の年明けから予備工事が着工する。万事休すというときに、姿を現したのが石垣上のやぐらである。「予備工事がはじまってしまったから、石垣にやぐらを建てよう」と集まった学生たちは、たった一晩のうちに高さ一〇メートルのやぐらを完成させてしまったのだ。

「やぐらに**こたつ**3-2を置いて飲んでいたら、近所のカフェの店員さんが遊びに来て『カフェにしたら?』と言ってくれたので、『よし、じゃあカフェをはじめよう!』ってことになったんです」と話すのは、石垣★カフェの中心メンバーだった、笠木丈さん（九九年度生）。石垣★カフェ公式サイト（当時）には、「私たちが石垣★カフェを運営するのは、まず石垣撤去に反対するため、そしていろんな人が集まるコミュニケーションの場を創り出したいという願いからです。人と人とが直接出会うことによって新たなアイデアが生まれることを願いつつ、私たちは石垣の上でみなさんの来訪を心待ちにしています」と書かれている[※6]。

本部構内北西門改善計画を考える会
農学部自治会常任委員会の呼びかけにより、各学部自治会や吉田寮自治会、西連協などの自治団体、石垣にタテカンを設置していたサークルなど計一三団体（のちに一九団体）の連名で結成。石垣問題に関して、京大当局と交渉を行った。考える会の前段階として、前年の第四六回一一月祭の企画として提出されたミス&ミスター京大コンテスト▼（以下、ミスコン）をめぐる公開議論を指摘する声も多い。

ミス&ミスター京大コンテスト
二〇〇四年の一一月祭企画として提出された。既存のジェンダーの押し付けとなること、一一月祭事務局に対して企業協賛を伝えていなかったこと（一団体がスポンサーをつける場合は一一月祭全学実行委員会で議論が必要）、ミスコ石垣★カフェは、百万遍を通りかかる人たちの注目を集め、「石垣を守りたい」というメッセージを伝えるメディアとして機能するように。新聞・テレビに取り上げられると来店者数は増えていった。学生や教職員もやってきたが、学外からの来店が約七割。「子どもにせがまれて」という子連れのお母さんたち、近所の人たち、タクシーの運転手に案内されてくる修学旅行生、海外からの観光客なども訪れた。「いかにもそういうのが好きそうな人じゃなくて、〝普通の人〟が登ってくることが画期的なんじゃないかと思っていた」と笠木さん。「地上五メートルの高さから百万遍の交差点を見下ろしたり、信号の〈かっこう〉を聞きながらコーヒーを飲んだり。ふだんやらないようなことをして、感覚を変えることが大事なんじゃないかという話をしていましたね」

　ふだんは見ることのない風景を眺めながら、ふだんは出会わないような人たちと場を共有し、肩書きや役割からも離れた自分自身として対話をはじめる――百万遍の日常の風景のなかにありながら、石垣★カフェには非日常な時間が流れていた。「学校に行くとか、夕飯の支度をするとか、人はいつも目的に向かって行動しています。石垣★カフェには、目的を手放した時間があったのだと思います」と笠木さんは言う。石垣撤去工事阻止のためにはじまったはずの石垣★カフェは、いつしか

ン出場者の選考過程の不透明性などが問題化し反対運動が起きた。ミスコン主催者側が講じた強行採決に持ち込むための裏工作などが露呈し、ネット掲示板を通して学内でも広く話題に。何度かの公聴会が開かれ、反対する学生側はスポンサーの排除やファッションショーなどの代替案も出して妥協点を探ったが、主催者側は「もうやる気がわかない」と中止を表明した。ところがその後、話し合いの水面下で、主催者が当初の計画通りのミスコンを学外の商業施設で開こうとしていたことが判明した。こうした学内問題への関心が高まっていたことも、石垣問題に関する議論の広がりに影響したと考えられる。

「それ自体として価値のある空間」になっていった[※7]。石垣★カフェ裏の空きスペースには、長屋形式のいしがき寮▼も増築。ライブやパフォーマンスなどのイベントもしばしば行われていた。

こうして、石垣★カフェが世間の耳目を集めるなか、二〇〇五年四月ついに京大当局主催による「石垣問題に関する説明会」が開催される。京大当局との交渉にあたっていた、考える会の末岡友行さん（二〇〇二年度生）は、「石垣に人がいると無理やり追い出すこともできない。工事の予定もあるし、困った京大当局もついに交渉に応じることになったんです」と言う。三回にわたる説明会での話し合いを経て、考える会は石垣の一部（四メートル）だけを削り、蛇行する歩行者通路を設ける修正案を提案。京大当局の合意をもって、石垣★カフェは自主撤去された。「学生側の修正案は、歩行者専用通路をつくると同時に世論に支持されていた石垣保存を両立するもの。入札を終えた段階での工事中止だけは絶対に避けたかった大学側としては、受け入れやすかったのだと思います」と末岡さんは振り返る。

閉店を決めた石垣★カフェは、二〇〇五年八月一四〜一六日の三日間「百万遍カルチェラタン祭」を開催。路上ライブ、路上講演会、路上盆踊りなどを行った。最終日は「蛍の光」が流れるなか、大文字山の送り火が消えると同時に閉店。七カ月

いしがき寮
一部屋二畳の〝分譲価格〟は四〇〇〇円。住みたい人が自分の部屋をつくるセルフビルド方式で、最終的には八部屋まで増えていたという。

にわたって京都のまちを賑わせた石垣★カフェは、あっという間に解体された。

考える会による粘り強い交渉と石垣★カフェという直接行動、そして石垣★カフェという場が喚起した世論の力によって石垣は残った。一連のムーブメントに関わった人たち、石垣★カフェで過ごした人たち——あるいは石垣★カフェを見ていただけの人たちであっても——ひとつの表現活動の場が守られたことを忘れないだろう。その記憶こそは次なるムーブメントの種になりうるものだ。

石垣★カフェ（提供：小川恭平）

くびくびカフェ【くび・くび・かふぇ】

3-5

二〇〇九年二月二日〜二〇一一年九月三〇日まで、本部構内の時計台前に存在した〝座り込みカフェ〟。京都大学時間雇用職員組合ユニオン・エクスタシー▼[※8]による、雇用上限の撤廃および非正規職員の均等待遇を求める活動の一環として行われた。

「キリギリスのように楽しく働きたい。(でも餓死はイヤ!・)」と書かれた風変わりな**タテカン**[5-1]の掲示、昼休みに時計台周辺でバーベキューをしながらビラを撒く「バーベキュー闘争」、移動式の水陸両用**こたつ**[3-2]によるデモ――これらは、当時学内の図書館で時間雇用職員として働いていた、井上昌哉さん(九六年度大学院生、元京大非正規職員)、小川恭平さん(八九年度生、元京大非正規職員)らが立ち上げた「ユニオン・エクスタシー」のしわざである。

京大では、もともと時間雇用職員の契約は一年ごと。毎年三月、契約更新の時期がくるたびに、彼らは「今年は大丈夫だろうか」と不安を抱えて働いていた。さら

ユニオン・エクスタシー
二〇〇七年五月二九日設立された、京都大学時間雇用職員組合。「労働環境や待遇の悪さ、人を平気で使い捨てにする法人化以後の大学当局の姿勢などに対し、腹にすえかね、怒りをもとにして」結成された。結成時のメンバーは三名。五年条項の撤回、時給二〇〇〇円を獲得目標としていた。くびくびカフェ閉店後も、二〇一三年頃まで有期雇用問題に継続的に取り組んでいた。

二〇〇四年の法人化
二〇〇三年に制定された国立大学法人法に基づき、二〇〇四年四月に京都大学は文部科学省から独立して国立大学法人となった。国の組織から独立することにより自由な運営が可能になるとされた一方で、競争的資金と引き換えに運営交付金が削減されるなど、さまざ

に、二〇〇四年の法人化▼にともない、京大当局は二〇〇五年四月に就業規則を改正。「今後雇う時間雇用職員の雇用期間は、通算五年を超えないものとする」という「五年条項」を加えた。これにより、二〇〇九年度には非常勤職員二六〇〇人中一三〇〇人が五年条項の対象になり、二〇一〇年三月には契約期限を迎えた一〇〇人以上が「雇い止め」されることになった。

「がんばっても五年で退職させられる」となると働く人の意欲は削がれ、仕事に対する誇りをもてなくなってしまう。また、職場の側にも、五年をともにした同僚を失うたびに、採用と新職員のトレーニングをしなければならないという負担がのしかかる。当時でも、非常勤職員の数は全体の過半数を超えており、大学の根幹業務を支える存在となっていた。たとえば、研究室や図書館のなかには、非常勤職員だけという職場もあったという。「大学の業務運営に多大な損失と非効率をもたらすもの」と、京都大学職員組合や京都大学自立労働者組合ユニオンきりんが五年条項撤廃を求めるなか、ユニオン・エクスタシーは独自の実力行動に出た。

二〇〇九年二月の入試期間、「京大が五年雇用期限を撤回するまでテントで寝泊まりする」と首切り職員村▼を時計台前のクスノキ周辺に開村。無期限ストライキを宣言したのである。京大当局は三〇人以上の職員を動員して撤去を試みたが、

まな問題が危惧されている（「京大と大学改革」二一一頁参照）。

首切り職員村

このネーミングは、二〇〇八年末～〇九年一月五日まで、東京・日比谷公園に開設された「年越し派遣村」を意識したものだという。当時は、リーマンショックで主に製造業の非正規労働者が一斉に解雇された「派遣切り」問題が深刻化していた。工場などの寮で暮らしていた非正規労働者は、失業と同時に住居も失うことになる。この問題に対して、自立生活サポートセンター・もやい、全国コミュニティ・ユニオン連合会などは実行委員会を組織し、厚生労働省至近の日比谷公園霞門付近に派遣村を設置。派遣切りに遭った労働者の受け皿となるとともに、厚生労働省で働く人たちに実情を伝えようとした。首切り職員村がはじまったときには、「派遣村、ついに大学にも」という論調の報道もあった。

「スト破りは認めない」と抵抗し、「こたつに入って話し合いましょう」と呼びかけた。入試最終日には、台車に乗せたドラム缶風呂▼に入った小川さんが「京都大学は受験生を全員合格させろ！　そして、私の首を切るな！」と叫ぶパフォーマンスも行った。もちろん、受験生は口をぽかんと開けてびっくりである。

「ドラム缶風呂のインパクトは良くも悪くも大きかったですね。問題を広く知らせる効果はあったと思いますが、まじめな労働運動としてやろうとしていたのに、『あいつらふざけやがって』というイメージができてしまって。それを払拭するのにずいぶん時間がかかりました」と井上さんは振り返る。以降、ユニオン・エクスタシーはストを継続しながら、運動の広がりを意識した表現を模索していった。

二〇〇九年四月、ユニオン・エクスタシーは首切り職員村を改装。「連帯と交流、そして生活の糧を得る場」として**くびくびカフェ**をオープンした。コーヒー一杯の値段（カンパ）は、「年収から〝万〟をとった額（年収一〇〇万円なら一〇〇円）または二〇〇円」である。単管パイプでつくられた**小屋**[3-3]には、一〇人ほどが座れる細長いテーブルが置かれ、ときにはストライキ中とは思えないほど、のどかな空気が流れていた。

しかし、くびくびカフェをめぐる状況はなかなか厳しいものだった。まず、小川

ドラム缶風呂

きんじハウスをはじめる以前、北部構内の「アトリエハニー（旧郡役所）」に住んでいた小川恭平さんがドラム缶を浴槽に、廃材を燃料にしてはじめた。下駄やサンダルを履いて入浴する。阪神・淡路大震災の被災者がドラム缶風呂に入るのを見たことから「気持ちよさそうだ」と着想を得たという。当時の京大は建て替え工事が多く構内での廃材入手が容易だった。

さんと井上さんは五年条項の五年をまたずして、四年目で雇い止めに遭ってしまった。さらに、二〇〇九年四月一〇日、京大当局は土地の明け渡し▼を求めて彼らを提訴。同年七月には、小川さんと井上さん側が雇い止めを不当として大学側を逆提訴するという裁判合戦に至る。一方で、こうした動きを取り上げる報道によってくびくびカフェの来客者数は増えていく。まさに「無職なのに大忙し」状態だったようだ。

二〇一〇年一月、京大は五年雇用上限制度を一部見直し、部局が必要と判断した業務については、公募により再雇用を可能とする特例措置を発表した。他の教職員組合による交渉や署名活動、教員有志による要望書などの取り組み[※9]、くびくびカフェによる学内外の世論喚起も少なからず影響した結果ではないかと思う。

「私たちがテントを建てたのは、問題を可視化させるためです。誰もが口をつぐんで見ないようにしているこの問題を、あなたに、そして多くの人の目の前に突きつけるためです」。二〇〇九年四月、小川さんが松本紘総長(当時)宛てに書いた一文だ[※10]。彼らはいずれの裁判にも敗訴し、二〇一一年九月三〇日にはくびくびカフェを閉店したけれども、そのプロセスのなかで労働環境としての大学が抱える「問題の可視化」には成功したのではないか。

土地の明け渡し
京大当局は、ユニオン・エクスタシーによる座り込み(くびくびカフェのこと)を「不法占拠」として、不動産占有移転禁止の仮処分を申し立てた。学内問題を学外の司法権力によって解決しようとするやり方に対し、文学部学友会常任委員会、農学部学生自治会常任委員会などからも抗議の声があがった。占有移転禁止の仮処分申し立ては、二〇一九年一月に吉田寮に対しても行われている。→**吉田寮第二次在寮期限** 5-3

働くということは、労働力の対価としての賃金を受け取るだけの行為ではない。仕事を通じて喜びや誇りを感じ、社会との関わりをもつことでもある。くびくびカフェが投げかけていたのは、「大学という学びの場を、そこで働く人が誇りをもてない制度の上に成立させてもいいのか?」という問いでもあったと思う。

くびくびカフェ（提供：ユニオン・エクスタシー）

3-6

きんじハウス【きんじ・はうす】

一九九五年六月四日、取り壊しが予定されていた北部構内の理学部・旧動物別館を有志グループが占拠。カフェ、バー、ダンススタジオ、トイレギャラリー、自由ラジオ局、宿泊部屋などがあるフリースペースとなり、学内外から多くの人が訪れていた。同年八月末に退去、建物は取り壊された。主に人類学研究室として使われていた建物だったことから、京大の人類学に偉大な足跡を残した今西錦司にちなんできんじハウスと名付けられた。スクウォット▼として位置付けられることもある。

やぐら[3-1]でも**こたつ**[3-2]でもないけれど、一時的に学内に生まれた異空間として記しておきたいのが、**きんじハウス**のことである。過去の学生運動のなかで、学生たちが何らかの要求を掲げて学生部や時計台などの建物を占拠した例はあるけれど、同じく占拠でありながらきんじハウスは特に要求を掲げていたわけではなかった。しいて言うなら、「使っていない建物をフリースペースにしたい」というだけ——その意味では、やはりスクウォットに近い。が、中心となった小川恭平さん（八九年度生）が当時書いていた文章には「きんじがスクウォット運動だったとしても

スクウォット

廃墟や空き家、空きビルなど長期にわたり所有者が不在になっている空間を占拠すること。西欧で都市部の労働者の住宅不足に対する社会運動としてはじまり、一九九〇年代以降はオルタナティブな文化を提供する場、あるいはアーティストの表現活動の場にも。二〇〇〇年代半ばにはフランス・パリでアーティストがスクウォットしていた建物を市が購入して合法化した例などもある。金江著、金友子訳『生と芸術の実験室スクウォット』（インパクト出版会）では、日本のスクウォット事例としてきんじハウスや、廃寮直前の東京大学駒場寮が挙げられている[※1]。

スクウォットとして余計なものがたくさんついていて、みんな余計なものを大事にしていた。その余計なものとはたぶん夢のことだ。例えば私。ウォーホルのファクトリーのようにならないかなあ。きんじはちょっと変なスクウォットだったんではないか」とある［※12］。自治空間でもなく、スクウォットとも言い切れないきんじハウスとはいったいなんだったのだろうか。

　きんじハウスと名付けられたのは、北部生協の西側の奥にあった旧動物別館というレトロな洋風建築の校舎だ。丸い窓が特徴的な外観で、天井の高い屋内を気持ちのよい風が通り抜けていった。ことのはじまりは、一九九五年五月に文学部の中庭で行われた**ブンピカ**[3-7]ライブのとき。「理学部の空いている建物（旧動物別館）を占拠しませんか」と、「京大北部大占拠計画」と書かれたビラが配られたのだった。五月末に行われた第一回ミーティングに集まったのは一五人前後のメンバー。深夜の旧動物別館にこっそり忍び込み、「ここで何をやりたいか」を夢中で話し合っていたという。口コミで「何か面白そうなことがはじまりそうだ」という情報が伝わったのだろうか。六月三日の第三回ミーティングには、三〇～四〇人が参加。部屋割りやバーの運営、京大当局への対応などを具体的に話し合い、翌日には大掃除と引っ越し――つまり占拠が実行された。使われていなかった校舎は「（掃除に）一

右：きんじハウスの看板　左：きんじハウスの外観、京都大学新聞社編『京都大学を知る本96』より（提供：京都大学新聞社）

度使った雑巾は二度と使えないほど」に汚れていた。「占拠するとは掃除すること」――三〇人くらいのメンバーが、床、壁、窓枠を拭いていくと「仮死状態にあった建物は命をとりもどし、呼吸しはじめ」[※13]たという。

六月四日、きんじハウス最初のイベントとなる「大引っ越し感謝祭」が開催される。フリーマーケット、バーの開店、写真や絵の展示、ビデオ上映会などの企画が次々に行われ、学内外から訪れる人たちで大賑わいとなった[※14]。二、三階には居住スペースが設けられ、一〇人前後の人たちが暮らしはじめた。京大生のみならず、同志社大学、京都精華大学、京都芸術短期大学（現・京都芸術大学）、龍谷大学などの学生、一般の社会人も集まってきんじハウスの運営に代わる代わる参加していた。

きんじハウスは、「活動する場所に困っているさまざまな人たちに場所を提供する」フリースペースだった。**バリスト**[1-3]のように校舎を占拠して問題提起を狙う運動とも違うし、**西部講堂**[2-1]のように自由な表現の場を志向するわけでもない。あるいは**A号館**[1-4]のように、学生の課外活動の場として空間を自主管理したわけでもなかった。京大的文化のあらゆる文脈からはみだすことで、どんなことでも起こりうるような曖昧さを担保していたのではないかと思う。

初夏から盛夏というあかるい季節のなか、きんじハウスはいっそう開放的な空気

きんじハウスの内部（提供：筆者）

をはらんでいた。「これからどうなっていくんだろう?」という冒険的な気分と、どんな人がいてもいいという開放感はここだけのものだった。しかし、そこが京大である以上、校舎の占拠が見逃されるわけにもいかない。京大当局はきんじハウスに通告書を貼るなどして繰り返し退去を要求した。また、当初「使われる予定はない」と思われていた旧動物別館には、研究のために亀を飼う予定だった大学院生からの異議申し立てもあった。こうした外部との折衝において、きんじハウスは公式な方針や見解を打ち出すことよりも、その場にいる個人間の話し合いに判断を委ねるようなところがあった。

「システムにシステムで対抗するのではなく、自分の気持ちが直接表せる直接行動をとる」「ネットワーク型の組織。個々がそれぞれ中心となって個々とつながる」「交通の場/ファクトリー/すべてを受け入れる場/変化しつづける場でありたい」[※15]——これは、当時小川さんがきんじハウスに託していた基本姿勢だ。このようなあり方は、非常に実験的かつ挑戦的だったと思う。しかし、ひとつの場を維持するにはどうしてもその場を担う人が必要となる。掃除、お客さんたちの応対、トラブルが起きたときの対応——いつしかその役割は、バーを運営する人たちや居住スペースで暮らす人たちに覆いかぶさっていった。また、「すべてを受け入れる」

というスタンスは、シンナーを吸うヤンキー少年たちがやってきたときにも貫かれた。結果的に、彼らは警察に捕らえられていくことになるのだが。「バラバラってたぶん大事なことでお互いの考えやルールが違うことに気づいてはじめてコミュニケイションの必要がうまれるわけだから」と小川さんはつぶやくように書く[※16]。

小川さんは、きんじハウスが閉ざされた後、バラバラになってしまったきんじハウスに関わった人たちを訪ねてインタビューする「ボンボヤージュTOきんじ」という名の旅に出た。そこで聞き取られた言葉には「きんじハウスで感じていたしんどさ」や「美しい思い出として語りたくない」という思いがにじむ。きんじハウスというフリースペースは、そこで過ごした人たちの意思によって、一九九五年の夏に閉じ込められているのかもしれない。

きんじハウスは場を維持することよりも、ただ一瞬ごとに奇跡的に成立する自由だけを追い求めていたのかもしれない。「ボンボヤージュTOきんじ」を記録したノートには、「きんじハウスはとても下手だった。でも、上手にやりたいとは思わない」という小川さんの走り書きが残っていた。その言葉を反芻していると、やはりきんじハウスは、その場にいた人たちの言い知れない思いも（もしかすると、わたしたちのなかの記憶をも）含めて、ひとつの表現物であったような気がしている。

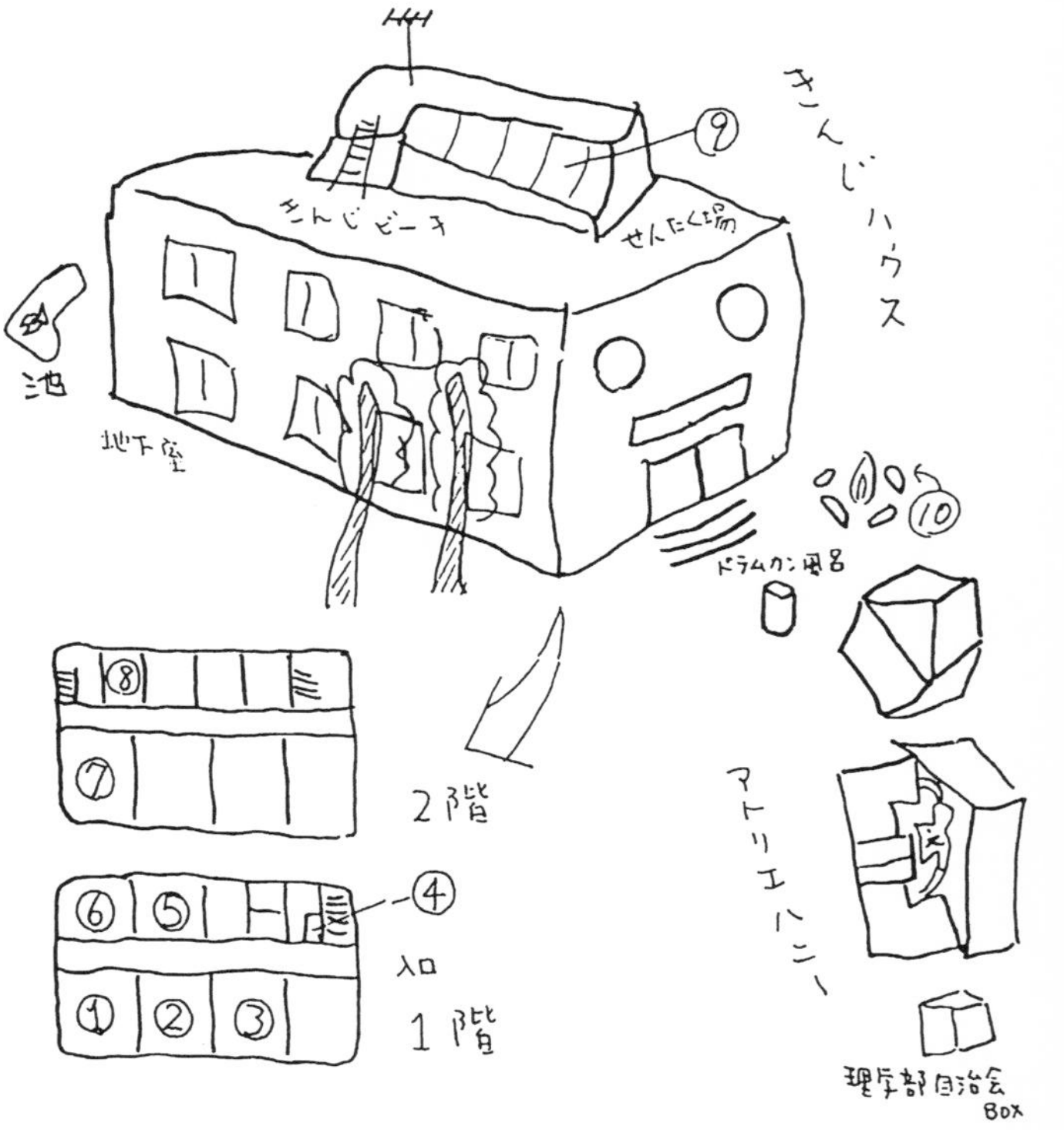

きんじハウスの全貌　①バー　②ミーティングルーム　③宿泊室　④トイレギャラリー
⑤ダイニングバー給食当番　⑥風呂バー　⑦ダンスルーム　⑧イラネナバー　⑨調理場
⑩幸せ茶屋（提供：小川恭平）

3-7 ブンピカ【ぶん・ぴか】

文学部東館の自主管理スペース「文学部東館学生控室」のこと。文学部控室連絡協議会と文学部学友会がともに管理を担っている。美術部、劇団ケッペキややみいち行動など劇団の活動場所になっており、彼らによる公演なども行われている。通称「ブンピカ」。

二〇〇〇年代の構内再編で、小ぎれいになったキャンパスのなか、「ここは変わらないなぁ」と思う場所のひとつが文学部東館である。列柱の間の入り口から回廊を右手に入ると、**ブンピカ**こと文学部東館学生控室。ひさしぶりに訪れると、壁に赤いペンキで書かれた「自主管理貫徹」の文字が色あせもせずに残っていた。この文字が書かれたのは一九九二年、教室不足を理由にブンピカが取り潰しの危機にあったときだ（「学問の自由と大学の自治」一五三頁参照）。

「私が入学した頃のブンピカは、窓が割れているようなボロボロの部屋で。美術部や劇団の練習場所になっていました。一九九二年三月、京大当局が壁をきれいに塗り直して補修しているのを見て『教室にするつもりだな』とわかって。翌日くらいに、学生のひとりが壁に『自主管理貫徹』って書いたんですよ。他にもたくさん落書きをして、汚すことからはじめました」と、小川恭平さん（八九年度生）。四月からは授業が行われるようになったが、教室の後ろ半分を使って「L喫茶」というカフェもはじめた。「その場にいて、みんなで場を使うことで取り返していこうという思いがありました。授業中にも『コーヒーどうですか？』と声をかけに行ったりしていましたね」

五月には「五月ブンピカ」と銘打ち、ブンピカを拠点とする人たちが集中的にイベントを企画。イベントカレンダーつきの共通チラシで宣伝を行った。劇団の人たちは公演、絵を描いている人たちは展覧会、井上譲さん（八九年度生）らは文学部東館の中庭で「中庭ライブ」、小川さんはアバンギャルドな詩の朗読会「ポエムパーティー」を開催したそうだ。この頃から、ブンピカは「なんか面白そうなことをやっている場所」として学内外にその名を知られていくことになる。「**西部講堂**[2-1]や**吉田寮食堂**[4-2]などに比べると、ブンピカは手続きや準備の手間が少なく、簡単なイベントをサッとできるのも私にはよかったです」と小川さんは話す。

ブンピカ（撮影：筆者）

その後のブンピカは、文学部控室連絡協議会と文学部学友会がともに管理を担い、二四時間出入り自由な自主管理スペースとして運営されることになった。中庭ライブ（または、ブンピカライブ）は、春の新歓と一一月祭に合わせて年二回開催される恒例イベントに。同志社大学、嵯峨美術大学など他大学のバンドも出演し、ライトに照らされた夜のステージの前で、たくさんの人たちが踊っていたのをわたしも覚えている。

一九九〇年代は、中庭ライブや吉田寮食堂でのライブのような、DIYなライブイベントが日常茶飯事。出演者はもちろん、気がつけばお客さんが準備や片付けを手伝っていることもあった。「楽しかった!」「この場の感じが好き」という高揚感のなかでは、考えるよりも先に体が動く。あの頃のライブ空間は、〝お客さん〟として来た人たちを場の主体に変えていく力をもっていた。

中庭ライブはいつしか開かれなくなったが、現在もなおブンピカでは劇団の公演が行われているし、一一月祭のときには文学部学友会主催による「L喫茶」も開かれる。**A号館** 1-4 なき今、ブンピカは学内に残る貴重な自主管理スペースである。

3-8

サウンド・デモ【さうんど・でも】

一九九〇年代の京都で発祥した。アンプやスピーカーなどの音響機材を積んだリヤカーや軽トラックなどを先頭に、大きな音量で音楽をかけながら行うデモ。ドラムやマラカスなどのパーカッションを打ち鳴らして、デモ隊全体を盛り上げることもある。とりわけ、サンバのリズムに乗せて行うデモは「サンバ・デモ」とも呼ばれる。

街頭に音響システムを持ち出して行う**サウンド・デモ**は、「二〇〇三年に東京で行われたイラク反戦デモで登場した」と誤解されがちだが、実は一九九〇年代の京都で発祥したものである。サウンド・デモの源流は同志社大学の入試情宣活動▼。一九九〇年頃、入試時のロックアウト体制に抗議する学生が職員と対峙したとき、スピーカーを積んだリヤカーでレッド・ホット・チリ・ペッパーズをかけたのがはじまりではないかという。仕掛け人は、のちに**吉田寮食堂**4-2でのライブ企画にも関わることになる、東アジア・ドラゴン・リー・サンダース▼のギタリスト中澤孝治さん（同志社大学、八九年度生）。「校門を閉ざそうとする職員と、閉めさせまいとする学生

入試情宣活動
入学試験時に行われる情宣活動。同志社大学においては、全学自治組織・学友会が入試時に大学当局が行うロックアウト体制を批判するビラを、全寮会議（自治寮による会議体）は入寮案内を配布していた。

東アジア・ドラゴン・リー・サンダース
愛称は「ドラサン」。一九九〇年、

が対峙する状況で、アッパーな曲をかけたらお互いにすごくエキサイトしたんです。『お、これは、リヤカーにスピーカーを積んでデモもできるな』と思いました」

以降、京大と同志社の学生らが参加するデモには、しばしば吉田寮食堂から借りたスピーカーをリヤカーに積んで引いて行くように。最初は一台だったリヤカーを二台に増やし、それぞれLとRのスピーカーを積んで、ステレオで音を鳴らせるようにした。一九九八年、海の日制定に反対するデモでは、事前にさまざまなシュプレヒコールをサンプリングする手法も登場。パーカッションなどでサンバのリズムを演奏する「サンバ・デモ」との組み合わせで大いに盛り上がった。「四条河原町の交差点で、ジェームス・ブラウンのライブアルバム『Love Power Peace』の〈It's a New Day〉やったかな？　ファンキーな曲がかかって、みんながめっちゃ踊ってた光景をすごく覚えています」

また、一九九〇年代初頭の同志社では、同じく中澤さんの発案により、学内での集会にライブを組み合わせるスタイルが確立しつつあった。「昔ながらの新左翼スタイルで運動していても、一切波及していないとわかってきて。正しいことを言うだけならあまり意味がないと思ったんです。自分たちが発するメッセージに何らかの面白さやかっこよさ、笑いのように、人を惹きつけるものがなかったら誰も聞い

同志社大学の学生だった中澤孝治（ギター）、矢野昌彦（ベース）、向山周作（ボーカル）、宮崎淳史（ドラムス）により結成。その後、キーボード、ホーンセクション、パーカッションを加え、和製ファンクバンドとして京都の音楽シーンで活躍した。吉田寮食堂をベースにライブを行い、そのライブ企画にも関わっていた。二〇〇〇年に解散したが、ドラサンの音楽は長らく「吉田寮の音楽」として聴き継がれていたという。二〇一九年、吉田寮を応援するために再結成し、新旧のファンを喜ばせている。

てくれない。運動のなかにいろんな要素を混ぜていくほうが面白くなるし、いろんな人を誘いやすくなります。ライブを見にきて『今はこういうことを問題にしているんだな』と思ってくれるだけでもいい。関わってくれるすべての人が解放されていく動きをつくりたかったんです」。アジテーションも音楽も表現活動として捉え、集会の場をつくるスタイルは、京大をはじめとした他大学にも共有されていた。「祝祭が革命に転化するんだという感覚は、けっこう共有できていたんじゃないかな。あらゆるものを使って、こっち側の空間に巻き込んでいこうとしていましたね」と井上譲さん（八九年度生）も言う。

二〇一八年一二月一九日、昼休みの時計台前で開かれた集会「踊らされるな、自分で踊れ――大学の今とこれからを語る集い」（→吉田寮第二次在寮期限 5-3）に参加したとき、耳慣れた音楽が聞こえてきた。誰かが東アジア・ドラゴン・リー・サンダースのＣＤをかけているのだった。四半世紀を超えて、場の記憶がつながる感覚におそわれた。

3-9

総長団交

【そう・ちょう・だん・こう】

京大の最高責任者である総長との話し合いの場。団交とは、団体交渉あるいは大衆団交の略語である。京大では、学生から京大当局に対して要求がある場合、教授会や学生部長などの責任ある教員との話し合いによってものごとを決めてきた。京大では、団交の場は自らを当事者だと考えるすべての人に開かれている。話し合いで合意した事項は、確認書や確約書などの文書を作成して保存する。（「京大と大学改革」二一〇頁参照）

小川恭平さん（八九年度生）と話していたとき「**総長団交**も祝祭だったのではないか」と言われてハッとした。文化人類学者のV・ターナーは、祝祭においては日常生活における社会的な地位が無効化され、別の序列が現れると言った。また、地位が転倒することによって、社会や集団は自らを見つめ直していたとも考えていた[※17]。京大の最高責任者である総長が、学生らと直接対面して話し合うことは、いわば非日常である。また、総長団交の場においては、総長と学生という関係性の序列は転倒し、大学全体が自らのあり方を問う場がつくられる。たしかに、これもまた祝祭だという見方もできそうだ。

総長が交渉の場に現れるのは、大学全体に関わるきわめて重要な問題が発生したときである。一九九〇年以降の京大では、総長団交は二回開かれている。いずれも、国が進めてきた大学改革の流れのなかで起きた動きだ。

一九九七年、京大では二〇年ぶりとなる総長団交が行われた。当時の京大は、副学長制▼の導入をめぐって大きく揺れていた。また、サークルや寮、学部自治会など、学生側との交渉窓口となっていた学生部が再編され、学生部長職を副学長に振り替えるという案も浮上。学生たちは、「これまで、学生部長と交わしてきた確認書・確約書が事実上反故にされるのではないか」という危機感を強めていた。

学生らは、各寮自治会、学生自治会、**西連協**[2-3]、BOX連合や劇団など一九団体が参加する「学内再編問題に関する連絡協議会」(以下、連絡協議会)を結成し、「互いの活動を尊重した〝最低限の一致〟のもと、危機的な状況を打開するための〝最大限の行動〟をとる」ことを確認。七月一日には連絡協議会に参加する団体が連名で公開質問状▼を提出した。

また、回答日となる七月八日には、全学集会・時計台パンチ! 学内再編を撃つ宴▼を企画。クスノキ前に大きな**やぐら**[3-1]を建てた。昼休みには数百人の学生らが集まるなか、軽音楽サークルのバンドがステージで演奏し、各団体がアピール。

副学長制

一九九五年以降、文部科学省による大学改革のなかで、学長に権限を集中させる「学長のリーダーシップ」が謳われるようになった。副学長制は、大学改革を進める学長を補佐するために導入された。

公開質問状

質問および回答が公開されることを前提として、特定の相手に宛てて書かれる手紙。公開質問状の内容はビラなどに掲載して広く周知される。

時計台パンチ! 学内再編を撃つ宴

一九九七年七月の総長団交では、真夏だったこともあり「外でビールを売っている人がいた」とも。また、井村総長が任期を終える一二月一五日には「逃げるな時計台!の宴」を開催。時計台前ライブや時計台内での鍋を囲んでの交流会を終日行い、井村総長は退任式を中止した。総長退任式の中止は、京大はじまって以来のことだったという。

学内再編への抗議行動の場が、まさに祝祭空間と化したのである。「非日常なことをたくさん仕掛けていたのは、単純に楽しかったから。本来、革命とか暴動というのはそういうものじゃないかと思います」と、連絡協議会を担った鈴木英生さん（九四年度生）は話す。

この後、すったもんだ▼の末に一五〇人以上の学生たちが、時計台にいた井村裕夫総長（当時）のもとに押しかけようとした。隙をついて井村総長は時計台西側で車に乗り込み脱出をはかったが、その動きを察知した学生たちに取り囲まれてしまう。キャンパスの真ん中での騒動に驚いた学生たちもどんどん集まってきて、ついに井村総長は約二〇〇人の学生の前で、総長団交を約束したのだった。

一九九七年の総長団交は、七月一一日と一〇月九日の二回開かれている。それぞれ、四〇〇〜五〇〇名の学生、教職員、当事者が参加。副学長制導入に加えて、これまで京大当局の対応が不十分だった性差別問題や民族学校出身者の受験資格問題なども議題にあがった。二回目の総長団交では、「副学長制の導入が学生ら多くの当事者の合意なく決定されたこと」「今後は情報公開の場をつくり一方的な決定を行わないこと」「性差別問題や民族学校出身者の受験問題にも積極的な対応を行うこと」などが確認された。また、井村総長は、これまで学生部との間で交わされて

時計台パンチ！ 学内再編を撃つ宴、クスノキ前のようす（提供：京都大学新聞社）

すったもんだ
学生たちが公開質問状の回答を受け取ろうと、当時は時計台二階にあった総長室に行こうとしたため、学生部職員らが階段を封鎖。「総長からの回答は学生課が預かっている」と言うので移動すると「総長見解が近々広報に掲載されることになっているのでそれを読んでいただきたい」とだけ書かれた日付も署名もないメモを渡された。不誠実な対応に怒った学生たちはふたたび時計台へ……という顛末だった。

きた交渉・確約の体制についても引き継ぐことを明言した。この総長団交を受けて創設されたのが、副学長自らが学内での議事を公開し、学生など当事者からの質疑を受ける「副学長情報公開連絡会」。二〇一六年三月に、川添信介副学長（学生担当理事）が一方的に中止を通達するまで、学生など当事者が大学運営に参加する貴重な場となっていた。

現時点において最後の総長団交は、二〇〇三年一二月に開かれている。事の発端は、同年七月一五日、国立大学法人法▼の成立と並行して準備されていた、京大の法人化に関する説明会。あまりにあっさりした説明に不満をもった学生たちは、終了後に長尾真総長（当時）を囲み、「学生との話し合いに応じることを部局長会議▼に諮る」ことを約束させたのである。学生たちは、総長団交の実現に向けて総長および各学部の学部長宛てに申入書を提出。七月二二日には、京大評議会▼と部局長会議が行われていた本部事務局棟前で「七・二二集会」を開いた。「部局長会議に、学生の声が聞こえるように集会やライブをしたんです。『学生の要求を無視させないぞ』という意思を伝えるために。九七年の総長団交の記憶が受け継がれていて、『囲んじゃえばいいんだ』という感覚はあったと思います。もちろん、よほど必要があるときしか囲んだりはしませんけど」と末岡友行さん（二〇〇二年度生）は言う。

国立大学法人法
「京大と大学改革」二一一頁参照

部局長会議
総長、学部・独立研究科の長と主な研究所の長、特別補佐、病院長、図書館長、学生部長、事務局長などからなる会議体で、評議会の票決前に意見調整が行われる。京都大学の全体方針に関わる問題の多くは部局長会議で審議される。

京大評議会
当時の京都大学の最高意思決定機関。部局長はじめ、全学の部局の評議員から構成され、予算や規定などを審議していたが、実質的な討議は部局長会議で行われていた。

この結果、部局長会議は学生たちの団交要求を事実上受け入れ、「法人化説明ワーキンググループ」(以下、法人化説明ＷＧ)を設置した。学生たちは「全学団体交渉実行委員会」(以下、団交実)を発足。「法人化を受け入れ準備を進めてきた経緯、その理由や背景にある思想について明らかにする場を設ける」ことを、法人化説明ＷＧに要求する。その後、団交実と京大当局は予備折衝を八回行ったのち、二〇〇三年一二月三日に総長団交を開くに至った。

総長団交には五〇〇人を超える学生など当事者や教職員が集まり、ネット中継も実施。法人化を懸念する教職員はそれぞれの職場で総長団交を見守った。議論は六時間に及んだが、長尾総長は「法人化の内容および経緯についての問題性を認めること」「大学に関する問題は学生など当事者と誠実に話し合うこと」「学生など当事者による自主管理の意義を認めること」などを確認。ただし確約書への署名を拒否したため、団交実は総長団交の記録をもとに確認書案を作成し、学生部との予備折衝を重ねて文言を検討した。「問題になったのは『学生など当事者』という言葉。京大当局は『学生以外が入ってくると困る』と言うわけですが、僕らは『大学には学生以外の人も関わっているんだから、当事者に関わる問題があれば話し合いをすべきだ』と主張しました。『学生など当事者』は、京大当局からすると『学生以外に無制限には広がらないだろう』というニュアンスであり、僕らからすると『特に制限はなく当事者だ』と捉えているという独自の表現ですね」と末岡さん。こうして、一年近い話し合いを経た、二〇〇四年四月六日。東山紘久▼副学長（学生担当理事）との団交において、この間の話し合いの内容を盛り込んだ確認書▼が結ばれたのである［※18］。

東山副学長との団交に参加した安岡健一さん（九九年度生）は、「東山さんは臨床心理士だけあって感情のコントロールもうまくて、やっぱりプロだなと思いました。現副学長の川添さんは、過去の団交では『半ば強制されて自治会が用意した「確約書」に署名することもあった』［※19］と言いますが、そんな弱っちい相手じゃありませんでしたよ」と回想する。真剣勝負の議論を経て確認書を勝ちとったときは「やり遂げた！」と思ったそうだ。「確かに、学生自治・自治空間の話だけなら、この確認書の条項でけっこうカバーできているんです。しかし、その後、京大は大学自治の維持自体が危ぶまれるような状況に向かいました」

実際のところ、二〇〇四年四月にはすでに、吉田南構内では管理強化が進行していた。自転車通行禁止、**タテカン**［5-1］禁止・強制撤去、ビラ貼り妨害、歌舞音曲の禁止など……。名物だったサークルなどによる黒板への書き込み宣伝すら禁止され

東山紘久
臨床心理学者、臨床心理士。著書に『プロカウンセラーの聞く技術』『プロカウンセラーのコミュニケーション術』（いずれも創元社）などがあり、「聞く」プロフェッショナルである。

確認書
「二〇〇三年一二月三日、長尾真総長が確認した」事項として盛り込まれたのは、「国立大学法人制度は、運用次第では学問の自由や大学の自治を侵害する危険性が大きく、積極的な改善をはかる必要がある」「法人化受け入れにあたって学生など当事者の意見が十分に反映されなかった」などのほか、「法人化後も学生など当事者との確約を引き継ぐ」「福利厚生・自主活動の場の意義を認め、尊重する」「民族学校出身者の国立大学受験資格について文部科学省に改善を働きかける」など一〇項目。

てしまう。これに対して、国立大学法人法成立一年後の二〇〇四年七月九日、学生有志は吉田南構内にて各団体によるアピールや〝歌舞音曲〟（ライブ）を行う小決起集会を開いている。このときのビラの文言を一部引用しよう。「資本、国家、大学当局など、総じて体制の動きは、思いのほか速い。（中略）このような時代には、相手の動きを見極めつつ、しこしこ動いていくことが重要である。大学空間にカオスを！　では、先を急ごう」

樹々のみどり編集委員会『樹々のみどり』新入生歓迎パンフレット、一九九八年、表紙、クスノキ前に総長団交を知らせる一六枚張りのタテカンが見える。同誌は、一九九七年の総長団交に関する参考文献とした

こたつからはじまる自治

京大でやらかしていた人たちの話を聞いていると、「あんなことやってもいいんや、と思った」というセリフをしばしば耳にします。**教養部**1-1の教授たちの好き放題ぶり、**西部講堂**2-1の芝居やライブ、あるいは**A号館**1-4のビラにまみれた空間も「やってもいいんや！」を触発する力がありました。キャンパスのとりすました風景に現れて、日常に穴をあけてしまう**やぐら**3-1や**こたつ**3-2もまた実に痛快なものでした。石垣の上にそびえる**石垣★カフェ**3-4、二年にわたって時計台前を占拠しつづけた**くびくびカフェ**3-5、校舎一棟を占拠してフリースペース化してしまった**きんじハウス**3-6。これらの異物は「大学はこうあるものだ」という常識を根底からひっくり返していきました。「ああ、ひっくり返せるものなんだ」と気づいてしまった人が、またやりはじめてしまう。せいぜい数年で卒業して入れ替わるはずの学生のなかに、京大的文化が受け継がれていったのは、こうした無言のバトンリレーの結果だったのかもしれません。

でも、無意識に内面化した常識を壊すことは、学問する者にとって何よりも大切なことです。「無数の気づきを得られる環境がないと、自分のなかに澱のように積み重なった常識や既成の価値観みたいなものって崩れていかない」と話すのは森下光泰さん（九一年度生）。「崩しても、崩してもまた次のあたりまえみたいなものが入り込んでくるものだけど、一度全部疑ってみたいと思っていたんです。そしたら、京大には同じように思っている人がけっこういて。西部講堂、**熊野寮**[4-8]や**吉田寮**[4-1]、いろんな自主管理スペースに関わっている人たち、先生や学生や市民の人たちと議論を重ねるなかで、自分のあり方そのものを問い直すことができました」

気づきを得られるような議論を可能にするのは、言葉を響かせあえるような場と関係性だと思います。そう考えると、こたつを対話の場として機能させるうえで、それが吉田寮から運ばれていたことにも意味がある気がするのです。もしかしたら、寮生たちがこたつを囲んで重ねてきたコミュニケーションの文脈にひもづいていたからこそ、こたつは対話の場になりえていたのかもしれません。あるいは、キャンパスでこたつをともにするという共犯関係が、新たに出会う人たちとの対話の場を開くことを、寮生たちは無意識的に理解していたのではないでしょうか。

いずれにせよ、やぐらが日常に塗り固められていくキャンパスの風景を揺らし、こたつを囲んで行われる対話の時間によって非日常を常態化させる――この合わせ技が、京大の自治空間を豊かにしていたことは確かだと思います。少なくとも「**タテカン**5-1を出したら警察を呼ばれちゃうかも」とビクビクする現在よりも、ある朝突然にやぐらが現れたり、クスノキ前のこたつで鍋がはじまったりと、何が起きるか予測不可能なキャンパスのほうが、愛すべきところがあると思いませんか?

※1 京都大学同学会『樹々のみどり』一九八三年、裏表紙写真

※2 「吉田寮小史」吉田寮公式サイト https://sites.google.com/site/yoshidadormitory/吉田寮資料集/dormitory-short-history

※3 「図書館前の小屋消える」『京都大学新聞』一九八九年八月九日

※4 「TOPIC '91 丸太小屋突如出現」『京都大学新聞』一九九一年八月一日

※5 「石垣カフェ! フューチャー・ポーヴェラ! 笠木丈+井上昌哉」『京都大学新聞』二〇〇五年一〇月一六日、一一月一日

※6 石垣★カフェ公式サイト http://ishigakicafe.hp.infoseek.co.jp（waybackmachineにて閲覧）

※7 笠木丈「石垣カフェ――遊戯的実践の空間」『京都大学文学部哲学研究室紀要：Prospectus』九号、二〇〇六年、五九―六八頁

※8 「設立趣意書」京都大学時間雇用職員組合ユニオン・エクスタシーのブログ、二〇〇七年五月二九日
https://extasy07.exblog.jp/5783427/

※9 『職員組合ニュース』京都大学職員組合、二〇一〇年一月二七日

※10 「松本紘 京大総長さま」京都大学時間雇用職員組合ユニオン・エクスタシーのブログ、二〇〇九年四月三日
https://extasy07.exblog.jp/9971782/

※11 金江『生と芸術の実験室スクウォット』金友子訳、インパクト出版会、二〇一一年

※12 小川恭平「広場と空き地――ボンボヤージュTOきんじの途中報告」『現代思想』二五巻五号、一九九七年五月、二二七頁

※13 同右、二二八頁

※14 「解体予定建物を占拠――そして『大引越感謝祭』行われる」『京都大学新聞』一九九五年六月一日

※15 小川恭平、前掲論文、二二六―二三五頁

※16 同右、二三二頁

※17 ヴィクター・W・ターナー『儀礼の過程』冨倉光雄訳、新思索社、一九九六年

※18 「ザ・総長団交」編集局ホームページ
http://www.geocities.co.jp/CollegeLife/8338/top.html（waybackmachineにて閲覧）

※19 「『吉田寮生の安全確保についての基本方針』の実施状況について」京都大学ウェブサイト、二〇一八年八月二八日
http://www.kyoto-u.ac.jp/ja/about/events_news/office/kyoiku-suishin-gakusei-shien/kosei/news/2018/180828_1.html

ここでちょっとお勉強 1

学問の自由と大学の自治

三高の校長先生の銅像にいたずらしたり、校舎に落書きしたり、**やぐら**[3-1]だの**こたつ**[3-2]だのをキャンパスに持ち込んだり。先生は先生で、「ここはホッタラカシの大学だ！」とうそぶいてみたり、**京大変人講座**[1-8]をはじめちゃったり……。「ところで、京大ってちゃんと学問しているの？」とツッコミを入れたくなることばかりを書いてしまいました。

でも、これらはすべて、本気で自由に学問しようとするときに発生する、いわば副産物のようなもの。本書で扱っているものごと・できごとの最深部には、日本国憲法第二三条に定められている「学問の自由」があります。

ここで一度、「学問の自由」と京大がつくりあげてきた「大学自治」のあり方を整理しておきたいと思います。

「学問の自由」とは

学問の自由とは、いかなる権力からも制約や干渉を受けることなく、真理を探究する自由のこと。自分たちが選んだテーマを研究し、その結果を発表・教授する自由、そして大学の自治を含んでいます。ちなみに、「自学自習」を重んじる京大では、創設期から「勉強しない自由も学問の自由」と見なしてきた歴史があります[※1]。

「学問の自由は、これを保障する。」──憲法第二三条のたった一五文字（句読点含む）の条文には、戦時中に行われた大学教育・研究に対する弾圧、そして戦争協力への深い反省が込められています。

一九三〇年代から敗戦までの間、多くの大学で〝思想的問題〟があるとみなされた教職員や学生が処分を受けたり、特高警察に捕まってひどい目に遭わされたりしました。学問の自由が奪われていく一方で、軍事研究は優遇されたため、戦争に協力する研究者も少なくありませんでした。東京帝国大学では軍人出身の総長さえ誕生しています。

京大においては、一九三三年に「滝川事件」と呼ばれる思想弾圧事件が起きました。まず内務省が、法学部の瀧川幸辰（ゆきとき）教授（当時）の著書に〝思想的問題〟があるとして発売禁止処分に。さらに、鳩山一郎文部大臣は、京大側の反対を押し切って瀧川教授の休職処分を強行します。教授の人事権は大学自治の根幹をなすもの。法学部は全教官が辞表を、学生全員が退学届を提出して猛抗議しましたが、処分の撤回には至りませんでした。

天文学者の池内了さんは「第二次世界大戦終了までの日本においては、学問の自由はなかった。『国家の要請』が第一に要求され、個人の自由意志は二の次であったからだ」と書いています[※2]。また、戦局の悪化にともない、徴兵猶予されていた学生たちが学徒出陣の名のもとに戦場へと送り出されたことも忘れてはいけません。

わたしたち、戦争を知らない世代が〝あたりまえ〟に享受してきた学問の自由は、こうした苦い経験を経てようやく獲得されたもの。憲法第二三条は、もう二度と、学問研究を戦争の道具にされないためにつくられたのです。池内さんは、『学問の自由』も含めてさまざまな自由は、天賦の権利ではなく、国民の努力・節度・責任があってこその権利である」と、憲法第一二条の条文を心に留めるよう促しています[※3]。

> この憲法が国民に保障する自由及び権利は、国民の不断の努力によつて、これを保持しなければならない。又、国民は、これを濫用してはならないのであつて、常に公共の福祉のためにこれを利用

する責任を負ふ。（日本国憲法第一二条）

わたしたちの自由と権利は「不断の努力」によって守るべきもの——学問の自由に含まれるとされる大学自治もまた、大学の自由と権利を守るための大切ないとなみです［※4、5］。

「大学自治」のプレイヤーは誰？

学問の自由が憲法で保障されたとき、大学自治とは、研究者の人事、施設や学生の管理、予算管理、研究教育の内容と方法に関する自治であり［※6］、その具体的な担い手は教授会だとされていました。教育社会学者の広田照幸さんは、教授会の権限は「場合によっては大学トップの意向に拒否権を発動」するほどに大きかったと書いています［※7］。

しかし、教授会自治＝大学自治というあり方では、准教授や助教などの教員、大学で働いている職員、そして大学に学ぶ学生たちを自治から疎外することになります。大学を構成するこれらの人々を含めた自治のあり方を模索した大学もありました。たとえば、立命館大学は全構成員自治を目指して、一九四八年に全学協議会制度を創設。現在に至るまで、大学に関する重要事項は、常任理事会、学友会（学生自治会）、教職員組合などの代表者が話し合う仕組みを維持しています。

京大では、**教養部** 1-1 が全教職員参加による教授会運営を試みたことはすでに見てきた通りです。また、東京大学では、学生自治会が大学自治に参加することを「全構成員自治」と捉え、一九六九年に総長との間で「東大確認書」を結び、大学自治を「大学の運営は、大学内部の『すべての構成員』の手によって、大学として自律的に行う」ことと定義しています［※8］。

しかし、京大は全構成員自治よりもさらに開かれた大学自治を目指してきました。「全構成員自治には、大学の構成員〝だけ〟しか関われませんよね？　立命館などの『全構成員自治』は大学当局と正面から対立する学生団体を排除する傾向がありました。我々が目指すのは当事者も一緒にやれる自治。学部自治会として京大当局との団体交渉などもそのためにあるのだと、少なくとも僕は思っていました」と、経済学部自治会同好会（以下、E

同好会）を担った鈴木英生さん（九四年度生）は言います。二章のコラム「学生など当事者」（九七頁）で書いたように、京大の学生たちは「場の〝当事者〟を京大生に限定しない」という考えのもと、学外の人たちを大学の主体として受け入れながら、キャンパスにたくさんの開かれた場を生み出していきました。

「学生自治会は、学生が大学の構成員としてプレイヤーになるための組織。ちょっと大げさに言えば、『大学とは？　学問とは？』という根源的な問いを発しうる存在だったと思う」と話すのは、E同好会委員長を務めた森下光泰さん（九一年度生）。教授会との交渉は、「学問が全人類の幸福に奉仕するものであることを確認するいとなみであり、教授会に大学自治について考えさせる教育的意義もあったのではないか」と振り返ります。教授の側にも、学生との対話をポジティブに捉える人たちがいました。人文科学研究所准教授の藤原辰史さんは、「学生が自由に自己決定しているからこそ、学生は自由に教員を批判できる。それが教員にとっての気づきにもなっているし、お互いを高め合う契機になっている。自治というものがもつ可能性ですよね」と語っています［※9］。また、学内で差別落書き事件が頻発していた二〇〇〇年頃、学生側の要求で「事実確認会」が開かれたことがありました。対応にあたった、同和・人権委員会の委員だった理学研究科教授（当時）の竹本修三さんは、学生との対話を経て「『このような卑劣な行為は、断じて許すことができない』と自分の言葉として言うことができるようになった」と回想。差別や人権の問題を、自らの専門領域である固体地球物理学・測地学とその関連領域に結びつけて考えるようになり、「地震や火山噴火などの自然現象そのものだけでなく、これらの自然災害によって引き起こされる人間生活の混乱に伴う差別・人権問題にも目が向くようになった」と書かれています［※10］。

森下さんは「大学のプレイヤーとして主体的に発言していくことは、自分たちの立場を問い直す内省的な作業でもあったと思う」と言います。「『学問とは人類の幸福に奉仕するもの』という前提に立つならば、学問の場である大学に〝関係ない人〟はいません。そういう議論なくして、当事者とともにする自治という考え方は生まれなかったはずです」

また、京大の学生たちは、大学の外に出ていって社会のさまざまな問題に触れることを通して、自分たちの大学のあり方を捉え返すこともしてきました。たとえば、民族学校の処遇改善運動に関わっていた学生たちは、「民族学校出身者の京大への受験資格を求める連絡協議会」（以下、民受連）を結成。一九九七年に、井村裕夫総長（当時）宛てに要望書を提出しました。このとき、総長が「公認団体ではない」という理由で要望書の受け取りを拒否したことに学生たちは強く反発。同年に開かれた**総長団交**[3-9]の議題として取り上げています。民受連や学生らによる交渉の末、京大は他の国立大学に先がけて、外国人学校出身者の受験を可能にする体制を整えることになりました。「さまざまなマイノリティとともに生きようとする運動や、戦争に反対する運動に参加した背景には、大学のなかに閉じこもることへの問題意識があったからです。大学の外からいろんな人が来て、僕らも大学の外に出て行くことで、よりまっとうな社会が築かれるのだという感覚があったと思います」と安岡健一さん（九九年度生）は話します。

創立以来、それぞれの時代の学生や教職員、あるいは当事者として京大に関わる人たちは、連綿と自治について議論を交わしてきました。その積み重なり、あるいはズレのなかに現れた「学生など当事者を含めた大学の自治」という考え方は、二〇二〇年において地域やコミュニティづくりの現場にいる人たちにも、共感を生むものである気がするのです。今このとき、京大の自治というものが真新しい言葉によってふたたび照らされてほしいと、わたしは思っています。

京大における学生自治の軌跡

ここで、京大では学生自治会がどんなふうに大学自治に関わってきたのか、一九九〇年代の事例をいくつか見ていきましょう。

一九九〇年春、経済学部では「一回生向けの必修単位を三科目（一二単位）増やし、選択必修科目として卒業論文（八単位）を導入する」というカリキュラム変更が行われようとしていました。これに対してE同好会は「なぜ、必修科目を増やすのか？　ゼミ論文を課すゼミが多数存在するのに、卒業論文を導入して選択必修科目とする必要はあるのか？」と抗議。「反動的管理強化を許すな！」

と反対運動を展開しました[※11]。

「反動的管理強化」とは、大学生をひとりの大人として認めず、「勉強させよう」とする京大当局への批判の言葉です。**京都大学新聞** 5-9 の記事によると、経済学部は単位が取りやすいため、学生が積極的に講義に出席していないことを認めつつも、「勉強する・しないは学生の勝手である。勉強しなかった結果、おとずれたものが『堕落』であったとしても、それは学生の責任というものだ。否、それどころか学生は『堕落』する権利を有しているとさえ言える」ときっぱり主張。「少なくとも京大では学生の『自主性』『主体性』を重んじることを一つの『売りモノ』としてきたのではなかったか」とまで書いています[※12]。E同好会は、一九九七年にもふたたびカリキュラム問題に取り組みました。このときは、経済学部当局と交渉の末、科目の重複登録(同時間帯の授業をいくつでも登録可能)が廃止された代わりに、必修科目の廃止を勝ちとっています。

また、一九九二年に、北部構内でパスカード方式自動昇降機(以下、ゲート)による車両入構規制が行われようとしたとき、農学部自治会(以下、A自)と理学部自治会(以下、S自)は、「学部学生の意見を含めて議論を尽くすべきだ」と理学部長に話し合いを求めました。教職員には車両入構が認められる一方で、学生には研究などの理由で車両での出入構を必要とする場合も、認められない可能性があったからです。その後、学生との話し合いが中断しているにもかかわらずゲート設置工事が再開されたため、S自の評議員らは座り込みなどの抗議行動をしました[※13]。当時のS自評議員だった卒業生は「結局、ゲートは設置されたけど運用はしないという状況に持ち込んだと記憶しています」と話します。

文学部学友会(以下、L学友会)は自治会ボックスとは別に、文化活動を行う空間である**ブンピカ** 3-7 の自主管理にも関わっています。一九九二年、ブンピカは教室不足を理由に取り潰されそうになったことがありました。文学部の学生たちはL学友会の選挙を成立させて学生大会を開催。ブンピカの取り潰しに反対する決議を行い、文学部当局に団体交渉を要求しました。ところが、文学部当局が回避したため、L学友会は文学部を封鎖。団体交渉を要求する無期限ストライキに入ります。

L学友会でストライキを行った井上譲さん(八九年度生)

は、「バリストっていっても『スト決行中！』ってタテカン一枚置いただけやったけど（笑）。前日に『授業休んでください』って教官に電話をかけまくったよ。当日は文学部前が大混乱に陥って、夕方には文学部当局が要求を受け入れた。なんかすごい勝利感はあったな」と、楽しそうに話してくれました。おかげで、今もブンピカは二四時間出入り自由な自主管理空間として受け継がれています。

自治は自分の足元からはじまる

おそらく現在の大学で、「大学の一員」「大学のプレイヤー」という感覚をもっている学生はあまりいないと思います。京大の学生自治会は全員加入制ですが、自治会の一員であることを実感しているかどうかは微妙です。実際に、寮や自治会に関わることのなかった卒業生からは、「自治会って何をするところなのかな？と思っていた」という声も聞かれます。

ふだんの学生自治会は、たとえば、教室使用申請の手続きや自主ゼミのサポート、物品貸与などの手続きも行っています。しかしそれは「自治会って何をするところ？」という問いの答えとしては十分ではありません。「学部自治会ってほんとに説明しにくくて」と、A自で活動していた坂本悠一さん（二〇〇八年度生）は言います。「何をするところかを説明しようとすると、つい概念的な話になっちゃうんですね。政治的な取り組みをしているかたくるしいところかというとそうではないし、お祭りをしているチャラいところかというとそれも違う」。坂本さん自身も、A自ボックスに出入りしはじめた頃、「自治会って何をするところなんですか？」と上回生に聞いてまわったそうです。「でも、『やりたいことをやったらええんやで』と言われるだけでしたね。今、ざっくり言うなら、それぞれのやりたいことが混ざりあって、それぞれの自治が合成されて形になる場が自治会かな」

そもそも「自治」とはいったい何なのでしょうか？「自治」という言葉を身に引き寄せるには、「自分」あるいは「自分たち」という言葉を手がかりにすればよいと思います。自分が所属する組織や団体、参加しているサークルやコミュニティを思い浮かべて「自分の」「自分たちの」という言葉で言えるかどうか——たとえば、所属する学部を「自分たちの学部」と呼ぶことには違和感があるけれど、参加するサークルは「自分たちのサークル」でいいと思える、とか。その体感の違いこそ、みなさんがその場において当事者性を感じているかどうかを示しています。「やりたいことをやる」ために（主体的に）その場にいるなら「自分の」「自分たちの」と呼ぶことができる。場に対する当事者性こそが、自治のはじまりだと思います。

「結局、今生きていることを〝この場〟とどう関連づけるのかということからはじめるしかなくて。当然、自分がいる〝この場〟というのは、この日本、この世界と無関係じゃないんだと、視野を広げていくやり方しかないんじゃない？」と、S自の評議員だった佐々木祐さん（九三年度生）は言います。京大の学生自治の現場では、佐々木さんが言うような「自分のいる〝この場〟から世界へと視野を広げる」感覚が広く共有されていたのだと思います。

もし、あなたが自分がいる場の当事者であるなら、場をともにする人たちも当事者です。その人たちに「どう思う？」と語りかけることから、自治ははじまります。世界につながる回路はいつも、自分が立っている地面から広がっていくのです。

※1 潮木守一『京都帝国大学の挑戦』講談社学術文庫、一九九七年

※2 池内了「軍事研究と学問の自由について——日本学術会議の声明を支持する立場から」『天文月報』一一二巻一号、二〇一九年一月、五六頁

※3 同右、五七頁

※4 「京都大学における軍事研究に関する基本方針」京都大学ウェブサイト、二〇一八年三月二八日 http://www.kyoto-u.ac.jp/ja/research/kihonhoshin/

「本学における研究活動は、社会の安寧と人類の幸福、平和へ貢献することを目的とするものであり、それらを脅かすことに繋がる軍事研究は、これを行わない」とする。戦後、日本の大学では軍事研究は行わないという方針でやってきた。この基本方針をわざわざ出すということは、軍事研究にノーを言わなければいけない現状があることを暗示している。

※5 学問の自由を考える会ホームページ https://academicfreedomjp.wixsite.com/afjp

二〇一五年四月、文部科学省が国立大学の入学式・卒業式において国旗の掲揚と国歌の斉唱を要請するはたらきかけを行ったことに対して、「学問の自由と大学の自治を揺るがしかねない」と大学教員らが呼びかけ人となり結成した。同会によるシンポジウムの内容は『学問の自由と大学の危機』(広田照幸ほか、岩波ブックレット)として出版されている。

※6 池内了「危険に瀕する大学——学校教育法の改正問題」『現代思想』四二巻一四号、二〇一四年一〇月、二八—三一頁

※7 広田照幸「ポスト『教授会自治』時代における大学自治」『世界』九二〇号、二〇一九年五月、八〇頁

※8 「大学の自治とは」東京大学教養学部自治会ウェブサイト https://todaijichikai.org/運営案内/大学の自治とは

※9 駒込武×藤原辰史「京都大学でいま、何が起こっているのか——生きる場所と考える自由を求めて」『世界』九二五号、二〇一九年一〇月、二五一頁

※10 竹本修三、駒込武編『京都大学講義「偏見・差別・人権」を問い直す』京都大学学術出版会、二〇〇七年

※11 「変わる『自由』な学風」『京都大学新聞』一九九〇年四月一日

※12 同右

※13 「北部構内でゲート工事再開八月三日」『京都大学新聞』一九九二年七月一六日

4章
自治寮
寮

京大には、**吉田寮**[4-1]、**熊野寮**[4-8]、女子寮、院生寮である室町寮、そして京都大学ＹＭＣＡの**地塩寮**[4-12]と五つの寮があります。寮は、経済的に厳しい状況にある学生に大学で学ぶ権利を保障する福利厚生施設。寮費はとても安価に抑えられています[※1]。京大の寮には、学生寮にありがちな門限もないし、寮生を厳しく取り締まる〝管理人〟もいません。なぜなら、寮生が全員参加する寮自治会が自主管理している「自治寮」だからです。もちろん、京大当局は各寮の自治を認めており、必要に応じて交渉の場を設けて話し合いを行ってきました。

自治寮では、「自治とは自分たちのことは自分たちで決めること」だと説明されますが、その根幹にあるのが自主入退寮権。簡単に言えば、「誰と、いつまで、どのように、寮で暮らすのか」を寮生自ら決める権利のことです。たとえば、「日本人の男子学生のみ」であった入寮資格は、この自主入退寮権に基づいて、国籍や性別、学籍の種類を問わないものへと拡大されていきました（入寮資格は寮により異なる）。また、自治寮では、「空間をどう定義するか」も寮の主体である寮生に委ねられています。個室を共有スペースにしてもいいし、共有スペースを居室に変えてもいい。空間の定義や使い方は自由に決めていけばよいというわけです。

京大の自治寮は、しばしばその空間を外に向かって開いてもきました。かつては、学内外のサークルが熊野寮や地塩寮にボックスを置いていましたし、現在も吉田寮は**吉田寮食堂**4-2や**厨房**4-3を寮外の人たちとともに自主管理しています。気ままなひとり暮らしには、所詮はひとり分の自由しかありませんが、誰かと一緒につくっていく自由には大きな広がりがあるのです。

自治寮という空間と、寮生がハブとなって広がっていく人的ネットワークは、京大的文化をつくる人たちのコミュニティを育んでもきました。近年、自宅や事務所のようなプライベートな空間を、一部開放してコミュニティをつくる「住み開き」という言葉が注目されましたが、自治寮は究極の住み開きを実践してきたと言えるかもしれません。また、キャンパスから近い吉田寮は、**こたつ**3-2や**やぐら**3-1、あるいは**タテカン**5-1を出すときの前線基地ともなってきました。

「誰と、いつまで、どのように、寮で暮らすのか」を決めるのは、寮自治会における全会一致を原則とする話し合い。寮の主体である寮生一人ひとりの意見を反映するために、時間をかけて議論を重ねることを大切にしています。このため自治寮では、寮内の会議に出席したり役職を担ったりすることが求められます。そう聞くと、「家に帰ってきたら休みたいし、だらだらしたい。自分ひとりの時間がほしい」と思っている人は、「うわー、めんどくさそう!」と感じるかもしれません。本章では、その〝めんどくささ〟を超える自治寮の面白さ、京大的文化を生み出してきた自治寮という場の豊饒さについて書いてみたいと思います。

4-1 吉田寮【よし・だ・りょう】

京都大学学生寄宿舎吉田寮。一九一三年、京都帝国大学の寄宿舎として開舎した、日本最古の学生寮である。木造二階建ての三つの現棟（南寮、中寮、北寮、居室一二〇室、定員約一五〇名）とそれらをつなぐ管理棟、二〇一五年に竣工した木造と鉄筋コンクリート混構造三階建ての新棟（西寮、居室四四室、定員約九〇名）、そして二〇一五年に補修された木造平屋建ての吉田寮食堂から構成されている。入寮資格は「京都大学に在籍するすべての学生（学部学生・院生・研究生・聴講生・科目等履修生・特別研究学生等）および、「（寮生との）同居の切実な必要性を寮自治会が認めた者」。寮費は一カ月あたり約二五〇〇円（寄宿料四〇〇円・水道光熱費約一六〇〇円・自治会費五〇〇円）。

百万遍の交差点から東大路を下ると、近衛通の手前あたりから**タテカン** 5-1 に縁取られた**吉田寮**の入り口が見えてくる。銀杏並木のアプローチの向こうにある、平屋建ての管理棟が遠く感じられるのは、外の空間との密度の違いのせいだろうか？

吉田寮の歴史については、過去の寮生によってすでにていねいな資料作成が行われており、今また**京都大学新聞**5-9で「吉田寮百年物語」▼の連載も継続中である。二〇一九年には寮生・元寮生の協力のもと、吉田寮の現在を記録したすぐれたドキュメント、写真集『京大吉田寮』▼も出版された。本項では、これらを概観して記述するよりも、かつてひとりの〝当事者〟であった、わたし自身の体験を軸に吉田寮の一断面を書くことを試みたい。吉田寮という場が、どんなふうに人を惹きつけて巻き込んでいくのか。その一例にはなると思うからだ。

一九九三年の春、わたしは同志社大学に一一あった自治寮のひとつ、アーモスト寮▼に入寮した。吉田寮に遊びに行くようになったのは、その前後からだったと記憶する。東アジア・ドラゴン・リー・サンダース▼のメンバーが**吉田寮食堂**4-2に出入りするようになり、同志社と京大の学生たちの交流が広がっていた時期だった。寮生の部屋に遊びに行くと、「ちょっとジャムらへん?」と**厨房**4-3に移動し、楽器を手にセッションをする。そんなつきあいのなか、芝居も歌も経験がないのに、同年の吉田寮祭芝居▼に誘われて劇中歌を歌うことになった。曲をつけてくれたのはギターが上手な寮生。厨房奥にあった日当たりのいい洗濯場に連れて行かれ、ガタゴト回る洗濯機の水音のなかで歌の特訓を受けた。本番の照明と音響を担当した

吉田寮百年物語
吉田寮の歴史を振り返り、今後のあり方を考える視点を共有することを目的として『京都大学新聞』紙上にて連載。「二一世紀の京都大学吉田寮を考える実行委員会」や「二一世紀に吉田寮を活かす元寮生の会理事会」の会員と趣旨に賛同する個人による「吉田寮百年物語編集委員会」が執筆し、京都大学新聞社が編集協力を行っている。二〇一九年七月一六日号よりスタート。

写真集『京大吉田寮』
吉田寮を記録するフォトドキュメント。吉田寮が所有する記録の蓄積と発信を目的に現役寮生の岡田裕子さんが立ち上げた、さまざまなアーティストとともに写真・映像記録を残す「吉田寮記録プロジェクト」から生まれた。岡田さんと元寮生の宮西建礼さんが、写真に添えた文章で寮の歴史や自治のあり方を綴っており、今の吉田寮のようすが立体的に伝わってくる。「一〇〇年後もここに集う」という帯文が胸に迫る（写真：平林克己、文：宮西建礼、岡田裕子）。

のは、同志社の劇団サークルにいた友人たち——こんなふうに、吉田寮には人が人を巻き込んでいく磁場が働いていて、一緒に遊んだり表現したりしているうちに〝当事者〟になっていくのだった。

吉田寮には、とにかくいろんな人がごちゃまぜに共存していた。中桐康介さん(九五年度入寮)は、そのことに「すごく衝撃を受けた」と入寮当時を振り返る。「学生運動をやっている人、大学も行かずに旅している人、バイクを乗り回している人、バイトばかりしている人、芝居や音楽をやっている人とか。ほんとにいろんな寮生がいて、ステレオタイプの大学生のイメージを覆され、真新しい世界が開かれた!って思えたからすごく楽しくて。いろんな場に首を突っ込んでいきたくなりました。高校生までにもっていた常識が壊されていくのが気持ちよかったんだろうね」と中桐さんは話す。現役寮生の高橋あいさん(二〇一三年度入寮)は、「吉田寮では、大学や職場など自分と同じような境遇の人とだけ生活していたら出会えないような人に出会えます。受け身でいても、他の人が取り組んでいる問題や大事に思っていることに触れられる環境があることは、すごく恵まれていると思う」と言う。相部屋や共有スペースでともに過ごす時間のなかで、自然とさまざまな気づきが得られるのだ。

京大吉田寮 100年後もここに集う。
草思社、二〇一九年

アーモスト寮
一九三二年、新島襄が学んだ米国・アーモスト大学との友好の印に建てられた学生寮。ヴォーリズ設計事務所が設計したレンガ造三階建ての建築である。長らく学校法人同志社がエリート学生を養成する寮であったが、一九七八年に寮生によるクーデターが起きて自治寮に。同志社唯一の男女寮で定員は約一五名。二〇〇六年に廃寮され、現在は外国人研究者などの宿泊施設になっている。

東アジア・ドラゴン・リー・サンダース
↓一三四頁

吉田寮祭芝居
吉田寮祭で寮生が上演する芝居。当時は新入寮生による芝居と、寮生による芝居の二本もともと、吉田寮は男子学部生の寮だったが、「福利厚生施設である学寮は誰のための施設であるべきか」を議論し、入寮資格枠を拡大していった。一九八五年度から女子学生、一九九〇年度からは留学生、一九九一年度以降は院生・聴講生・研究生・京都大学医療技術短期大学部生（当時）も対象となっている。一九九〇年代は京大の女子学生は全体の一割。吉田寮も同程度の割合だったと聞く。その環境にあって、当時の女子寮生は吉田寮で暮らすことをどんなふうに感じていたのだろう？「当時の京大は女子の数が圧倒的に少なく、女子学生にとって決して居心地のいい大学ではありませんでした。女子学生が入れないサークルもあったし、『人』としてではなく『女の子』としてしか見られない場面が多いというしんどさはありました。一方吉田寮ではそういった『女の子』ラベルを感じることは少なく、自由にのびのびと過ごせる場でした。今思えば、他者への無自覚な抑圧にも敏感でいようとする感性が大事にされていたからだと思います」と元寮生の女性は話す。

「三年前（二〇一七年）に吉田寮を発見してからずっと寮生になりたいと思っていた」と言うのは、フランスから留学しているCamilleさん。二〇一九年、念願かなって入寮した。「この場所がフランスではなく日本にあることに嫉妬すら感じました。フランスの大学は建物だけでキャンパスも吉田寮のような寮もない。学生自

が上演されていた。わたしが出演したのは『ラスト・アジア　荒野の確信犯は暁に何を見た』（作：川村毅）。「片腕のないフィリピンの歌姫・ビンビン」という役をもらった。歌う以外、セリフはひとことだけ、「帰ってきたのね、トロツキー」だった。

治会はあるけれど、サークルのような学生文化もないんです。フランスでは、北アフリカや東ヨーロッパの文化が交差することで、文化的な変容やアイデンティティの変更が起きていきました。吉田寮もまた、一〇〇年の歴史のなかで文化的に変容してきている。これはとても大切で、また貴重なことだとも思います」。現在、吉田寮には、アジア・ヨーロッパの六カ国からの留学生が住む。入寮時のオリエンテーションや寮内の会議には英語のガイダンスを用意。入寮案内パンフレットには、彼ら自身の言語で執筆した記事が掲載されている。「たとえ日本語ができなくても、吉田寮でなら暮らすことができる。髪や肌の色、宗教にかかわらず、『ここにいていい』と受け入れられているのを強く感じます。また、寮生はいろんなことについて議論をするし、すごく進歩的な考えをもっています。たとえば、名前を知らない寮生に『おにいさん』と呼びかけたら、『おにいさんとは呼ばないで。それは僕にジェンダーロールを与えることになるからね』と言われて驚きました。日本では、ジェンダーについてSNSでは話し合うけれど直接顔を合わせて話すことはしません。リアルで、ジェンダーに関する議論を経験したのは吉田寮がはじめてでした」

興味も価値観も、国籍やライフスタイルもバラバラな寮生たちが、共有するルールは「話し合いの原則」ただひとつである。寮に関するものごとを決める会議だけ

かつての吉田寮の姿、右端に管理棟の玄関、左手に食堂が見える（提供：京都大学大学文書館）

でなく、日常生活のなかでも何か問題が起きたら、年齢や回生、入寮時期にかかわらず対等に話し合う。

吉田寮生は、自分たちの空間を自由につくり変えていく人たちでもあった。すでに完成した間取りは動かせないと思いこんでいたわたしには、一つひとつのドアの向こう側に異なる空間が現れるのが面白くてしかたがなかった。「空間の定義を自分たちで決めることもまた、自治の大事な部分だと思う。もちろん、場所と人を固定して管理したい京大当局はそういうやり方を嫌うけどね」と佐々木祐さん（九三年度入寮）は言う。「寮自治の基本として、ここで誰とどうやっていつまで居るのかを決める自主入退寮権があり、みんなで場を定義していく。そのなかで、必要なら場所を拡張したり、個室を相部屋にしたり、共同スペースを居室にしたりと、場を書き換えていくことも起きる。今の画一化された教室や大学のような空間は『ここはこういう空間です』という定義による要請が強いけれど、逆に吉田寮ではある程度自分で空間を再定義する力が必要とされるんじゃないかな」

天井に直付けされた蛍光灯が気に入らなければ、配線をいじって白熱灯のランプを吊るす。家具が足りなければ、どこからか不用品を集めてきて部屋をカスタマイズする。わたしには、なんでもＤＩＹでつくってしまう彼らがとてもまぶしかった。

吉田寮玄関、『京大吉田寮』（草思社、二〇一九年）より（提供：吉田寮記録プロジェクト、撮影：平林克己）

自由であるには、発想のやわらかさだけでなく、やりたいことをかたちにする知識と技術もまた必要なのだということを肌で感じていた。

「あの頃は、吉田寮に直接バイト募集が来ていたんだよ。各種バイトを経験した人が寄せ集まるから、けっこういろんなことができるようになる。ネットがない時代だったのに、なんでもつくれるだけの知識の集積みたいなのはあったよね」と平井さん（九〇年度入寮）は言う。現棟の間にある中庭では、かつてはエミューや鶏、ヤギやアヒルが代々にわたって飼育されていた。草木が生い茂る中庭で過ごしていると、外の世界とは異なる時間の流れのなかに迷い込んだ気分になる。

「自分たちはどうありたいのか」を対等に話し合って決めていること、自分たちで空間を定義する力があり、自分たちを表現する空間をもっていること。その空間を外に向かって開いていること。吉田寮は自由な場を生み出していく生態系そのものだった。以下の項目では、吉田寮の多様性を象徴するいくつかの空間とイベントを取り上げる。

吉田寮外観、『京大吉田寮』（草思社、二〇一九年）より（提供：吉田寮記録プロジェクト、撮影：平林克己）

4-2

吉田寮食堂【よし・だ・りょう・しょく・どう】

吉田寮を学内・学外に開いていく役割を担う文化的拠点。一九八六年三月末までは食堂として機能していたが、現在は、食堂使用者会議に出席する学内外のバンドや劇団、サークルなどがイベントを行っている。木造平屋建ての建物は、一八八九年に竣工した三高寄宿舎時代の食堂であったことが判明している。京大最古の大学建築物としての意義も非常に大きい[※2]。

吉田寮食堂が、寮内外のイベント空間として開かれるようになったのは、京大評議会が〝老朽化〟を理由に、在寮期限▼を一九八六年三月三一日に設定したことが発端である。在寮期限が過ぎても、寮生は追い出されはしなかったが、吉田寮食堂は寮食堂としての機能を失ってしまった。このとき、吉田寮自治会は寮食堂再開の道を模索すると同時に、吉田寮食堂の共有空間・自由空間としての側面を打ち出すことで、**吉田寮**4-1の存在を広くアピールすることを試みたのである[※3]。この取り組みの背景には、長らく学外の人たちとともに自主管理を行ってきた**西部講堂**2-1のあり方が念頭に置かれていたことは言うまでもない。

在寮期限

一九八二年一二月一四日、京大評議会において「吉田寮の在寮期限を一九八六年三月三一日とする」という「在寮期限」を設定。一方的な決定に吉田寮自治会は強く反発し、全学を巻き込んだ反対運動が展開された。学内外の協力のもと、七年にわたる粘り強い運動の結果、一九八九年に評議会は「在寮期限」の執行完了を承認した。

在寮期限が終了した後も、吉田寮は吉田寮食堂を積極的に開いていった。寮生が主体となる**吉田寮祭**[4-7]はもちろんのこと、寮外の劇団やサークルのイベントも開催。一九九二年には、寮自治会文化部と吉田寮食堂の使用者を接続する組織として新たに食堂局がつくられた。一九九六年以降は、食堂局と食堂使用者による食堂使用者会議が発足。吉田寮食堂で何かやりたい人は、この会議に出席して「使用願い」を出すというシステムが確立し、「食堂使用マニュアル」も整備されていく。

わたしがはじめて吉田寮食堂に行ったのは、一九九二年冬の〝クリパ〟ことクリスマス・パーティ（食堂ライブ▼）。まさに吉田寮食堂は開かれていく過程のなかにあった。ぎいぎい鳴る木の扉を押し開けると、くぐもっていた音が突然クリアになり、観客のシルエットの向こうに見えたステージは思いのほかあかるかった。受付やドリンクやフードの提供は、手慣れたようすの学生たちが行っている。「これは学生気分のイベントと全然違うな」と思った。あの頃の食堂ライブは、そこにいるすべての人が表現者として問われていくような場だった。出演するバンドには、「あの空間に認められるかどうか」という緊張感があったし、観客でさえも〝お客さん〟という立場にあぐらをかいてはいられなかった。

「当時の食堂ライブは、上手くてかっこいいバンドもいたけど、下手くそなバン

食堂ライブ
「Shock-do-Live」とも表記する。食堂ライブ実行委員会が企画・運営する、吉田寮食堂で開催されるライブの総称として使われていた。一九九〇年代、食堂ライブに出演することはバンドのステイタスにもなっていた。

ドもなんだか面白くて。なにより凄いなと思ったのは、それを見ているお客さんがひとりずつ違う踊りをしていたこと。リズムの取り方がそれぞれで。『面白いバンドをもっと連れてきて、この面白いお客さんの前で演奏させたい』と思って、だんだん食堂ライブの手伝いに入っていきました」と、長谷川一志さん（九二年度生）は振り返る。彼はその後、吉田寮食堂のライブ実行委員会のメンバーになり、二〇〇〇年頃まで続いた食堂ライブの黄金期を支えることになった。

二〇〇二年以降、寮外生の立場から約一〇年にわたって吉田寮食堂に関わっていたコテラさん（九九年度生）は、「文化的な側面だけでなくて、吉田寮の自治を一緒に担うという気持ちでやってきました」と話す。「興味がある人に対しては、寮外生であっても自治をともに担えるということを体現したいと思っていました。吉田寮が話し合いの原則をとっている限り、吉田寮には入らなくても自治の主体になれる。そんなことができる場は、この世界のなかでも稀有だと思っていました」

吉田寮が京大当局と交渉を行うとき、吉田寮食堂や**厨房**[4-3]の使用者は〝当事者〟として参加。ときには質問にも立ったという。また、交渉の場にお菓子や飲み物を差し入れてくれることもあったそうだ。

吉田寮食堂は、キャンパスに**こたつ**[3-2]や**やぐら**[3-1]、**タテカン**[5-1]を出すとき、あるいは時計台前などで集会やライブをするときの基地でもあった。また、学内外の自治空間に関わる人たちの多くは吉田寮食堂で知り合いつながった。一九九〇年代、吉田寮食堂をホームに活動していた東アジア・ドラゴン・リー・サンダースの中澤孝治さん（同志社大学、八九年度生）は、「自治空間はいろんなムーブメントの揺籃の場というイメージ。自治をすることは解放区をつくることでもあると思っていました。学生の頃は、各大学にある解放区をつないで、社会のなかに広げていきたいと考えていました」と言う。

「自治することは解放区をつくること」という感覚は、あえて言葉にはしていなくても、それぞれの場にいる人たちの間で共有されていたように思う。学内外に開かれていた吉田寮食堂はちいさな解放区をつなぐ結節点でありベースキャンプでもあったのだ。

吉田寮食堂・イベントスペース、『京大吉田寮』（草思社、二〇一九年）より（提供：吉田寮記録プロジェクト、撮影：平林克己）

4-3 厨房【ちゅう・ぼう】

吉田寮食堂の厨房。その名の通り、調理設備がある。奥のスペースには楽器やアンプ、スピーカーなどがあり、厨房使用者会議に参加するバンドやミュージシャンの練習場になってきた。近年は、厨房スペースを利用したライブも行われている。

厨房がバンドの練習場として使われはじめたのは、一九九〇年代前半の頃。はじめは主として寮生のバンドが使用していたが、厨房での練習を希望する寮外のバンドが増えたことから、月一回の厨房使用者会議を開いてともに運営することになった。

吉田寮食堂[4-2]を使用する劇団やミュージシャンは、基本的には自分たちのイベントの企画提案から終了報告までの期間のみ、食堂使用者会議に参加する。一方で、厨房で練習する人たちは、より長いスパンで厨房を使用することが多い。また、厨房使用者が主体となる厨房使用者会議は、食堂局と食堂使用者が参加する食堂使用

厨房ライブ、『京大吉田寮』（草思社、二〇一九年）より（提供：吉田寮記録プロジェクト、撮影：平林克己）

者会議よりも、独立性が高いという特徴もあった。

無料でバンドの練習ができるとあって、一時期の厨房使用者の総数は六〇名を超えるほどに膨らんだ。しかし、なかには厨房を〝安スタジオ〟として捉えてしまう人もいた。そこで二〇〇二年、あらためて厨房のあり方について考えるためにいったんその使用を停止。「この空間における自治を考えよう」と会議を重ね、厨房の自主管理体制を立て直すことになった。そのプロセスのなかで、厨房使用者会議は使用スケジュールを決める場から厨房の自治を考える場へと深化する。その使用を再開するにあたっては、資料を作成しオリエンテーションを実施。新しい厨房使用希望者には、使用に関することだけでなく「自治空間とは何か」「話し合いの原則について」「当事者問解決とは何か」などを話すことにしたという。

当時、厨房使用者会議に参加していたコテラさん（九九年度生）は、「寮の内外を問わず、厨房という場に興味を向けている人にはまめに声をかけていた」と言う。また、**吉田寮**[4-1]に新しい寮生が入寮するたびに厨房に誘い、「一緒に遊びながら」厨房使用者に巻き込むこともしていたそうだ。「寮を開くというと『ただ外から人が来たらいい』と安易に考えてしまいがちですが、そうではなくて。『この場を必要とするなら、あなたも一緒にこの場をつくっていくことができるんだよ』と伝えることこそが、寮を開くことだと思っていました。でも、それは言葉で説明をするだけでは伝わらないから、一緒に何かをして遊ぶんです。たとえば、厨房なら音を出す。音に限らず、人と人がつながるうえで、一緒に身体を動かすことがすごく大事だと思うんです。自然とその場をともに担う当事者になれますから。その一方で、生活空間である寮で大きな音を出してほしくないと思う寮生もいます。その人たちと話すのもとても大事な時間でした。それを受けて、厨房会議で具体的にできることを模索していくのです。暮らしのなかでしか文化は生まれない。私はそう思っていますが、その暮らしと文化をどう共存させていくか、それを考えて行動することも創造的でした」。自治空間としての厨房を求める「つわものども」が集まるがゆえに、厨房は当事者性の高い自治空間として育まれていった。

厨房は、寮の内外を問わず、活動の場を必要とする人たちの自主管理空間。「属性などを問われず、その場への必要性や興味から人が集う、根源的な自治だったと思う」とコテラさんは話す。厨房の存在は、吉田寮の自治に別な角度から光を投げかけるものでもあった。

4-4

旧印刷室【きゅう・いん・さつ・しつ】

略して「旧印（きゅういん）」と呼ばれる、約三〇畳の大部屋。もとは、印刷のために使われていた部屋だったと思われるが、一九九〇年代にはすでに新入寮生が入寮してからの約二カ月間、共同生活を送る大部屋のひとつに使われていた。原則として、旧印で暮らすのは男子寮生だが、入室に性別制限はなく、交流会やイベント、会議のために使われることも多い。寮内でもっとも開かれた大部屋のひとつである。

吉田寮4-1での生活は、**旧印刷室**など、大部屋での共同生活からはじまる。知らない者同士、しかも大人数で寝食をともにすることに不安はないのだろうか？「最初は心配していたけど、プライバシーって全然たいしたことないなと思いました。最長一週間あればすべてのことはどうでもよくなる」と話すのは、佐々木祐さん（九三年度入寮）。また、平井さん（九〇年度入寮）は、「そもそも、吉田寮はかなり変わったところだと知ったうえで入ってきているしね。寮の狙いとしては、ただの

〝安アパート〟だとは思ってほしくないから、あえて共同生活を送ってもらうんだよ。実際に、上回生から聞いた話や会議で出た話題について新入寮生同士で『お前、あの話はどう思う?』って話すようになるし、その狙いはうまくいってたんじゃないかな」と言う。

吉田寮での共同生活を経て、暮らし方に対する感覚を根底的に変える人もいる。「マンションを眺めていると、一部屋ずつにシャワーと家電が一式揃っているなんてもったいないなぁって考えたりします。三部屋にひとつでかい冷蔵庫を置いて共有したらいいし、シャワーだってひとりで二四時間浴びているわけじゃないんだから時間差で使えば共有できるじゃん」と田原孝平さん(二〇〇四年度入寮)。こうした共有感覚は、近ごろ話題のシェアリング・エコノミー▼と似ているようで、まったく違うものだと思う。吉田寮での共有感覚は対話によってつくられていくが、シェアリング・エコノミーは経済と利便性によって成立しているからだ。

新入寮生に居室が割り振られると、旧印刷室は共有スペースに戻っていく。飲み会の場になることもあれば、イベント準備などの作業場にもなるし、本書の取材場所としても案内された。こうした共有スペースがいくつもあり、寮全体を自分の居場所として感じられるからこそ、プライバシーを手放せるのかもしれない。

シェアリング・エコノミー
共有経済。個人が保有するモノや場所、スキルや時間をインターネットを通じて個人間で貸し借り・交換する経済のしくみ・サービス。提供する側・利用側する側の双方に利益があるため、グローバルに成長してきた。個人間の貸し借りを成立させる信頼関係には、ソーシャルメディアによるコミュニティ機能が活用されることが多い。空き部屋の貸し借りを仲介する「Airbnb」、自動車配車サービス「Uber」などのサービスのほか、シェアサイクル、コワーキング・スペース、カーシェアリングなども、シェアリング・エコノミーの事例に含む。

4-5

オールジェンダー・トイレ【おーる・じぇんだー・といれ】

性差の違いにかかわらず誰もが使えるトイレのこと。「ジェンダーニュートラル・トイレ」とも呼ばれ、入り口には「ALL GENDER」「BOTH」「EVERYBODY」「WHICHEVER」などのサインが出される。吉田寮では新棟建設時に、寮内での話し合いを経て設置された。

もともと、男子寮だった**吉田寮** 4-1 では女性入寮がはじまって以降も、女子用のトイレは新設されていなかった。男性用小便器が並ぶトイレを、いわば無理矢理に**オールジェンダー・トイレ**として扱ってきたのである。

あらためて、トイレのあり方が議論されたのは、新棟設計のときだった。

二〇一二年九月一八日、赤松明彦副学長（当時）との間で交渉を重ねてきた吉田寮自治会は、木造と鉄筋コンクリート混構造の新棟建設について確約書▼を締結する。そのなかには、「内部構造や地下スペースの使用方法などA棟（新棟）の構造の詳細については、防災等に配慮しつつ、今後も継続して協議を行う」という項目も盛り

確約書
あることがらを必ず実行することを約束する書類。このときは、「現棟の老朽化対策を補修をもって行うこと」「A棟（新棟）の運営について吉田寮自治会と話し合い合意のうえで決定する」「吉田寮食堂は現在の形を最大限残した形で耐震補修を行う」など一一の項目について確約が締結されている［※4］。

込まれており、吉田寮自治会と京大当局は新棟の設計案について交渉を重ねていくことになった。

「どんなトイレをつくるのか」についても、新棟の設計段階であらためて話し合われた。論点となったのは、「性別指定のトイレにどんな問題があるのか？」ということ。「性別移行期間中の人や男女どちらかを決めて行動したくない人にとっては使いづらい」「男女で空間を分けることは、文化や慣習の面において男女二元論▼を強化してしまう」という問題が明らかになった。「自分たちの寮の空間のジェンダーのあり方を自分たちで問い直すなかで、オールジェンダー・トイレにするのがいいと全会一致で決めました」と高橋あいさん（二〇一三年度入寮）は話す。その過程では、ジェンダーについての勉強会なども開き、まずは寮内における理解を深めていく機会もつくったという。

新棟ではトイレだけでなく、シャワー室も個室内に浴室と脱衣所を設けて、オールジェンダーで使用できるようにつくられた。ようやく、公共施設などでオールジェンダー・トイレに関する議論がはじまったばかりの日本において、非常に早い取り組みだったといえよう。「吉田寮は木造の建物ですが、徹底管理しているから戦後は一度も火事は起きていません。性暴力やセクシュアル・マイノリティに関す

男女二元論
性別を男・女の二種類しかないとしていずれかに分類し、それぞれに付随するふるまいや役割、文化的な規範があるとすること。

る問題にもしっかり取り組んでいて、時代に合わせて感性もアップデートされています。むしろ、京大当局に管理をお任せするよりも、寮生が自主管理しているほうがよいことが起きているんじゃないかと思いますけどね」と田原孝平さん（二〇〇四年度入寮）。吉田寮は多様な人たちとの暮らしをつくるために、自らの空間の問い直しと再定義に取り組みつづけているのだ。

4-6 ストーム【すとーむ】

旧制高校ではじまったバカ騒ぎ。「storm（嵐）」を語源とする。京大では、三高時代からストームは行われており、吉田寮だけでなく熊野寮でもしばしば行われてきたし、ときにはいずれかの寮が他寮に「ストームをかける」こともあった。現在、ストームが残る大学は数校のみ。「京大のストームはもっとも激しい」と定評がある。本項では、主に吉田寮関係者から聞き取ったストームについて記す。

「はじめて**ストーム**したのは寮に入って間もないとき。新入寮生だけでストームしようって話になって。夜中に、寮内を回って寝ている人を順番に胴上げしていきました。上回生に『この部屋はマズい』と教えてもらいながらね」と言うのは井上譲さん（八九年度入寮）。在寮期限問題が差し迫っていた一九八〇年代には、ビラやタテカンをつくる作業に参加するように迫る「ムスケ▼ストーム」なるものもあったらしい。

二〇一五年頃まで、お互いの寮祭のときなどに**吉田寮** 4-1 と**熊野寮** 4-8 間でのストームも行われていた。勝敗のルールは「放送室の占拠／死守」。放送室前にはバ

ムスケ

語源はドイツ語で「筋肉」を意味する「muskel」で、転じて筋肉を使う労働を指す。もともと旧制高校で肉体労働的なアルバイトを呼ぶ言葉として使われたようだ。現在の吉田寮においては「寮自治またはは運動のために必要な単純作業」という意味で使われていた。

リケードが築かれ、生卵やサラダ油が飛び交うなど激しい攻防戦が行われていたという。勝敗を決したあとはストームされた側の寮の食堂などで飲み会が開かれ、両寮の交流の場にもなっていた。しかし、もともと旧制高校からはじまったストームには男子校ノリが強く、とりわけ女子の寮に対するストームでは批判を受けたこともあった。

ストームにバカ騒ぎ以上の意味があるのかといえば、「ない」と思う。ただ、ストームにはものすごい熱量があって、近づけば巻き込まれずにいられない。たまたまストームに出くわしたせいで、「もう、就職活動はやめよう」と決めた人もいる。ふだんはしないようなことをうっかりすることから変わる人生もあるものだ。

4-7

吉田寮祭【よし・だ・りょう・さい】

吉田寮祭は、毎年五月末から六月上旬にかけて約一週間続くお祭り。吉田寮を学内外にアピールする重要な機会となっている。企画・運営を担うのは、新入寮生を中心とする吉田寮祭実行委員会。新入寮生バンドがフィナーレを飾る「寮祭ライブ」、寮生有志による吉田寮しばい部▼の「寮祭芝居」、上映会、麻雀大会やゲーム大会、食堂企画や酒場企画などが立てつづけに行われる。旧印刷室などでの共同生活の延長線上ではじまるため、新入寮生の脳裏から「授業」の二文字を消し去ってしまうといわれる。

吉田寮祭は、深夜〇時のカウントダウンからはじまる。管理棟前で「吉田寮祭の歌」▼を歌って盛り上がった寮生たちは、名物定番企画「ヒッチ・レース」へと繰り出していく（寮外生も参加可）。ヒッチ・レース参加者は、外が見えない状態で車に乗り込み、見知らぬ土地へ連れていかれる。どこで降ろされるかはくじ引きで決めるので予測は不可能。紙とペン、そして非常用の携帯電話だけを手に、**吉田寮**[4-1]を目指すヒッチハイクに挑むことになる。過去には、離島に送り込まれたり、北アルプスの標高三〇〇〇メートル級の山に登るバスに乗せられたりした人もいるらし

吉田寮しばい部
吉田寮生とその周辺の人たちによる演劇集団。「芝居」ではなく「しばい」としていたのは、いわゆる演劇へのアンチテーゼという意識があった。寮という共同体の祝祭をともに楽しむものとして公演を制作、上演していた。

吉田寮祭の歌
「吉田寮祭、吉田寮祭、わーいわーい楽しいな！」という歌詞をただ繰り返すだけのシンプルな歌で、一度聞くと忘れられない中毒性がある。作詞作曲は元寮生の平井さん。一九九〇年頃につくられた。

い［※5］。まったく手加減なしの企画だが、参加を希望するつわものたちは後を絶たない。念のため書いておくが、万が一、リタイアを希望する場合は吉田寮から救出の車がやってくるのでご安心を。

もうひとつ、吉田寮祭の名物企画を挙げるなら「鴨川レース」になるだろうか。三条大橋下に集結した出走者は、鴨川のなかに飛び込んで約二・五キロ先の鴨川デルタ▼を目指す。二〇一九年はなんと五〇人が参加。優勝者には吉田寮祭期間に開かれる食堂の「食べ放題券」を授与したそうだ［※6］。

吉田寮祭の最終日には、**吉田寮食堂**4-2で「寮祭ライブ」が行われる。昼から夜まで寮の内外から多数のバンドが出演し、周辺の飲食店も出店している。子連れで参加する出演者、観客もいて、ちょっとした地域のお祭りのようなほのぼのした雰囲気もある。

鴨川デルタ
高野川と賀茂川が合流し、鴨川となる地点にある三角州の通称。叡山電鉄および京阪電鉄の出町柳駅が近くにある。

4-8

熊野寮【くま・の・りょう】

一九六五年四月五日に開寮（A棟のみ）した京都大学の自治寮。翌年四月一日、B棟、C棟と食堂が完成し、現在の建物構成になる。各棟は鉄筋コンクリート造の四階建て、収容人数は四二二人。各棟の階ごとには概ね談話室があり、A棟とB棟の間にある中庭には「民青池」と呼ばれる池とピザ窯などがある。隣接する空き地はフットサルコートになっている。京都大学に籍を置くすべての学生が入寮可、寮費は月四一〇〇円。

東大路通と丸太町通の交差点・熊野神社前を西に歩くと、カラフルな看板を取り付けたフェンスの向こうに、古い鉄筋コンクリートの建物が現れる――**吉田寮** 4-1 と双璧をなす京大の自治寮・**熊野寮**である。入り口には、見学希望者はいつでも案内する旨の看板、壁際にはヘルメット姿の美少女が描かれた巨大な一六枚張りの**タテカン** 5-1 がそびえている。一九九〇年代はまだ、近寄りがたいほどに学生運動の

熊野寮（提供：熊野寮）

空気が濃厚だったが、今の熊野寮はなんだかあかるい。むしろ、一九九〇年代の京大にあった、ヘルメットの学生やオタクっぽい学生、音楽や演劇をしている学生、そして部活や授業に熱心な学生などが雑居するカオスに近いものを感じる。いわゆる〝京大らしさ〟を求めるなら、熊野寮に行くとよいと思う。

熊野寮には、約四〇〇名（二〇一九年現在）もの寮生がいるそうだ。いったい、どんな人たちが暮らしているのだろう。彼らは、自治寮というあり方をどんなふうに受け止めているのだろう？　熊野寮自治会に取材を申し込むと、数人の寮生がとても快く応対してくれた。

「大学当局の厚生課が寮の規則を決めて運営をすると、たとえ寮生が住みよいように運営しようという気持ちがあったとしても、どうしても実態にそぐわないところが出てくると思うんです」とサカイさん（二〇一八年度入寮）は言う。「寮に限らずどんな場所でも、実際に住んでいる当事者が、自治によって自分たちのことを決めていくのが望ましいかたちだと思います」

寮の運営には寮生全員が参加。日常的な寮運営については、棟ごとに行われる月二回のブロック会議で話し合い、寮の方針などの重要事項は全員参加で行われる年二回の寮生大会で審議する。他にも、食堂の運営を担当する部局、パソコンなどの情報機器の管理をする部局などがあり、寮生はいずれかに所属。生活に関わることから京大当局との話し合いまで、「みんなが納得できる結論を目指して話し合う」という原則に基づいて、さまざまなことを決めていく。「話し合いの場での発言はその人の所属や思想によって差別せず、公平平等に扱われます。一部の多数派が独裁したら本末転倒になってしまいますから」

とはいえ、新入生の多くは校則に縛られることに慣れた元・高校生である。「自分たちのことは自分たちで決める」というあり方に、キョトンとしてしまう人もいるのではないか。「自分たちのことって何だろう?」「自分たちで決めるってどうやって?」というふうに。サカイさんは「個人的なことですが」と前置きして、率直な思いを話してくれた。「たしかに、高校までの先生たちは『自分で決めることは大事だよ』と言うけれど、本当に自分で決めて行動しようとすると『いや、そうじゃなくてね』と止めますよね。だから、寮に入るまでは、自分たちのことを自分たちで決めていいだなんて、そういう発想すら出てこなかったんですよ。自分たちが関わっていることだから、寮のことだって、大学のことだって、『自分には発言権がある』『何かを変えることをしていい』と学べたのは、自治寮に入ってめちゃくちゃ良かったことだと思います」

また、ナガエさん(二〇一七年度入寮)は、「義務教育は、自分で決めて自分で生きる気持ちを殺すことに特化していると僕は思う」と言う。今の世の中では、誰かに決められたルールに、「なんでやねん」と思いながらも粛々と従うしかないと、誰もが無意識のうちに自分を縛っているように思う。それこそが、現代における生きづらさの根本にあるのではないか。

それにしても、自治というものは、言葉で説明しようとするとどうしても観念的になりすぎてしまう。だからこそ、自治寮には祭りやイベントのように、非言語かつ非日常なコミュニケーションの場がつくられるのだろう。熊野寮では、新入寮生募集要項に掲載されている公式なイベントだけでも、年間一七を数えている(実際はもっと多いはずだ)。四月には新入寮生を歓迎する複数のコンパ、花見、古本市、五月には大文字山に登るコンパ……。年二回の麻雀大会、一〇月にはナスと秋刀魚をひたすら食べる「ナス・サンマコンパ」なる謎のパーティもある。そして、全熊野寮生の結集によりマグマが沸き立つ祭りこそ、〝厳冬の奇祭〟の異名をとる**熊野寮祭**4-9である。

4-9 熊野寮祭【くま・の・りょう・さい】

毎年一一月末から一二月初旬の一〇日間をかけて行われる、寮を挙げてのお祭り。「時計台コンパ」「鴨川いかだレース」「大階段グリコ」「みかんまつり」「ファミマと連帯」など、不可思議な企画が目白押しであることから、いつしか〝厳冬の奇祭〟の異名をとるように。二〇一八、一九年は大小合わせると企画数は一六〇を超えている。どこまでいくつもりなのか!?

熊野寮[4-8]恒例行事のなかで、学外に向けてオープンに行われているのが、春の地域まつり・**くまのまつり**[5-5]と、開寮当初からの歴史がある**熊野寮祭**である。

熊野寮祭が行われるのは、毎年一一月末から一二月初旬の一〇日間。期間も長いが、イベントや展示の数は大小あわせて約一六〇もあるというから驚かされる。「寮祭パンフ」は一〇〇ページ以上の特大ボリュームで、いずれのページもツッコミどころ満載。寮祭パンフをめくるだけでしばらくは笑っていられる。しかも意外と機能的なつくりだ。なんというサービス精神の発露であろうか。

熊野寮祭の初日は、昼休みの時計台前で行われる「時計台コンパ」で幕を開ける。

二〇一九年は大量のおでんと巨大なコーヒーゼリーがふるまわれ、クスノキには熊野寮の収容人数不足を訴えるツリーハウスを設置。偶然通りかかった修学旅行生まで巻き込み、なにやら楽しげに盛り上がっていた。過去には、時計台を「熊野寮D棟」として占拠したこともあり、これにはふだんは猫をかぶっていた京大生たちも参加したと聞く。

厳寒の鴨川を自作のいかだで渡る「鴨川いかだレース」。京都駅の大階段（一七一段ある）でじゃんけんしながら最上階を目指す「大階段グリコ」。仮装した寮生が四条周辺に繰り出して二人三脚や借り物競走、四条大橋上での綱引きをする「四条大運動会」。ふだんお世話になっている近所のコンビニにデモ行進し、いつもよりたくさんの買い物をする「ファミマと連帯」。二〇一九年は、食パンを咥えて大学へとひた走る「いっけな〜い。遅刻！　遅刻！」なる企画も登場していた。民青池で向かい合ってみかんを投げるだけの「みかんまつり」は、継続を望む元寮生がみかんを寄付してくれるそうだ。「その熱意はどこから来るのか？」という疑問は尽きないが、どこから来るかわからない熱意ほどアツいものはない。

二〇一九年度の新入寮生募集要項には「とにかくやりたいことをやってしまうのが熊野寮祭」だと書かれている。少し引用を続けよう。「熊野寮祭は自由な場です。

あなたのやりたいことを止める人はおそらくいないでしょう。これは受験生の方に向けて書くのですが、京都大学というのは存外に普通なところです。（中略）京大のいわゆる狂気といえるような人はごく一部にしかいないのです。しかし、ここ熊野寮にはまだ狂気と呼べるものが根強く残っていて、大学生たちを情熱のままに行動させてしまうのです」

　熊野寮祭実行委員を経験したミヤケさん（二〇一八年度入寮）は、「熊野寮祭は、寮生それぞれによるお祭りみたいなところがあります。だから、差別やハラスメント▼になるものでない限りは通して、企画者本人が自由にやるのが良いと思っています」と話す。おそらく、寮生たちの「やりたい」という初期衝動に火がつくことが自治のはじまりになるのだ。

　お祭りには、外部の人との交流を通して「自治寮のあり方を知ってもらう」というだけでなく、一緒にお祭りをつくりあげていくことによって寮生の団結を強めるという意義もある。お祭りが楽しくなればなるほど、熊野寮の自治は強くなっていくはずだ。

ハラスメント

二〇一五年に合同イベントで起きた、熊野寮生によるハラスメント事件を受けて、二〇二〇年度の熊野寮入寮パンフレットには「ハラスメント加害者にならないために」を掲載。「人の体にはさわらない」「共用スペースでは下ネタ・猥談はしない」「人の容姿、私生活を評価することを言わない」「『女性／男性はこうである』など性別によって人のあり方を決めつけない」「怒られない雰囲気に甘えない」「大学生には彼氏／彼女がいて当たり前と思わない」「もし『それ問題だよ』と指摘されたら」の七か条はネットでも話題になった。

4-10

KMN48

【けー・えむ・えぬ・ふぉーてぃ・えいと】

熊野寮生有志によるアイドルコピーダンスグループ。二〇一〇年に、「熊野寮のことをもっと伝えたい」という寮生を中心に結成。熊野寮祭はもちろん、一一月祭などにも出演する。近年は、京都市内のいきいき市民活動センターのイベントに招かれるなど、地域にも進出している。現在のメンバーは約二〇名、過去の出演経験者を含めると約三〇名にのぼる。

キャッチコピーは「自治やっちゃう系アイドル」。寮外のステージに出るときは「京都大学**熊野寮** 4-8 に住んでいます。警察の**ガサ入れ** 4-11 も来るし、大学からけっこうヤバいと言われるけど、僕たちは意義をもって自治寮をやっています！」とMC。あっけらかんと寮自治を全面に押し出してくる姿が清々しい。現・**KMN48**に所属しているイイダさん（二〇一七年度入寮）は、「KMN48を創設した人も、熊野寮に対する『ヤバいところでしょ？』っていう偏見に対して、『いや、いい場所なんだよ』と伝えたくてはじめたという経緯があって。そこはちゃんと踏襲していきたい」と真剣な面持ちだ。

ＫＭＮ48のメンバーに参加理由を聞くと、「アイドルが好きすぎて振りコピをはじめた」「高校生の頃からYouTubeでＫＭＮ48の動画を見ていた」などさまざまである。キレキレに踊るダンス・サークル出身の人もいれば、ただ踊ることを楽しんでいる人もいる。そのバラバラ具合がなんとも熊野寮らしくもある。

サカイさん（二〇一八年度入寮）は「熊野寮に対するいろんな偏見に立ち向かうなかで、ひとつを示したら『そうなんだ、熊野寮っていいところだね』ってなるような処方箋はたぶんないんですよね。**熊野寮祭**4-9や**くまのまつり**5-5、ＫＭＮ48などいろんな伝え方で身近に感じてほしいと思っています」と話す。

ＫＭＮ48がステージに立つと、寮生がわらわらと集まってきてメンバーの名前を叫び、一気にボルテージが上がる。寮生とのかけあいも含めてパフォーマンスが成立しているような印象だ。しかし、〝内輪ウケ〟に陥らないように、観客を上手に盛り上げる工夫もされている。熊野寮祭やくまのまつりでは、他に類を見ない自治寮ローカルアイドルにも注目してほしい。

4-11 ガサ入れ【がさ・いれ】

ガサ入れとは家宅捜索のこと。「がさ」は「さがす」を転倒させた、警察の隠語とされる。刑事事件において証拠を収集する必要があるときに、裁判所の捜索差押許可状▼（以下、令状）に基づいて、警察や検察官は被疑者の自宅や企業などを捜索する。捜索にあたっては、令状をきちんと提示すること[※7]、捜索差し押さえは立会人のもと[※8]、令状の範囲内で行うことが義務付けられている。また、警察官が職務の執行にあたって身分証の呈示を求められながら、警察手帳を呈示しない行為は違法となる[※9]。本項では、熊野寮に対して行われているガサ入れの実態について記す。

一九九〇年代前半は、毎月のようにあったという**熊野寮**4-8への**ガサ入れ**。「週二回来たこともあった」と当時の寮生は話す。「京大当局から『今から何十分後に家宅捜索が入ります』と電話が入ると、館内放送で『ガサ入れがありますので、全寮生は三点▼をつけて受付前に集合してください』と呼びかけるんです」。ずらりと並んだ寮生たちは、盾を手にした機動隊と睨み合い、捜索に来る警察官に令状や警察手帳の呈示を求めるなどの対応をしたそうだ。

しかし、それはあくまで昔の話。近ごろのガサ入れは数年に一回ほどのペースに

捜索差押許可状
「被疑者の氏名及び年齢」「罪名」「捜索すべき場所」「身体又は物、差し押さえるべき物」「有効期限」が記載されている。

三点
ヘルメット、サングラス、顔を覆うタオルやスカーフのこと。ヘルメットは怪我を防ぐため、サングラスとタオルは個人を特定されないために装着する。

なり、ヘルメット姿の寮生が出迎えるということもない。ただし、ある日突然やってくることや、直前の通達で知らされることに変わりはなく、「館内放送に気づかなくて、寝起きで部屋の外に出たら機動隊がいた」「授業に行けなかった」なんてことも起きている。

捜索・差押対象は「一〇カ月前に××で行われた公務執行妨害の証拠で、押収したものは数枚のビラだけ」なんてこともあるという。捜索場所は熊野寮内の二~三部屋だけ。せいぜい一〇~二〇人の捜査員がいれば事足りるのに、相変わらず五〇~一五〇人もの機動隊もセットで動員されている。

機動隊の映像とともに「京大学生寮を捜索へ」というテレビのテロップを見ると「もしかして重大事件?」と思うけれど、カメラに映らないその先では「屈強な寮生がずらりと並んでガサ入れに抵抗」なんてことは起きていない。むしろ、令状や警察手帳の呈示に応じない、捜索の対象ではない場所や寮生を撮影するなど、警察による違法行為がたびたび起きているという。

ガサ入れの理由は、政治党派で活動する寮生(あるいは学外の人)が被疑者となった事件だ。しかし、熊野寮自治会は、「ガサ入れが来る原因になるから」と政治党派で活動する人を排除したりはしない。問うべきは「ともに自治を担えるかどうか」

であり、その思想信条ではないからである。しかし残念ながら、メディアはガサ入れの内実や熊野寮が目指す自治については取り上げない。おかげで「京大の熊野寮に機動隊が入ったらしいよ」「熊野寮って過激派の拠点らしいよ」という断片的な事実だけが伝わり、「ヤバい、コワい」という印象ばかり膨らんでいく。

こうしたガサ入れをめぐる状況について、熊野寮自治会は公式ウェブサイトなどで声明文を発表。「ガサ入れを隠すのではなく、自分たちはガサ入れにどう向き合っているのかを発信していきたい」という。前述した通り、ガサ入れのイメージを跳ね返そうとするなかで、**くまのまつり**5-5や**KMN48**4-10といった新たな文化を生み出してもきた。そのエネルギーこそ、本当の意味での熊野寮の〝ヤバさ〟ではないかと思う。

4-12

地塩寮【ち・えん・りょう】

京都大学YMCA（京都大学キリスト教青年会）が設置し、寮生が自治を行う自治寮。入寮すると京都大学YMCAに入会することになる。一九一三年に地塩寮の前身となる京都大学YMCA寄宿舎、翌一四年京都大学YMCA青年会館（国の登録有形文化財）が竣工。現在の寮舎は一九六八年に建て替えられたものである。入寮資格は、大学に籍を置く者（在籍大学や回生、性別、国籍、宗教は問わない）。定員約三〇名、寮費は月二万四〇〇〇円。

京大キャンパスから徒歩三分、東一条通を西に歩くとレンガ造りの洋館が見えてくる。W・M・ヴォーリズ設計事務所が設計した京都大学YMCA青年会館（以下、会館）である。この建物の奥、同じ敷地内に**地塩寮**はある。

実は、地塩寮は京大ではなく、一八八九年に創設された京都大学YMCAの寮である。会館と隣接する京都府立医科大学YMCA橘井（きっせい）寮とともに設立された。地塩寮の名前は、新約聖書の一節「あなたがたは地の塩である」からとられている〔※10〕。少人数の寮ゆえに雰囲気はとてもアットホームだ。

地塩寮もまた他の京大の寮と同じく自治寮である。寮に関することは、寮例会で話し合って決める。他寮と違うのは、月に一度、卒寮生代表と理事職の寮生が話し合う理事会があり、寮の運営などについて卒寮生から助言を受けるということだろうか。一九六九年にはクリスチャン以外の学生を受け入れるように。一九八六年には女子寮生を、一九九一年からは「大学に籍を置く者」と入寮資格を拡大した。卒寮生の佐藤知久さん（八七年度生）は、「京大の自主管理空間は、自分たちの空間がある種の排除と選別の空間として機能することを嫌う。自分たちの特権性みたいなものをすごく内省的に崩そうとしますよね。地塩寮の歴史もそうだったんだと思います」と話す。

二〇〇三年の改修を経て、会館の二階は立派な音楽ホールに生まれ変わった。地域の人たちが主催するコンサートなども開かれ、寮と地域の交流の場にもなっている。それ以前の歴史をたどれば、初期の**西連協**[2-3]事務局はじめ、学内外のサークル・団体などが、会館の部屋を間借りした時代もある。ここでは、一九九〇年代前半に開かれていた**WEEKEND CAFE**[4-13]を取り上げて紹介したい。

4-13

WEEKEND CAFE【うぃーくえんど・かふぇ】

一九九三年春頃から約三年間、地塩寮が自主管理する京都大学YMCA会館の一階で、第二・第四土曜日の二〇時から開かれていた〝ホームパーティ〟。当時、吉田山のふもとにあった「アートスケープ」などと連動し、京大生だけでなく、アート系の人たちやエイズ活動家、セクシュアル・マイノリティの人たちが全国から訪れた。

WEEKEND CAFEは、**地塩寮**4-12寮生だった佐藤知久さんと阿部大雅さん、ダムタイプ▼のメンバーだった小山田徹さんの三人が、京都大学YMCA会館一階の部屋で、隔週で開いていた交流の場である。その前身になったのは、一九九一年に小山田さんとその友人たちが、吉田山のふもとの古民家で立ち上げた「アートスケープ」という空間。ダムタイプが世界各地を公演するなかで出会った、アートセンターに着想を得たという。「アートセンター」は、そのまちに住んでいる人たちの核となる場所になっていて、先鋭的な芸術にアンテナをめぐらせて世界中からアーティストを呼んで交流するネットワークをつくっています。小山田さんたちは、京

ダムタイプ
DUMB TYPE. 一九八四年に結成された芸術集団。古橋悌二を中心にデザイナー、作曲家、コンピュータ・プログラマー、ヴィジュアル・アーティストなどによって構成され、インスタレーション、パフォーマンス、ビデオ、出版など、多彩なメディアを駆使して、表現を展開している。

都にもそういう場所をつくろうと、アートスケープを立ち上げたそうです」と佐藤さんは話す。

ちょうどその頃、ダムタイプの中心メンバーだった、故・古橋悌二さんがＨＩＶ陽性を公表。ダムタイプは、彼とともにＨＩＶをめぐる問題に向き合うなかで、性別、国籍、セクシュアリティ、人権、そして生死など、「シグナル」と「ノイズ」の境界を問うパフォーマンス「Ｓ／Ｎ」をつくりはじめる。アートスケープは、古橋さんが感じているであろう、この社会にある生きづらさや息苦しさを少しでも取り除いていくための議論の場にもなっていた。

「アートスケープではいろんな活動をしていたんですけど、二〜三年も経つともう全員が議論をしつくした状態になっていて。はじめて来る人に対して匂い立つ壁みたいなものができていたので、『別な入り口をつくらなければいけないな』と思いはじめたんです」と小山田さん。そんなとき、アートスケープに出入りしていた佐藤さんが「あのすてきな洋館（京都大学ＹＭＣＡ会館）のある地塩寮」の寮生であることが判明。「一九九三年の初夏の頃だったかな。小山田さんを会館に案内したらもう恍惚の表情を浮かべて『ここはいい！』って。数日後には、『あの部屋でカフェをやろうよ』って言われたんですよ。阿部くんと一緒に、寮例会に企画を提案して会館の使用許可を得ました」と佐藤さんは回想する。

アートスケープを中心に口コミで噂は広がり、WEEKEND CAFEには、初回から一〇〇人以上が集まった。コーヒーは一〇〇円、ビールとワインは二五〇円とほぼ原価で提供。はじめのうちこそ、小山田さんや佐藤さんがマスター役を務めたが、やがて「マスターになりたがる」人が続々と現れたという。「マスターになると、みんなと顔見知りになれますから。あっという間に、ほとんどの人間がマスター経験者になって、準備から片付けまでの流れをほぼ全員が知っている、すごく自律的な場ができあがりました」と小山田さんは話す。

たとえば、知り合いのいないパーティで、壁際に立って様子見をすることはないだろうか？　そんなとき、目の前のテーブルでワイングラスが倒れると、片付けを手伝った周囲の人と会話が生まれたりする。小山田さんは「こうした〝小さな労働〟はアイデンティティの獲得感につながる」と言う。「あらかじめ、たくさんの小さな労働を場に埋め込んでおくと、居場所感が得られやすくなります。小さな労働を通して会話が生まれ、やがて対話に変わっていくことが理想的だと思うんです。どんな問題にも、唯一絶対の正しい解決策があるわけではないからこそ、語りつづける必要があります。それぞれの人が無理なく自分の人生と向き合いながら、対話を続けられる空間と時間があるほうがいい。WEEKEND CAFEはその方法のひとつだったし、ちょっと扉が開いた感じがしました」

また、地塩寮からは「禁煙のサインを置いてほしい」という要望があったが、「運営協力の人たちと議論するなかで、『禁煙サインを置けば、運営者と参加者の間に垣根を生んでしまう』ということになり、たばこを吸いたい人がいたら声をかけて一緒に外に行くという形で対応していました」と阿部さんは話す。運営側のルールを一方的に押しつけるのではなく、参加者と一緒に場をつくろうとする姿勢がこんな工夫ひとつにも見て取れる。

「京大はキャンパス自体がまちと一体化していて、ふだんから人がいっぱい行き来しています。そこを閉じてしまうとつまらない。また、国立大学だから『自分たちだけの場所ではない』という意識はありました」と佐藤さんは話す。「自治寮に暮らしていると、ひとりに戻らなくてもいいという感覚が身についてきます。そこに住むこと自体が、人と一緒にことを起こしていく養分を与えてくれると、自然に思えていたんだと思います」。WEEKEND CAFEは幕を閉じたけれど、自治寮というあり方には開かれた場をつくる可能性がつねに内在している。

「住む」場所を問いなおす

ちょうど、本書のためのリサーチをはじめた頃、『建築ジャーナル』（二〇一八年九月号）が「大学自治空間」を特集しているのを知って驚きました。「こんな本を書いているくせに！」という声が飛んできそうですが、正直なところ「大学自治空間」なんて言葉が、建築の世界で取り上げられるとは思いもよらなかったのです。しかし、特集の序文を読んで「なるほど」と思いました。そこには、大学自治寮は当事者による「ボトムアップの空間づくり」を行っており、「生活者自らが民主的なプロセスを踏んでコミュニティを運営」していると書かれていたからです。序文は「そうした在り方には、私たちがまちの問題を考えるときの手がかりがあるのではないか。管理強化の流れに抗い、自治を貫く大学寮に学ぶHow to 自治」[※1]と締めくくられています。大学自治空間の可能性は、住まいやコミュニティづくり、あるいはまちづくりの文脈で理解されやすいのだということは、わたしにとって大きな気づきになりました。

自治寮での暮らしは、共同生活という側面に限れば、シェアハウスに似ています。大きな違いはただひとつ、その根本に「自治があるかどうか」。言い換えれば、自治をすることで住まいはコミュニティの場に変わるし、世界を変えていく拠点にもなれるという可能性をもっているのだと思います。

わたしが暮らした同志社大学の寮では、「全学に開かれた寮」という理念を大切にしていました。寮は全学の共有財産ですが、入寮できるのは一部の学生だけ。自治を通して、入寮できない全学生に場を開くことが寮生の責務であると考えていたからです。同時に、あの頃の同志社の学生は、自分たちの自治を「全学に責任を負うもの」と捉えていました。これには、同志社が私学であったことや、学友会費を学費とともに集めていたことも影響していたと思いますが、「大学という場を社会に開く」という発想には飛べなかったように思います。

一方で、京大の学生たちは「学問とは何か、大学とは何か」を問いつづけるなかで、大学を広く社会に開いてきましたし、自治寮においては「自分たちの足元にある生活とこの社会は地続きだ」という意識を深く共有していました。それは、寮でいろんな人とともに過ごすなかで得られる気づきを社会に還元していく下地になりえていたのだと思います。

こうして書いてみても、やはり自治には感覚的にしか伝えられない部分がどうしてもあると思います。「自治を言語化する難しさ」について、井上彼方さん（二〇一三年度生）は、「人とゆっくり時間を過ごして、相手のことをゆっくり知って、それによって影響を受けたりすることで伝えられているものだからかな。それが具体的にどう行われているかといえば、夜な夜なお酒を飲んでいるってことかもしれないんですけど」と話してくれました。たしかにそうなのです。本章で書いてきたことは、自治の風景を写し取ったものに過ぎません。

以前、山極寿一総長のインタビューをしたときに、「共感と信頼は時間との係数だ」と言われたことを思い出します。「一緒に行動した記憶が積み重ならないと、チームワークはできない」し、信頼関係を担保するのは、五感のなかでも「触覚や嗅覚、味覚という共有できないはずの感覚」だと山極総長は話していました[※12]。自治寮で続けられてきたいとなみは、まさしく生活のなかで身体感覚をともにしながら、言葉のやりとりだけでは不可能な、共感と信頼をつくりあげることに他なりません。その共感と信頼こそ、自治の培地になりえていたのではないでしょうか。

一九六〇年代のフェミニズム運動のスローガンに「個人的なことは政治的なこと」という言葉があります。自分たちの暮らしの場を自分たちの手に取り返していくこと。自分自身が感じていることを他者と共有し、ときには暮らしの場を開いていくプロセスのなかで、地域とのつながり、社会とのつながり、そして世界とのつながりをつくっていくことができる——自治寮という存在は、その可能性を教えてくれる場でもあるのだと思います。

※1 女子寮は二〇一九年春に建て替えが完了した際に月額七〇〇円から二万五〇〇〇円へと大幅な値上げが行われた。京都大学新聞の取材［※13］に対して、京大当局は「維持管理費、他大学の寄宿料、学生の経済的負担等を総合的に勘案した結果」と回答している。
「学生寄宿舎（女子寮）の入居について」京都大学ウェブサイト
http://www.kyoto-u.ac.jp/ja/education-campus/campuslife/Life/dormitory_w.html

※2 七灯社建築研究所 山根芳洋「京都大学寄宿舎吉田寮食堂建築物の調査実測によるその京都大学内で最古の建築物である実証――京大最古の建築施設」七灯社建築研究所ウェブサイト、二〇一二年四月一八日
http://sevenlamps.jp/syokudou.html

※3 吉田寮自治会（執行委員会）「御挨拶」劇団満開座公演パンフレットに挟み込まれたもの、一九八七年九月

※4「一二〇九一八確約書」吉田寮公式サイト
https://sites.google.com/site/yoshidadormitory/吉田寮資料集/kakuyaku/120918

※5「おいでよ！ 吉田寮祭」『京都大学吉田寮紹介パンフレット』二〇一九年

※6 同右

※7 刑事訴訟法第一一〇条（差押状・捜索状の呈示）

※8 刑事訴訟法第一一三条（当事者の立会い）、第一一四条（責任者の立会い）

※9 警視庁警察手帳規定第五条「（警察手帳の呈示）職務の執行に当たり、警察官であることを示す必要があるときは、本体を開いて証票および記章を呈示し、身分を明らかにしなければならない」

※10『新約聖書』マタイによる福音書五章一三節

※11『建築ジャーナル』二〇一八年九月、七頁。同誌には、二〇〇一年に廃寮された東京大学の駒場寮、京大からは吉田寮、東北大学の日就寮、北海道大学の恵迪（けいてき）寮の関係者などからの寄稿が掲載されていた。

※12 杉本恭子執筆、なかむらアサミ編集「人間の五感は『オンライン』だけで相手を信頼しないようにできている――霊長類の第一人者・山極京大総長にチームの起源について聞いてみた」サイボウズ式、二〇一七年九月二七日
https://cybozushiki.cybozu.co.jp/articles/m001351.html

※13「寄稿企画 一橋大学寮における寮費と留学生居住の問題」『京都大学新聞』二〇一九年五月一六日

ここでちょっとお勉強2

京大と大学改革

一九九〇年代以降を振り返ると、残念ながら、京大の自治と自治空間は少しずつその力を削り取られていることは否めません。特にここ数年は、**吉田寮第二次在寮期限**5-3問題において顕著になったように、京大当局は「学生など当事者」との確約書や団体交渉から顔をそむけています。本書で描いてきたような、全学的な議論を志向する京大のあり方は、学生だけでなく教職員も共有していたと思うのですが、いったいどうしてしまったのでしょうか。

背景にある原因のひとつは、国が推し進めてきた大学改革です。国立大学である京大は、国の政策や予算配分に大きな影響を受けます。たとえば、**教養部**1-1の解体や**国際高等教育院構想**1-7、あるいは二〇一三年度以降に全学共通科目に導入されたCAP制（年間または一学期の履修単位数を制限する制度）なども、大学改革の流れのなかで起きたことです。

ここでは、一九九〇年代以降に行われた大学改革から大きなトピックを取り上げて、そのとき京大で起きていた動きを重ね合わせて見ていきましょう。

「大学改革」のはじまり――教養部解体

そもそも、なぜ大学は改革を求められるようになったのでしょう？　「大学はその使命と目的に十分に応えていない」という見解が現れたのは、戦後の新制大学発足から約一〇年が過ぎた頃。一九六〇年代の中央教育審議会（以下、中教審）答申には、「新しい大学はかつての『象牙の塔』ではなく、社会的機関としての性格をもつべき」という指摘があります［※1、2］。すでにこのとき、文部省（当時）は「新制大学は閉鎖的で社会の要請に応えていない」という認識を示しています。さらに、一七年後の臨時教育審議会（以下、臨教審）第二次答申には「大学はおしなべて閉鎖的であり、機能が硬直化し、社会的要請に必ずしも十分に応えていないばかりでなく、いたずらに量的に拡大し、教育・研究の内容や質に欠ける傾向にあることを憂える声は小さくない」と書かれています。ずいぶんな言われようです……！

ともあれ、大学（教育）は「時代や社会の絶えざる変化に積極的かつ柔軟に対応していく」（臨教審第四次答申）ことが求められたわけです。そして「高等教育の個性化、多様化、社会との連携、開放を進め、また、学術研究を積極的に振興する。これらを裏付ける条件として、組織・運営における自主・自立の確立、教職員の資質向上、経済的基盤の整備を図る」という臨教審最終答申が出ます。これに基づいて行われたのが、一九九一年の「大学設置基準の大綱化」でした。

大学設置基準の大綱化は、大学における規制緩和といわれています。〝パンキョー〟こと一般教育科目と専門科目の区分を廃止。大学は自由にカリキュラム編成を行えるようになりました。これにより、一般教育を担ってきた教養（学）部のほとんどは、〝四文字学部〟に改組されていきます。京大では、教養部が解体されて総合人間学部に。また、学部の名称も旧来の「工学部」「理学部」「文学部」などの例示を廃止したため、全国で学際的な学部が相次いで誕生しました。現在、各大学にある「国際」「情報」「環境」などの言葉とカタカナを組み合わせた学部は、これ以降に生まれたものです。

また、大学院の重点化も行われました。東京大学を皮切りに旧帝国大学は相次いで大学院を拡充。京大でも、次々に独立研究科が設置されました。二〇〇九年までに大学院を設置する大学数は約一・五倍、大学院生数は約二・一倍に増加［※3］。さらに、文部省は一九九六年に「ポストドクター等一万人支援計画」を策定し、大学などの研究機関に期限付き雇用資金をばら撒きました。

しかし、五年間の計画が終わったとき、大学や研究機関の助教になれず、企業の研究職にも就けない、ポストドクターたちの就職難が顕在化。「ポスドク問題」あるいは「高学歴ワーキングプア問題」が指摘されはじめます。就職先がなければ、優秀な学生が研究者の道をためらうのも当然で、近年では大学院の定員割れが問題化しています。

二〇一八年、九州大学大学院中退後も研究者を志していたオーバードクターの男性が、出入りしていた研究室に放火して自殺しました。年齢は四六歳——ちょうど大学院重点化がはじまった頃に大学院に進学したひとりです。彼の死は、見通しの甘い政策が生んだ悲劇を象徴しているように思われてなりません。

規制緩和と管理強化——総長団交（一九九七年）

文部省は、大学設置基準の大綱化と同時に、新しいカリキュラムによって期待した教育効果を得られたかどうかを確認する、自己点検・評価制度の導入を努力義務化。規制緩和とともに、大学の自立を促すために自己改革努力を求めました。

一九九四年、京大は『自由の学風を検証する——京都大学自己点検・評価報告書』を作成・公開［※4］。「個別の研究・教育活動を支え、それらを促し導き、そしてそれらを相互に力動的に結びつけている、より根本にある全体的な生きた働き」であり「自ら産み育ててきた無形の共有財産」でもある「自由の学風」にまで踏み込んだ報告書の作成を試みました。

同報告書には「研究と教育という、最も人間的で創造的な活動の場であるべき大学の在り方を点検・評価するに際して、慎重な配慮の基調をなすものこそは、人間の人間ならではの営為に対する尊敬の念であり、人間存在の尊厳性に対する畏敬の念であろう」とも書かれています。少なくともこのときはまだ、京大は文部省の要請にただ従うのではなく、「主体的積極的に改革を進めてゆく視点」を得る努力をしていたように思われます。しかし、この自己点検・評価の仕組みは、やがて国から大学への予算配分に影響するように。結果として、大学を国の意向に従わせる構造がつくられていきました。

大学にスピーディな改革を行わせるため、大学審議会は一九九五年に「大学運営の円滑化について」という答申を出し、学長への権限集中を進めました［※5］。この流れのなかで、一九九七年に京大当局は副学長制導入などを決定。それに反発した学生たちが**総長団交** 3-9 を求めるに至ったというわけです。

「自由にしていいから自立しなさい」と言いながら、「言う通りにしていますか?」とチェックする──。そんな国の態度のせいでダブルバインドに陥った大学が、徐々に従属を強いられていった一九九〇年代。大学は学問の自由と自治を蝕まれていきました。程度の差こそあれ、京大もまた例外ではありませんでした。

国立大学法人化という曲がり角──

総長団交（二〇〇三年）

この三〇年の大学改革のなかで、国立大学にとって最も大きな曲がり角となったのが、二〇〇四年の国立大学法人化です。文部科学省（以下、文科省）の施設・機関だった国立大学はすべて「国立大学法人」として独立。国立大学は文科省の許可を得ずとも、学内の予算配分や人事などを決められるようになりました。自由度を高めることで、各大学がその個性を生かした教育研究を発展させることを期待したのです。

ところが同時に、文科省は国が設定した中期目標に対して大学が中期計画を作成し、その達成度に合わせて予算配分する制度を導入します。各大学の予算基盤となる一般運営交付金は毎年一%ずつ減額され、教員は競争的資金を得るための申請書類の作成に追われるように。結果として、研究時間は大幅に削られ、じっくり時間をかける必要がある基礎研究や若手研究者の育成に手が回らなくなるなどの問題が起きています。

二〇〇三年、国立大学法人法の成立と並行して、京大でも法人化の準備がはじまっていました。学内での説明会の不十分さに不満をもった学生たちは、話し合いの場を要求し総長団交に至っています。法人化については、教職員からも懸念の声があがっていました。全学団体交渉実行委員会のメンバーのひとりは「今にして思えば、学生など当事者だけでなく、教職員も巻き込んで一緒に考える場をつくるべきだった」と振り返ります。

法人化から一五年以上が過ぎて、その功罪についてはすでに多くの議論がなされていますが、「教育改革ではなく経済政策」であったという小沢弘明さんの指摘には腑に落ちるところがあります[※6]。一九九五年一一月、国はバブル崩壊後の日本を立て直すべく、「科学技術創造立国」を目指して科学技術基本法を施行。大学は産業の成長に〝役立つ〟研究拠点として見なされるようになりました。また、国立大学法人化は小泉内閣による「聖域なき構造改革」の一環として行われたものです。運営交付金を毎年削減するという方針は、国立大学法人法成立後に財務省から〝後出し〟で示されたもの。文科省や国立大学協会などは強く反発しましたが、方針撤回には至りませんでした。少なくとも一九六〇~七〇年代にはあった「社会の要請」「教育・研究の内容や質」といった改革の論点は、いつしか「科学技術の振興のため」という経済発展を目的とするものにすり替わっていました。その流れのなかで、大学における学問の自由、大学の当事者である教員や学生は蚊帳の外に置き去りにされたままです。

もちろん、大学のなかにはさまざまな問題があるでしょうし、改善・改革すべきことも山積しているだろうと思います。ただひとつ言えるのは、大学改革は日本の研究力向上に寄与しているとは考えにくいということ。一時はアメリカに次ぐ世界二位だった日本の論文シェアは現在では四位になりました。一流雑誌への掲載数も低下しつづけており、引用数の高い論文シェアは四位から九位へと順位を下げました[※7]。もはや、「科学技術創造立国」なんてとても言えない状況です。大学を改革する前に、大学改革を改革したほうがよさそうだと思いませんか?

ゆらぐ大学自治——国際高等教育院構想

京大においては、二〇〇三～〇八年まで、尾池和夫総長と東山紘久副学長という、対話の文化を重んじる理事を得ていたために、法人化による影響はすぐには現れませんでした。京大に大学改革の嵐が吹き荒れるようになったのは、二〇〇八年に就任した松本紘総長の時代になってからです。松本総長は、国の意向をむしろ積極的に受け入れ、国が期待する〝強いリーダーシップ〟を発揮して学内の改革を推し進めようとしました。

二〇一二年、京大では国際高等教育院構想が浮上し、総合人間学部の先生たちを中心に反対運動が起きました。当時、京大職員組合の執行委員長だった西牟田祐二さんは、国際高等教育院構想は、第二次安倍内閣のもとで二〇一三年に発足した「産業競争力会議」と「教育再生実行会議」が推し進めた「グローバル人材育成のための大学再編」を先導するものだったと指摘しています[※8]。

また、二〇一四年には、「学校教育法及び国立大学法人法の一部を改正する法律」が公布され、教授会の自治を弱め、さらなる学長の権限集中がはかられました。

学校教育法は、教授会を規定する九三条の条文を「重要な事項を審議する」から「教育研究に関する事項について審議する」へと変更。「決定権者である学長等に求められたときに意見を述べる」とその役割を限定しました。言い換えると、学長が求めなければ教授会は意見を述べられないということです。もちろん、各大学の教授会や教職員組合は猛反発。国立大学や私立大学の元学長などが連名した「大学の自治を否定する学校教育法改正に反対する緊急アピール」には、わずか二カ月あまりで七四五八筆の署名が集まりましたが、残念ながら法改正の阻止には至りませんでした[※9]。

国立大学法人法は「学長選考の透明化」のために一二条を改正。「学長選考会議（同数の学内委員と学外委員で構成される）が定める基準により行わなければならない」としました。この条文は、教職員による意向投票の結果を踏まえずに学長選考を行ってよいことを示唆しています。

この法改正に先立って、松本総長はふたつの大きな改革を行おうとしました。ひとつは、従来の部局（教授会など）から人事権などを取り上げる「京都大学組織改革

（案）」。もうひとつは、総長選考における職員の意向投票の廃止と自らの総長任期の延長です。

組織改革案は教育研究評議会での採決投票で否決されたのですが、翌年の学校教育法改正により教授会は「重要な事項を審議する」役割を外されてしまいます。一方、総長選考の意向投票の廃止については、京大職員組合を中心とした反対運動によって阻止されました［※10］。この流れを受けて、二〇一四年六月、教職員による意向投票で圧倒的過半数を得て選出されたのが、山極壽一総長だったのでした。

松本総長のやり方に不満を感じていた多くの教職員や学生たちは、リベラル派とみなされていた山極総長を歓迎しました。しかし、山極総長の時代に行われた**タテカン** 5-1 規制や**吉田寮** 4-1 に対する訴訟などは、彼に期待を寄せていた多くの人を失望させているようです。二〇二〇年三月三一日、新型コロナウィルスの感染が広がるなか、京大当局は吉田寮の寮生ら二五名を相手取り明け渡しを求める追加提訴を行いました。学生を守るべき教育機関として、非常時にとるべき行動とは思えません。地域への影響も鑑みて、何よりも感染対策への協力を優先すべきだったとわたしは思います。

当事者不在という危うさ

現在の国立大学法人では、〝経営者〟である学長（総長）が議長を務める役員会（理事会）、委員総数の半数以上を学外者とする経営協議会、教育研究評議会を設置し、予算や人事を含む大学経営の意思決定を行っています。かつては教授会や評議会での話し合いによるボトムアップ型だった組織が、学長（総長）を頂点としたトップダウン型に転換したというわけです。

そもそも、学長への権限集中は、大学運営に関わる教員の負担を減らすためとされていました。しかし実際には、教授会による自治と研究時間の両方を奪うだけになっています。大学運営の効率化のためには「外部の目」が必要だとされたため、経営協議会の半数は学外委員。現在、京大の経営協議会には、総長含む八名の理事と四つの部局の研究科長による一二名の学内委員と、京都府知事や京都市長、企業経営者など一二名の学外委員のあわせて二四名が名を連ねています。もし、学外委員の人たちが「この場を切実に必要とする当事者」として京大に関わっているのなら良いのですが、多忙な知事や市長や企業経営者が大学にしばしばやってきて教職員や学生と向き合っているとは考えられません。このようなメンバー構成の経営協議会が、学部・大学院あわせて約二万一七〇〇名の学生、約五四〇〇名の教職員がいる京大の重要事項を決めるなんて！　どうにもバランスを欠いているように思います。今、外部の目以上に必要なのは、むしろ当事者目線のほうではないでしょうか。

また、文科省は「大学の個性化・多様化」としきりに言うのですが、京大はもともと過剰なほどに個性的で多様な大学でした。むしろ、大学改革とともに没個性化と画一化が広がっているようにさえ思います。各大学にはそれぞれに異なる理念や歴史、校風があります。その個性と多様性を認めずして「個性化！　多様化！」と言っていること自体、なんだかヘンだなと思います。

二〇一四年二月に、中教審大学分科会が審議をまとめた「大学のガバナンス改革の推進について」に、コーポレートガバナンスと大学ガバナンスを比較して論じたくだりがあるので引用します。「株式会社の目的は、株主利益の最大化にあり、法律上も、株主の存在が明確に位置付けられている。一方、大学の目的は教育、研究、社会貢献と多岐にわたり、また、それぞれ異なるステークホルダーを有する」[※1]

そもそも目的がまったく違う組織を比較したり、他方の論理に当てはめようとすること自体に無理があります。企業だって、「教育機関や医療機関の論理で運営せよ」と言われたら戸惑うはずです。なのに、この審議まとめもまた経済界の論理によって「大学の権限と責任を明確化せよ」と一方的にせまる内容が続きます。

もちろん、ガバナンスやマネジメントの考え方を取り入れたほうがよい部分もあるとは思います。しかし、まずは各大学の個性や多様性を生かすほうが、むしろ大学の目的である「教育、研究、社会貢献」を果たせるのではないでしょうか。とりわけ、京大においては自由の学風のもと、長い時間をかけて「大学とは、学問とは」を議論して、当事者自治というあり方をつくってきたという歴史もあります。「京都の大学」として地元に愛され、地域の文化と溶け合いながらユニークな文化を生み出してもきました。イノベーションが大切だというなら、**京**

大変人講座[1-8]のように「京大こそが世の中の常識を疑い新しい価値を生み出していく場所だ」と主張することにもっと挑戦してよいと思うのです。

しかし、京大の抵抗はまだ終わったわけではありません。二〇二〇年四月七日に公示された京大総長選考に対して、「自由の学風にふさわしい京大総長を求める会」が立ち上がっています。「京大の原点というべき、自由の学風と自治に基づく大学に戻るのか、それとも不自由と強権を強いる大学になっていくのかの別れ道」にあるとして理想の総長像を示しました。京大の未来がそのようであることを願いながら、以下に引用したいと思います。

京大における理想の総長像

・「自由の学風」を堅持する
　考える自由、発言して行動する自由、そして学問の自由が常に保たれるように努力する。
・対話に基づいて問題解決をはかる
　教職員・学生の自治を尊重し、対話に基づくボトムアップ方式で学内外の問題に対処する。
・多様な意見を尊重する
　性、民族、宗教など多様な個性を持つ教職員・学生の立場を理解し、その意見を尊重する。
・研究を広く深く耕し、未来に向けて発信する
　様々な分野の研究に等しく敬意を払いながら、総合大学にふさわしい研究を未来に向けて発信する。
・権利と雇用、安心した生活を保障する
　弱い立場に立たされる教職員・学生が学内で安心して過ごせる生活・労働環境を実現する。
・平和の実現に貢献する
　軍事研究を断平拒絶し、教育と研究を通して平和な社会を導くように尽力する。
・地域社会とともに大学文化を守り育てる
　京都という風土で形作られて来た大学文化を、地域社会と共同して守り発展させる。

二〇二〇年四月九日
自由の学風にふさわしい京大総長を求める会［※12］

※1 中央教育審議会「大学教育の改善について」（第一九回答申）一九六三年一月二八日

※2 中央教育審議会「当面する大学教育の課題に対応するための方策について」（第二一回答申）一九六九年四月三〇日

※3 中央教育審議会大学分科会 大学院部会「大学院教育改革の推進について――未来を牽引する『知のプロフェッショナル』の育成」（審議まとめ）二〇一五年九月一五日

※4 京都大学自己点検・評価委員会『自由の学風を検証する――京都大学自己点検・評価報告書』京都大学、一九九四年

※5 大学審議会「大学運営の円滑化について」（答申）一九九五年九月一八日

※6 小沢弘明「大学改革という『永久革命』」『現代思想』四二巻一四号、二〇一四年一〇月、六〇―六七頁

※7 「科学技術指標二〇一八」文部科学省 科学技術・学術政策研究所、二〇一八年

※8 西牟田祐二「『学長のリーダーシップ』論の虚構」『現代思想』四二巻一四号、二〇一四年一〇月、二二三―二二六頁

※9 大河内泰樹「ガバナンスという名の従属」『現代思想』四二巻一四号、二〇一四年一〇月、四七―五九頁

※10 西牟田祐二、前掲論文

※11 中央教育審議会大学分科会「大学のガバナンス改革の推進について」（審議まとめ）二〇一四年二月一二日、九―一二頁

※12 「京大における理想の総長像」自由と平和のための京大有志の会ウェブサイト、二〇二〇年四月九日
https://www.kyotounivfreedom.com/appeal/idealuniversitypresident/

5章 受け継がれ、生み出される空間

一九九〇年代以降を

振り返りながら、京大で起きていたさまざまな事件、京大的文化のありようを探究してきました。「だかつてあった自治空間を通して、京大的文化のありようを探究してきました。「だけど、今の京大には**こたつ**3-2も**やぐら**3-1もないじゃないか」と思う人もいるでしょう。たしかに、昔に比べると「何をしているのかわからないけど面白そうな人たち」の姿が減り、**タテカン**5-1やビラが発していた「誰かが何かをしている気配」も消えてキャンパスは静かになりました。まるで、みんなが自由に踊っていたライブハウスが、お行儀よく座っていなければいけないコンサートホールになったみたいです。

この三〇年の間、京大当局はキャンパスの管理強化を進めてきました。一九九〇年代にはじまったビラ貼り規制、二〇〇四年に吉田南構内に掲出された「歌舞音曲禁止」というシャレのわからない看板（**当局の看板**0-4と比べると隔世の感があります）、そして二〇一八年五月にはじまったタテカン撤去……。**吉田寮第二次在寮期限**5-3問題においては、京大当局は**吉田寮**4-1との話し合いを一方的に打ち切るかたちで入寮募集停止を通告し、二〇一九年には、吉田寮の寮生二〇名を訴える裁判を起こすなど、これまでとは明らかに異質な手段をとるまでになりました。京大当局は学生や教職員との対話によってものごとを決める意志を失っているように見えます。正直なところ、「いったいどうしちゃったの?」という気持ちです。

しかし、京大的文化は失われてしまったかというとそうではないと思うのです。受け継がれてきた文化は——それが力のあるものであればなおさら——ある日突然にして消えたりはしません。京大的文化は、無数の議論が積み重ねられるなかで、自由でありつづけるための行動をする無数の人たちがいて、それを受け継いで自分たちのものとして守ってきた無数の人たちがつくりあげてきたもの。すでに、それ自身の意志をもっていて、そこに触れる人たちを巻き込んでいく、自律的なものになり得ています。もし、みなさんもこの本のなかに響くところがあるなら、いつか巻き込まれることがあるかもしれません。それに、京大にはまだ**WEEKEND CAFE**[4-13]の項で佐藤知久さんが語っていた、「ことを起こしていく養分」を含んだ場がいくつもあり、そこに集う人たちの人間関係も新しくつむがれています。

本章では、二〇一九年現在、「ことを起こしていく養分」をたたえている場で起きていることを通して、京大的文化のいまを見ていきましょう。また、こちらもすっかり風物詩となった**卒業式コスプレ**[5-8]についても、その起源とともに「今なぜ、京大生はコスプレするのか」を考えてみたいと思います。

5-1 タテカン【たて・かん】

立て看板のこと。「立て看」あるいは「立看」とも表記する。タテカンの基本サイズは、ベニヤ板四枚でつくる縦長の「四枚張り」。最大サイズは四枚張りを横に四つ並べる「一六枚張り」である。かつては模造紙▼を貼って、ポスターカラー（主に、ターナー色彩のネオカラー）を用いて書かれていた。近年は、ベニヤ板に直接ペンキなどで彩色するものも多い。

かつては、どこの大学でも校門やキャンパスの主要校舎前に設置されていた**タテカン**は、京大のみならず学生文化の象徴であり、学生たちの重要なコミュニケーションツール。主義主張を伝えるためのメディアとして、サークル勧誘やイベント告知のためのツールとして、さまざまなタテカンがつくられてきた。学生運動が盛んだった頃は、主義主張をゲバ字▼で大書したタテカンがキャンパスにひしめてい

模造紙
四枚張りのタテカンに、八枚半の模造紙を糊で貼る。後で剥がしやすいように、紙の四方にのみ糊を塗るのがコツ。「（絵具の）色は好みに従ってよいが、総じて、京大では赤と黒のみの単純明快なものが好まれている」

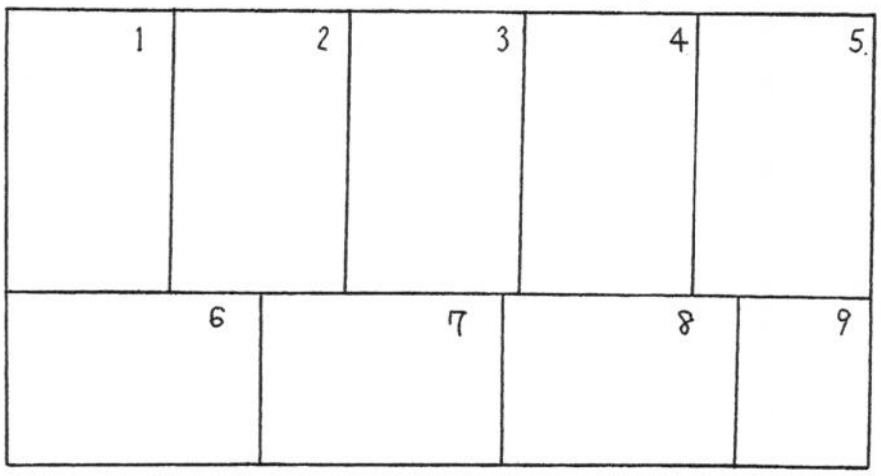

1	2	3	4	5
6	7	8	9	

立看に模造紙を貼る順序。「表現の獲得のために」『京大毒本第〇號』（京都大学新聞社、一九八五年、五九頁）より（提供：京都大学新聞社）

ゲバ字
→六五頁

たし、アート系サークルのタテカンは作品としても見応えがあった。京大では、本部敷地北西の石垣（以下、石垣）や東一条通り沿いにタテカンが何十枚と並んでいて、今どんな団体が何をしようとしているのかを知ることができた。

京大のタテカン事情に異変が起きたのは二〇一七年のこと。京都市は二〇一二年以降、タテカンは屋外広告物▼に該当すると見なし、市の条例（京都市屋外広告物等に関する条例▼）に反しているとたびたび口頭で指摘していた。二〇一七年一〇月、文書での通知が行われたことを受けて、京大当局は同年一二月に「京都大学立看板規程」を制定。「立看板の設置は公認団体が行うものに限る」「指定する場所以外に設置してはいけない」「縦横二〇〇センチメートル以内」「設置期間は三〇日以内」などの基準が盛り込まれた。そして、二〇一八年五月一日、同規程を施行。規程に反するタテカンの自主撤去を求め、応じなかった個人・団体のタテカンを同月一三日の早朝に一斉撤去してしまったのである。

学生や教員、卒業生たちは「外部の公権力の指導を学内での十分な議論も経ないで無批判に受け入れるのは、大学としての自主性を放棄し、大学自治を軽視する」などと批判［※1］。一一〇〇筆以上の署名を集め、話し合いを求める要求書を提出したが、京大当局は応じなかった。また、京都大学出身弁護士有志一三八名は「今回

屋外広告物
屋外広告物法第二条一項で定義されている。「常時又は一定の期間継続して屋外で公衆に表示されるものであつて、看板、立看板、はり紙及びはり札並びに広告塔、広告板、建物その他の工作物等に掲出され、又は表示されたもの並びにこれらに類するものをいう」

京都市屋外広告物等に関する条例
景観の維持・向上のために、屋外広告物などの位置や規模、形態や意匠に制限を行うための条例。二〇〇七年に京都市が新景観政策の実施に合わせて改正し、違反指導の強化に乗り出した。京都ならではといわれる白いコンビニ看板なども この条例によって誕生したものである。

の京都大学の立て看板撤去をめぐる一連の動きは、憲法が保障する表現の自由という重要な基本的人権をおびやかす危険を多分にはらんでいるといわなければならない」と、法律家の立場から見解を表明［※2］。京都市と京大に対して、タテカン撤去に関する措置の見直しを求めた。

さらに、他ならぬ京都市民からも疑問の声があがった。京大には市民によるタテカンも出されていたし、またタテカンそのものを学生街らしい〝景観〟として好意的に受け止めてきた市民も多かったからだ。近隣住民らは「立て看文化を愛する市民の会」を結成。二〇一八年五月二四日に京都市に京大への行政指導の撤回などを求める要請書を提出している［※3］。

ところが、タテカンは消えたわけではない。撤去直後には「こざっぱりとしてはる。」という控えめなタテカンが登場。立てるのがダメならと横に長い「寝看板」、看板がダメならと「今一度京大ヲ洗濯致シ候」と書いたTシャツ、「俺はまな板だ！」と書かれたまな板、「立て缶」と張り紙をしたスプレー缶、「門川はん、いけずやわぁ」と京都市長にあけすけなメッセージを送るもの……深夜のうちにどこからともなく現れるタテカンを、朝になると職員が撤去するといういたちごっこは延々と続いている。二〇一八年の一一月祭では統一テーマを「(NF▼テーマは当

東一条通りに設置されたタテカン、二〇〇三年三月（提供：尾池和夫）

局により撤去されました）」に決定。「立て看規制を考える集まり」準備会は「タテカンの歴史と規制を問う」と題した展示を行った。

第二四代京大総長を務めた尾池和夫先生は、毎日新聞の取材に「タテカンは京大の自由さの象徴であり、大学の内から外に発信する手段として残すべき文化。大学の一方的な態度に学生は怒るべきだ」と答えている[※4]。京大出身の作家・万城目学さんは、タテカン撤去の直前に「京大の立て看板もなくなってしまうのか。あれは『アホが今日もアホしてる』と学生に無形の安心感を与えてくれる、案外あなどれない力を持っていたと思うのだけれども」とツイートしていた[※5]。

こうしたさまざまな声に対して、山極壽一総長は「看板がなくなると寂しい気がしないでもない」とは言うけれど、「条例だから従うのが当然の措置だ」という考えを改めてはいない[※6]。ちなみに、**折田彦市** 0-1 先生のひ孫で弁護士の折田泰宏さんは、京都市の屋外広告物条例を根拠とする規制について、京都新聞の取材にこう答えている。「私は法律家だけれども、法律を杓子定規に守るだけでは社会はどんどんつまらなくなる。行政には裁量権があり、条例があったとしてもケースバイケースで考え、対応することもできるはずだ」[※7]。まだまだ議論の余地はありそうだ。

NF 一一月祭＝November Festival の略称。ちなみに、一一月祭と同時期に北部構内で行われている「北部祭典（Northern Festival）の略だ」と主張する人もいる。→一一一頁

二〇一八年の一一月祭の統一テーマ「（NFテーマは当局により撤去されました）」のタテカン（撮影：筆者）

5-2

ごりらとスコラ【ごりら・と・すこら】

『「サル化」する京都大学を憂うゴリラ有志の会』と「中世の大学の良さを取り戻したいスコラ哲学者有志の会」を併せた略称。現状の京大のあり方に疑問を覚える京大生有志から構成され、教員・学生・市民など、さまざまな人の助け（資金面・筋肉面）を借りながら、時計台クスノキ前に巨大なタテカンを建てていた。

二〇一六年一〇月三日、時計台クスノキ前に四・五×九メートルもの巨大な黄色い**タテカン**5-1が登場した。「確約違反・団体交渉拒否」「立看板破壊・撤去隠蔽」「情報公開連絡会廃止」「吉田寮募集停止通告」「四学生無期停学処分」と横書きし、左側には「対話しない京大もうこりごりら。」と書かれている。出したのは、学生有志による立て看板制作人・**ごりらとスコラ**である。「ごりら」は霊長類学者である山極壽一総長を、「スコラ」は中世スコラ哲学を研究する川添信介副学長（学生担当理事）を意識したもの。彼らのメッセージはタテカンに書かれている通りである。

ところが、初代の黄色いタテカンは、出したその日のうちに職員によって破壊・

再建された初代タテカン、二〇一六年一〇月（提供：ごりらとスコラ）

撤去されてしまう。「たくさんの学生に見てもらいたくて、後期授業がはじまる日を選んで設置したのですが、ちょうど同じ日に中核派系全学連▼の人たちの集会が行われていて。彼らの看板だと勘違いした京大当局に壊されてしまったんです」とごりらとスコラのメンバーは話す。「京大当局は〝危険な看板〟だと発表しましたが、倒れないようにものすごく頑丈につくってあったから、約四〇人の職員が力を合わせて動かそうとしてもビクともしませんでしたよ」

そもそも、京大においては敷地内にタテカンを設置し、学生や教職員が意見を表明したり、活動を宣伝したりすることは慣例として認められていたはずだ。また、二〇一六年当時はまだ「京都大学立看板規程」も制定されていない。事前通告もなく、いきなり破壊というのはずいぶん乱暴な話である。ごりらとスコラは、京都大学および山極総長に宛てた申入書で、タテカンの破壊・撤去に至る経緯の説明と謝罪、タテカン作成費用の弁償を求めたが回答は得られなかった[※8]。

一〇月三一日、ごりらとスコラは初代タテカンを再建してふたたびクスノキ前に設置。さっそく、「当日五時までに自主撤去すべし」と通告書を受け取った。学生支援部厚生課長に理由の説明を求めると、「看板の設置によって実際に問題が起きているかどうかは関係ない」「『看板があるのがイヤだから撤去してほしい』という

全学連
全日本学生自治会総連合。一九四八年に、全国の学生自治会が結成した連合組織。現在は、日本共産党または新左翼党派傘下の五つの学生団体が独自に全学連を名乗っている。

のが京大として撤去を要請する理屈である」などと口頭で説明され、一方的に話を打ち切られたという[※9]。

しかしその後も、ごりらとスコラは巨大なタテカンを出すことをあきらめなかった。二〇一六年一一月三日の京都大学ホームカミングデイ▼では、「ホームカミングデイ」と大きく書いたうつくしいタテカンを用意。同年のテーマ「華」に合わせて「京都大学で華を描く」という自主企画を行い、子どもたちと一緒にたくさんの華を描いた。また、二〇一七年八月には、京都大学オープンキャンパスのために二代目タテカンを設置。京大当局に破壊されたタテカンの弁償を要求する通知書も貼り出した。このときは、二日間にわたりタテカンは破壊されることも撤去されることもなかったので、ごりらとスコラのメンバーも「やりきった」感を得られたそうだ。二〇一七年一〇月七日、ごりらとスコラは解散宣言を出して活動を終了する。

「タテカンは私たちのロマンでした。大学がどんどん変容してしまうことに対して、いろんな表現方法があったと思うけれど、なぜタテカンだったのかと問われたら、夜な夜なこっそりタテカンを出して、朝になってみんなが見てくれることがロマンだった」。いつの日かまた、大学の自由を高らかに宣言する巨大構築物ロマンを、クスノキ前に見ることはできるのだろうか？

京都大学ホームカミングデイ
年に一度開かれる「京都大学に関わる全ての方々との交流イベント」。講演会や演奏会、学内サークルや地域団体によるパフォーマンスなどが行われ、教職員、学生、卒業生や元教職員、一般市民が集まる。

ホームカミングデイのタテカン、二〇一六年一一月（提供：ごりらとスコラ）

5-3

吉田寮第二次在寮期限【よし・だ・りょう・だい・に・じ・ざい・りょう・き・げん】

二〇一七年一二月一九日、京大当局は「吉田寮生の安全確保についての基本方針」を発表。二〇一八年九月末日を在寮期限とし、二〇一八年一月以降の新規入寮募集の停止を通告。一九八六年の在寮期限に対して、「第二次在寮期限」と呼ばれている。本項では、第二次在寮期限をめぐる交渉の経緯、吉田寮が行ってきた情報発信やイベント、二〇一九年四月二六日に京大当局が吉田寮現棟に居住する寮生二〇名に対して起こした訴訟について記す。また、本項では、木造二階建ての南寮、中寮、北寮を「現棟」、二〇一五年に竣工した三階建ての西寮を「新棟」と呼ぶ。

二〇一五年春、**吉田寮食堂**[4-2]の補修が完了し新棟が竣工した**吉田寮**[4-1]。老朽化対策が必要な現棟の補修に向けて、吉田寮自治会は京大当局との話し合いを続けていた。同年二月一二日には、杉万俊夫副学長（学生担当理事、当時）との間で「二〇一六年三月までに、吉田寮現棟の老朽化対策を決定し工事着工するよう協議する」などの内容を盛り込んだ確約書を締結[※10]。ようやく、現棟補修の見通しが立ったように思われた。

踊らされるな、自分で踊れ——大学の今とこれからを語る集い、二〇一八年一二月一九日（撮影：筆者）

ところが、七月二八日に京大当局は「吉田寮自治会への通知について」という文書[※11]で、現棟の耐震性を理由に、二〇一六年度秋季より新規入寮募集を停止し、現棟に居住する寮生は新棟に順次転居することを求めた。しかし、現棟の補修は吉田寮自治会が数十年にわたって求めてきたこと。また、突然の通知は「学生などに関わることについては学生など当事者と話し合うことなく一方的な決定を行わない」とする確約（一〇〇七二三確約書）にも反する。吉田寮自治会の抗議に対して、杉万副学長は確約違反を認め団体交渉を約束したが、間もなくして体調不良を理由に辞任してしまった。

後任の川添信介副学長（学生担当理事）は団体交渉を拒否したまま、入寮募集の停止の要求を五回も行ったが、吉田寮自治会は話し合いの場を求めながら、引き続き入寮募集を継続した。すると、二〇一七年一二月一九日、京大当局は「吉田寮生の安全確保についての基本方針」を発表[※12]。二〇一八年九月末日までに、新棟を含めたすべての寮舎から「すべての学生は退舎しなければならない」と通告したのである。吉田寮自治会はすぐに抗議声明を発表し、公開質問状も提出。二〇一八年の年明けにはネット署名▼の呼びかけや特設サイト「吉田寮を守りたい」[※13]の運用をはじめた。二月一三日には緊急シンポジウム「立て看・吉田寮問題から京大の学内

ネット署名
change.org で行われた署名活動「吉田寮を取り壊さないで！」には、六三〇〇筆（二〇二〇年四月現在）が集まった。すでに五〇〇〇筆は山極壽一総長、川添信介副学長宛てに提出されている。

管理強化を考える」を学内外の有志らと開催。**吉田寮第二次在寮期限やタテカン**5-1規制などについて考える場を開いた。

学内の人たちに吉田寮第二次在寮期限の問題性を理解してもらうため、吉田寮自治会はタテカンやビラの配布に力を入れると同時に、教員を訪問して説明も行った。学内の方針決定に権限をもつ評議員や部局長理事などにもアポイントを取ろうとしたが、誰ひとり寮生たちに会おうとしなかったという。そんななか、七月から八月にかけて川添副学長の「少人数なら」という条件をのむかたちで、吉田寮自治会は二回話し合いに応じた。ところが、川添副学長は「ここは意見を聞く場であり、合意形成は行わない」と、二時間で部屋を出ていったそうだ。そして九月一四日、川添副学長は交渉打ち切りを宣言。その後は、交渉をすべて拒否している。

当時の吉田寮は、「在寮期限がきたらどうなってしまうんだろう?」という不安でピリピリしていた。しかし、そんななかでも「今まで以上にわかりやすくアピールする方法を考えよう」と前向きな取り組みもはじまっていった。『吉田寮タイムス』▼の創刊、吉田寮広報室▼のSNSアカウントの創設、缶バッヂやステッカーなど吉田寮グッズの制作。そして、吉田寮食堂での定期的な対外向けイベントも開かれるようになった。二〇一八年七月には「きてみな吉田寮――吉田寮のこと全て

吉田寮タイムス
A4サイズの新聞で、吉田寮で起きているタイムリーな話題をビジュアルを交えてわかりやすく表現している。多言語対応も行っている。

吉田寮広報室
吉田寮で開かれるイベントなどの情報ポータル。ツイッターとフェイスブックを運用している(@yoshidaryo_koho)。

CLUB YOSHIDA
吉田寮食堂で開かれるクラブイベント。留学生にも人気がある。

こどもよしだりょう
ふだん、吉田寮に足を運ぶことのない人たちにも、吉田寮を知ってもらおうと寮生・寮外生有志のアイデアではじまった。「きてみな吉田寮」以降しばらく、毎週土曜日に開かれていた。

ワンダーウォール
NHK京都発地域ドラマ。脚本は渡辺あや。建物の老朽化を理由に廃寮の危機に陥っている京都のとある大学の学生寮「近衛寮」と大学側の対立を描く。ある日、学生

伝えます」と題した五日間のイベントも実施。盆踊り大会、**厨房**4-3でのライブ、CLUB YOSHIDA▼、留学生によるインターナショナルな食堂、子どもと遊ぶこどもよしだりょう▼、そして吉田寮がモデルになったNHK制作のドラマ『ワンダーウォール』▼の上映会も開かれた。

こうして迎えた、二〇一八年九月三一日の在寮期限の日。電話回線の遮断と職員（事務員、清掃員）の配置転換、衛生物品の支給停止が行われたが、二〇二〇年四月現在に至るまで吉田寮は自らの自治をあきらめてはいない。

「吉田寮生の安全確保についての基本方針」の発表から一年後、二〇一八年一二月一九日には、「踊らされるな、自分で踊れ——大学の今とこれからを語る集い」を昼・夜の二部制で開催。「奪われていく『自由』を諦めていませんか?」「私たちに関わることは、私たち自身で話し合い決めよう」と呼びかけた。この集いには、吉田寮だけでなく「市民と考える吉田寮再生一〇〇年プロジェクト▼実行委員会」や「立て看規制を考える集まり」「京大・アイヌ民族遺骨問題の真相を究明し責任を追及する会」「二一世紀に吉田寮を活かす元寮生の会」など、さまざまな学内問題に取り組む人たちが登壇。夜の部では、会場付近のトイレやスロープのバリアフリー状況のアナウンス、英語と日本語によるスクリプトの準備などもていねいに行

の交渉窓口である学生課に透明な「壁」が現れる——。廃寮したい大学と寮を守りたい学生、あるいは同じく寮の存続を願う寮生の間にも見えない〝壁〟はある。世界を分断する〝壁〟を想起させるこの作品は、多くの人たちの共感を得た。二〇一八年七月にBSプレミアムで初放送され、同年九月には地上波でも再放送。二〇二〇年には映画化もされるなど、単発のドラマとしては異例の広がりを見せている。京都の書店・誠光社から、ドラマのシナリオを完全採録した公式写真集『ワンダーウォール』（写真：澤寛、寄稿：渡辺あや、内田樹、大友良英）も発売された。

市民と考える吉田寮再生一〇〇年プロジェクト
二〇一八年七月、「歴史を残しつつ現代に活かした建築」と「より市民に開かれた空間」をテーマに、吉田寮を次の一〇〇年に向けて再生・継承するためのアイデアを公募。九月には、見学会や作品展示会を開催した。九月二三日のシンポジウムには、寮生、元寮生、建築家のほか、尾池和夫元総長や〝寮裏〟と呼ばれる吉田東通りの飲食店主などがコ

われた。

しかし京大当局は吉田寮との話し合いを再開しようとはせず、二〇一九年二月一二日、「吉田寮の今後のあり方について」という文書を公開。吉田寮の運営は「到底容認できない」「不適切な実態」であると決め付けた。また、「安全性の確保」と「学生寄宿舎としての適切な管理」を実現するために現棟からの退去を求め、「入寮選考を行わない」「本学が指示したときは退去する」などの条件を遵守した者のみ、新棟への居住を認めるとした[※14]。同文書では「学生の責任ある自治を尊重する」としながらも、吉田寮の現状について「時代の変化と現在の社会的要請の下での責任ある自治には程遠」いと書かれている。もう一度繰り返すが、寮自治の根幹は自主入退寮権だ。それを否定する京大当局は、いったいどんな寮自治を「責任ある自治」だと考えているのだろう。さらに、「危険な現棟での本学学生の居住をもはや看過することはできない」と、京都地方裁判所に現棟に対する占有移転禁止の仮処分の命令を申し立て、二〇一九年一月一七日に仮処分が執行された。

これには、より多くの人たちが強い抗議の声をあげた。まず、京大教員有志が「吉田寮問題にかかわる教員有志緊急アピール」を表明。吉田寮食堂と厨房使用者による「吉田寮食堂・厨房使用者合同緊急会議」も独自に公開質問状を京大当局に提出。

メンテーターとして登壇。会場全体で、吉田寮の建物の活かし方が検討された。

二月二〇日に吉田寮自治会は「吉田寮の未来のための私たちの提案」を発表し、いくつかの条件のもとに現棟での居住をとりやめることを表明するとともに、「表明並びに要求」で交渉再開を要求。しかし、いずれも京大当局は拒否し、四月二六日に現棟・寮食堂の明け渡しを求める訴訟を京都地方裁判所にて提起するに至ったのだった。

そもそも、裁判とは話し合いに応じない相手に対して起こすもの。吉田寮自治会との話し合いを拒んだ側である京大当局が提訴するのはヘンである。社会的に強い立場にある者が、弱い立場にある者を相手取って訴訟を起こすことをSLAPP(恫喝訴訟)というが、吉田寮訴訟はこれにあたるという人もいる。また、教員からは「出廷するために学生から授業を受ける機会を奪うのか」という声も聞かれた。熊野寮自治会や学部自治会をはじめとする学生たち、教職員、卒業生そして多くの市民も抗議している。口頭弁論が行われる日には、毎回一五〇〜二〇〇人もの人たちが傍聴券を求めて列をつくる。かつて、吉田寮食堂の運営に関わっていたいくつかのバンドも「吉田寮のために」と復活。ライブのなかで、裁判傍聴への呼びかけも行っている。この三〇年間、吉田寮が場を開きつづけ、学内外の当事者とともに自治してきた結果がここにも現れているのだ。

自分たちの生活の場でもある寮が、京大当局によって訴えられるという状況のなか、寮生たちはどんな思いを抱いているのだろうか。留学生のCamilleさんは「留学生ビザのスポンサーは大学です。大学を批判することは危険だし、『国へ帰れ』と言われることがはじめは不安でした」と振り返る。「でも、今は大丈夫。フランスでは〝ホーム〟をとても大事にします。私にとって吉田寮は、建物だけではなく、ここにある気分も含めてホームだとわかっています。状況は厳しくなっているけれど、これまで以上にここに暮らすことが大切になっています。自分たちが大切にしているものを守るために。それは、この社会においてロマンチックなヴィジョンだし、特にこの日本においては珍しいことかもしれませんね」

高橋あいさん（二〇一三年度入寮）は吉田寮第二次在寮期限以降に起きたことは「悪いことばかりではない」と話す。「京大当局がどんどん情報を閉ざしていくなかで、吉田寮は諦めずにパブリックに情報発信をしようとしてきました。自分たちが大事だと思うことについて声をあげていくために、何度も話し合いを重ねていくプロセスで、自分たちが自治寮としてやっている意義や価値を見直せたと思います」。本当に大事なことについて話す声は、必ず誰かの耳に届く。多くの支援者とともに、吉田寮とそこに受け継がれてきた自治の精神が守りぬかれることを願ってやまない。

『京大吉田寮』（草思社、二〇一九年）より（提供：吉田寮記録プロジェクト、撮影：平林克己）

5-4 百万遍クロスロード【ひゃく・まん・べん・くろすろーど】

二〇一八年七月、百万遍のタテカン、西部講堂や吉田寮に代表される京都大学周辺の文化発信地を守り、「これらの空間を残そうというエネルギーが充満するような場を、自分たちの手でつくりたい」という有志によってはじまったムーブメント。学生や市民らが不定期でサウンド・デモを行っている。https://twitter.com/CrossMillion/

二〇一八年七月二八日の夕刻、百万遍の石垣前から「立て看板や吉田寮のある景観を残そうデモ」が出発した。楽器、**鳴り物**▼、表現物の持ち込み歓迎。事前に**吉田寮食堂**4-2で「デモグッズ&Tシャツをつくろうワークショップ」も開催され、絵の具やシルクスクリーンでのぼり旗や横断幕、Tシャツを、空きカンや空きビンで楽器をつくるなどの準備も行われた。**百万遍クロスロード**の呼びかけ文には「この街のみんなが当事者」と書かれていた。「私たちはこの場所に住み、あるいは訪れ、街の空気を感じて生きてきました。この街とともあたりまえにあった場所が、あまりにも突然な形で奪われようとしていることに対して、黙っていることはでき

鳴り物

一九九八年に行われた、海の日制定に反対するサンバ・デモでは、事前にペットボトルに砂などを詰めた手づくりのマラカスを制作していた記憶がある。時を隔てて、似たような手法が受け継がれているのが興味深い。

ません」[※15]

当日は、「自治寮有理、立看無罪」と書かれたキャスター付きの屋台「移動式の立て看&吉田寮」も登場。サウンドシステムを積み込んでＤＪが音楽を流し、楽器や鳴り物を手にした一〇〇人以上の参加者とともに**サウンド・デモ**[3-8]を行った。デモ隊は、百万遍を中心に東西南北の通りを往復。にぎやかなお祭り空間をつくりだして、まちの人たちの注目を浴びた。呼びかけ人のひとり、末岡友行さん（二〇〇二年度生）は「京大がある百万遍周辺は、学生街の文化と地元の人たちの生活が混ざりあっていて、計算や管理ではつくれない豊かな多様性のある場所。この空間がなくなってしまったら、まち自体が変わってしまうだろうという感覚があります。**タテカン**[5-1]を設置する学生など当事者や**吉田寮**[4-1]との話し合いを拒否する京大当局、タテカンを出さないように行政指導をして、学生街の文化をつぶそうとする京都市の姿勢に抗議したい人たちはいるはず。集まって声をあげられる場をつくろうと思ってはじめました」

百万遍クロスロードは、毎回デモのネーミングも秀逸だ。「タテカンと吉田寮のある街が大好きだ！デモ」「百万遍だョ全員集合！ Let's立て看！ Let's吉田寮！デモ」「百万遍！ タテカン見てぽかぽか日光浴デモ！ 吉田寮もあったか〜

百万遍クロスロードのビラ（撮影：筆者）

い！」「覚醒のドラムデモ！　つづけ！　吉田寮＆タテカン」などなど、わくわくする言葉が踊っている。毎回デモが盛り上がる工夫もされており、通りすがりに見る人たちまで楽しませるところも百万遍クロスロードの強みだろう。

まちのイベントや京都市長選とコラボ（？）するデモも行われている。二〇一八年一二月には、百万遍知恩寺で開かれる「手作り市」を（一方的に）フィーチャーした「この街は自分たちでつくっているんだデモ!!――タテカン、吉田寮、手作り市、ライブ、バンド、演劇」を開催。二〇二〇年二月一日には、タテカンと自転車撤去▼をテーマに「2・2京都市長選前日カラオケデモ！　新春シャンソンショー」を行い、各自が路上カラオケをしながらそれぞれに言いたいことを発言。デモへの参加を呼びかけるツイートには「京都市が推進してきたラグジュアリー（富裕層）ツーリズムのせいで、大学の街の歴史性が踏みにじられていることにたいして声をあげたい」と書かれていた［※16］。

自由を奪われそうになって声をあげるとき、その声の響きのなかに自由がなければ、伝えたいことも伝わらない。自由を求めようとするなら、まずは自分自身を解放すること。そこからはじまる運動こそが、多くの人を解放し世界を変える力をもつのだと思う。

タテカンと自転車撤去

タテカンの項に書いたように、京大当局によるタテカン撤去は、「京都市屋外広告物等に関する条例」に依拠している。また、近年の京都市は不法駐輪の取り締まりが極めて厳しくなり、市民からも疑問の声があがっている。百万遍クロスロードは、「誰がこんな街になるのを望んでいるのか」と市長選を前に呼びかけ。候補者名を連呼するだけの選挙カーに対抗して、路上カラオケ大会を企画した。

5-5

くまのまつり【くま・の・まつり】

二〇一一年から、毎年五月下旬の二日間、熊野寮が玄関前の駐輪場を解放して行っている、地域と一緒につくるお祭り。旧称は「熊野連帯フェスタ」。近所の飲食店や雑貨店、個人など二〇以上の出店ブースが並び、ステージでは寮生のみならず、学内外のバンド、地域の子どもたちのコーラスや太鼓の演技などのパフォーマンスも披露される。二〇一九年の来場者数は約二〇〇〇人。親子連れとご近所さん、学生が同じ風景のなかに混じりあう、なんともよい湯加減のお祭りである。

くまのまつりがはじまったのは二〇一一年のこと。きっかけとなったのは、前年のゴールデンウィークに、地域の商店の人たちが開催する「熊野・聖護院まつり」にフットサルコートを貸し出したこと。もうひとつは、同年の夏休みに熊野寮自治会常任委員会が主催した「全国学寮キャラバン」によって発見した「寮と地域の交流」という視点である。

くまのまつりの立ち上げに関わった、元寮生の平田郁生さん（二〇〇六年度入寮）は、「いまどき、自治寮はほとんど絶滅危惧種ですが、探せば全国にまだまだあって。

くまのまつり、二〇一九年（提供：くまのまつり実行委員会）

いろんな寮自治会との関係をつくりなおして相互支援していこうという趣旨で、自治寮を訪ね歩いて交流しました」と話す。そこで見聞きしたのは、各大学の自治寮の個性ある寮文化。なかには、地域との交流を通して寮を理解・応援してもらおうとする寮もあったという。「**熊野寮** 4-8 は貧しい学生の福利厚生施設として必要であり、我々はちゃんと寮自治をしていると胸を張って堂々と主張できる寮生の立場性をつくっていく必要があると考えたんですね」。そこで、熊野寮自治会は「熊野・聖護院まつり」を、自らが主催する地域の祭り「くまのまつり」として行い、地域の人たちとの顔が見える関係づくりに取り組むことにした。

くまのまつりが毎年の恒例行事として定着してきた二〇一四年の一一月。熊野寮に**ガサ入れ** 4-11 が入り、多くのマスメディアが熊野寮を「危険で反社会的な場所」として報道するという事態が起きた。「メディアによる一方的な決めつけを跳ね返していくうえで、くまのまつりを通して熊野寮の自治を発信する実践を積んできたという自負が、寮生の大きな心の支えになりました。くまのまつりをやってきて良かったと思いましたね」と平田さんは振り返る。

現在、くまのまつりの中心を担うハセガワさん（二〇一三年度入寮）は、「自治寮というあり方は、一見外部の人にとってわかりにくいものだったとしても、中身をともなったものなのだからちゃんと誠実に説明するべき。国立大学の福利厚生施設という公益性を考えたら、むしろ説明する責任があります。だから、もっと積極的に外部に発信していこうという理念で続けていきます」と話す。くまのまつりの期間中は「寮内ツアー」も実施。熊野寮の自治についてレクチャーしたのち寮内の施設を案内してくれる。わたしも参加したが、ご近所さんとおぼしき大人たちが寮生の説明を熱心に聞いているようすが印象的だった。ちなみに、熊野寮ではふだんから希望者があればいつでも寮内の見学を受け入れている。

子ども向けの企画も充実させている。ヘルメットをかぶって〝もぐら〟になった寮生をおもちゃのハンマーで好きなだけ叩ける「人間もぐらたたき」、馬に扮した寮生に担いでもらっておもちゃの弓矢を射る「流鏑馬（やぶさめ）」などに、子どもたちはもう夢中。もしかすると、彼らのなかから「大人になったら熊野寮に入りたい！」なんて子が現れるかもしれない。

二〇一九年夏には、これまた近所のお店の希望により、はじめての夏祭り「くまの夏の夜まつり」がフットサルコートで催された。老若男女が笑顔で踊る盆踊りの真ん中に立つ**やぐら** 3-1 を見ていると、なんだかぐっときてしまった。「この地域に熊野寮があってよかった」と思う人たちが、これからきっと増えていく気がする。

くまの夏の夜まつり、二〇一九年（提供：くまのまつり実行委員会）

5-6 ワークショップくまの【わーくしょっぷ・くまの】

二〇一九年に熊野寮ではじまった、子どもたちと一緒にものづくりをして遊ぶワークショップ。子どもたちがやりたいことを、寮生たちがていねいにサポートしている。二〇一九年度左京区まちづくり活動支援交付金の交付対象団体にも選ばれ、月一回ペースで開催されたほか、地域のイベントなどにも出張した。

「もともと、二〇一六、七年頃から、子どもたちと一緒に宿題をする『KUMAN』という企画を寮のロビーでやっていたんです。けっこう子どもたちが遊びに来てくれるし、親御さんも面白がってくれるんですけど、実際には誰も宿題をやらないんです。みんな、寮にあるものが面白くなって探検しちゃうから」と、**ワークショップくまの**を企画したひとり、井上彼方さん（二〇一三年度入寮）は話す。ロビーにはボードゲーム、食堂には卓球台やビリヤード台があるし、中庭に出ると亀が棲む民青池……たしかに、**熊野寮**[4-8]は子どもたちの好奇心をくすぐるものだらけである。

「むしろ、遊び場としてできることがあるんじゃないかと思って、二〇一八年の**く**

まのまつり5-5の後に、子どもと一緒に**タテカン**5-1をつくるイベントをしたんです。ワークショップくまのはその流れからはじまりました」

ワークショップくまのでは、子どもたちが「やってみたい」と言えば「危ないからダメ」と頭ごなしに否定しない。「どうすればできるのか」を考えるのは大人の仕事。寮生がさりげなく手を添えて、五歳の子どもがノコギリで竹を切ることもある。最初は恐る恐る手を動かしていた子どもたちが、どんどん夢中になっていく姿がほほえましい。「ワークショップくまのを続けるなかで、子どもたちってけっこう不自由な思いをして生きているんだなと思うようになりました。だから、ここに来るときくらいは自由にやってほしいですね」。ワークショップくまのには、「時間内に完成物を持ち帰る」という決まりはない。好きなだけ時間をかけてひとつのものをつくってもいいし、何もつくらなくてもいい。「鉈で竹を割る」のが好きなら、あるだけの竹を割ってもいい。「こういう場を提供できるのは、熊野寮が自治していることにむちゃくちゃ関係していると思います。自分たちで自分たちのことを決められるから自由に場所を使うことができますし、なおかつ学生が目的意識をもたずに遊ぶ楽しさを知っているから、それを子どもと共有できる。本気で一緒に遊べるんだと思います」

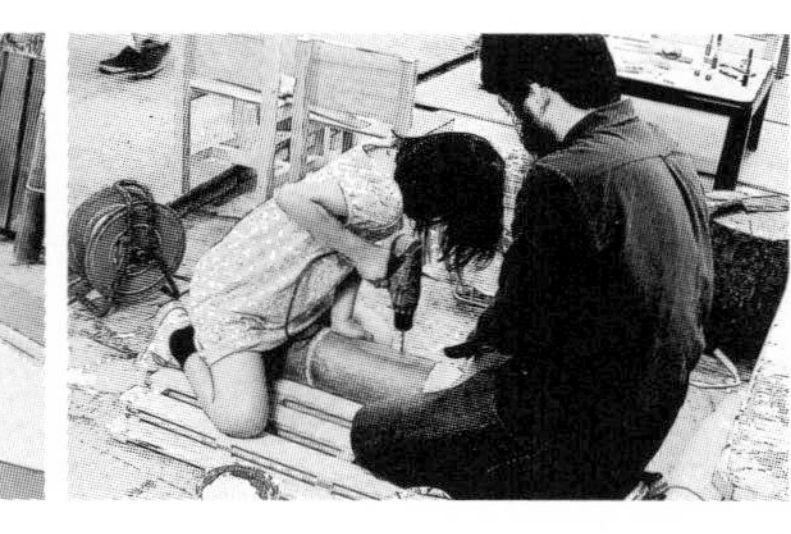

ワークショップくまの、二〇一九年（提供：ワークショップくまの）

ただ、最初から「自由にやっていいよ」と言うと、子どもたちは戸惑ってしまうこともある。まずは、寮生が〝幅〟のあるサンプルをつくって見せるほうが、子どもたちもアイデアを出しやすいそうだ。「ワークショップくまのをしながら、子どもとの関わり方についてずっと考えています。そのことと、自治寮で人と関わることは根底ではつながっていると思う。そういうところにも、自治寮でイベントをする意味があるんじゃないかな」。子どもたちに付き添って、祖父母や両親、保護者も一緒にやってくる。大人たちは「今、こんなに自由に子どもを遊ばせてくれる場所は他にない」と口々に言う。寮生と一緒に、目をキラキラさせて遊びはじめる子どもたちの姿に、自治寮の良さを感じ取っているのは、むしろ大人たちのほうかもしれない。寮生と子どもたちの関わりから、自治寮というあり方の可能性に新しい光が投げかけられていくようでものすごくワクワクする。

5-7 オルガ先生像【おるが・せん・せい・ぞう】

二〇一九年二月の入学試験初日に、折田先生像（ハリボテ）とともに出現した、アニメ『機動戦士ガンダム 鉄血のオルフェンズ』のキャラクター、オルガ・イツカのハリボテ。キャスター付きで移動可能な仕様になっていた。なぜか京大当局によって目の敵にされてしまい、制作した学生が懲戒処分を受けている。

二〇一九年の入学試験初日、吉田南構内にはなんと三種類もの**折田先生像**（**ハリボテ**）0-3が登場した。ひとつは〝本家〟とみなされた小渕恵三元首相、もうひとつはAR（Augmented Reality＝拡張現実）によるもの。もはや銅像でもハリボテでもない手法である。余談ではあるが、二〇一八年五月の**タテカン**5-1撤去直後には石垣前にARによるタテカンが現れたし、二〇一八年一一月にはタテカン防衛を楽しめるスマホゲーム「それはお前がやるんだよ」▼が発表されている。リアルなキャンパスから締め出された京大の自由は、こうしてバーチャル化していくのだろうか……？

それはさておき。本項の主人公は、三体目の**オルガ先生像**だ。作者の学生は「折

オルガ先生像（撮影：筆者）

それはお前がやるんだよ
タテカン防衛を楽しめるスマートフォンの無料ゲーム。「夜更けのぼっち旅団（@M_A_Brigade）」を名乗る京大生有志グループが、

田先生像（ハリボテ）に対抗してつくった」らしい[※18]。小渕恵三元首相の折田先生像（ハリボテ）は、初日の午後二時頃には京大当局によって撤去されてしまったが、オルガ先生像はキャスター付き。撤去通告を受けると移動をはじめ、その後もゲリラ的に登場していたという。そのようすはSNS上でも話題になり、オルガ先生像と記念撮影する受験生もいたようだ。

ところが、入試から半年が過ぎた九月一二日、京大当局はオルガ先生像をつくった学生に「処分の検討をするために聴き取り調査を行う」旨のメールを送信。添付されていた処分の理由となる行為・言動に関する資料には、「持ち帰るように通告した職員の指示に従わなかった」「大きな声で発言したりスマートフォンで音楽を流したりした」など、逐一のセリフとともに経緯が克明に記録されていたという[※19]。しかし、記録の克明さとうらはらに、処分の理由はあいまいだ。「大声で発言」というけれど、受験会場に聞こえるほどうるさかったのだろうか？

現場にもっとも近い試験会場の入試委員長だった酒井敏先生（人間・環境学研究科教授）は「オルガ像に関する製作者と大学職員とのやり取りや音楽は全く聞こえず、受験生や試験監督から騒音に関する報告は一切受けていません。もちろん試験の実施に何の支障もありませんでした」とツイート。むしろ、これまで問題なく存在してい

二〇一八年一一月二八日に「京大正門前が寂しかったので、タテカン防衛を楽しめるゲームを作りました」とツイートし公開した。夜更けのぼっち旅団のひとりは、京都新聞の取材に対し「これまでタテカン問題に興味がなかった人たちにも、ゲームをきっかけにタテカンについて考えてもらえるとうれしい」と答えている[※17]。

た折田先生像（ハリボテ）などを、「まさに試験時間中に撤去する事は、騒動を引き起こす可能性があり、入試業務に対する重大なリスクです」と指摘している［※20］。

序章で書いたように、これまでの折田先生像（ハリボテ）をめぐる京大当局と学生のやりとりは、非言語的な〝対話〟として成立していた。そこには、「学生が自由にやりたいことをやる」ことへのリスペクトがちゃんとあった。撤去に対して学生が抗議するなら、話し合いに応じて、納得できるようにきちんと説明するべきではないか――。

二〇〇〇年代後半から二〇一〇年代にかけて、学生部▼で学生担当を務めた元職員のAさん（仮名）に話を聞くことができた。「僕は、学生が来たら話を聞く、嘘をつかないということは決めていました。ぶつかりあうこともありましたが、彼らの熱量を肌で感じていましたから。仮に、考え方が違ったとしても一所懸命にやっていることを感じられるから、学生の言うことに一理あると思えばできる範囲のことはやろうと思っていた」とAさんは言う。「僕が理想としていた先輩職員の方は、地位の高い人に『お前らは学生の立場に寄り過ぎている』と言われたら、『僕らが学生のことを考えねば、誰が学生のことを考えるんですか？』と毅然として言い返さはりましたね。堂々と上に対して物申すというのは、その先輩から学んだように

学生部
↓八四頁

思います」。たった一〇年足らずの間に、京大当局の学生との向きあい方はずいぶん変わってしまったようだ。

今では「学生の熱量を肌で感じる」どころか、学生部のカウンターに透明なパーテーションが設置されたと聞く。こうした変化を、Aさんはどう感じているのだろうか？「うーん、京大も大学としての体力がなくなってきたんやと思います。少なくとも僕が学生部にいたときは、京大はものすごく手間暇をかけて学生と話をする大学だという実感がありました。今はもう、先生も職員も次から次へと新しい仕事をしなければいけなくなって、親身になって学生さんと話し合っている時間をなかなか確保でけへんのとちゃうかな……」

Aさんは、「学生というのは規則通りにいかない、絶対にコントロールできないものだと思っていた」とも話す。そもそも学生だけではなく人間はコントロールできないもの。だからこそ、対話しながら場をつくりあげていくしかないのだし、その「手間暇」をはぶいてしまうことで失われるものはあまりにも大きいのではないだろうか。

5-8 卒業式コスプレ【そつ・ぎょう・しき・こす・ぷれ】

京大の卒業式において、個人あるいはサークル等の団体によって行われているコスプレあるいは仮装のこと。団体で行う場合は、全体でひとつのテーマを表現するケースもある。また、卒業式以外にもハロウィンのときなどに学内でコスプレする学生もいる。

京大の卒業式でコスプレがはじまったのはいつなのだろう？　これもまた「卒業式粉砕！」的な、何かの意思表示からはじまったパフォーマンスだったのだろうか――と思いきや、特にそういうわけでもないようである。その起源にくわしい卒業生に話を聞いてみた。

「一九八二、三年頃だったと思いますが、卒業式の前夜に留年した先輩と**吉田寮** 4-1 で飲んでいたら、『卒業式がなんとなく気に食わない』と言い出しましてね。『卒業式で何かおもろいことしようや』ということになったんです」と話すのは八〇年度入学の卒業生。相談の末、「先輩がグリコキャラメルのパッケージの男性の仮装をして、卒業生総代の代わりに卒業証書を授与される」というアイデアを思いついたという。当日は、仮装をコートで隠して式場に潜入。サポートする学生たちもスーツで身を包み、事前に特定しておいた総代学生の両脇に陣取った。「『卒業生代表！』と呼ばれた瞬間に、僕らが総代をガッと押さえ込みまして。その隙に先輩は壇上にあがり、さっと卒業証書を受け取って外に駆け出していきました。総長も来賓もあっけにとられていましたよ。報道もされましたので、あれが大きなきっかけになってしまったんじゃないかと思います」

一九九〇年代にも一部の卒業生が「仮装パフォーマンス」する姿が見られていたが、一般化したのは二〇〇〇年代以降のこと。今では「日本一参加するのが難しいコスプレ大会」▼と呼ばれるまでに。しかも、年々コスプレする人は増える傾向にあるようだ。着ぐるみあり、アニメや映画のキャラクターあり、世相を反映した時事ネタあり……。二〇一九年には、「京都大学学部卒業式式場」の看板に顔ハメする人や赤い鳥居をたくさん背負って伏見稲荷の千本鳥居になりきる人もいた。もう、コスプレと呼んでよいかどうかもわからない。

さらに、近年はハロウィンに学内でコスプレをする学生もいるようだ。ちょうど、萩生田光一文科相が「身の丈発言」▼で謝罪した直後のこと。スネ夫のお面をつけ

日本一参加するのが難しいコスプレ大会
「京大に入学しないと参加できない」という意味で、入学試験の難易度からこのように呼ぶ人もいるようだ。

身の丈発言
二〇一九年一〇月二四日、BSフジの番組に出演した

てソファに座り「ベネッセ社」と書かれた「民間試験対策本」を手にして「身の丈に合った受験」をテーマにした仮装をする学生がいた。さらりと世の中を風刺するあたりに、京大生らしさを感じてしまう。

この数年、京大当局が学内の管理強化を強めるなか、職員に抗議した学生が「学生の本分を守っていない」と無期停学処分▼を受けるなどの残念な事態が起きている。かつて、**やぐら**3-1や**こたつ**3-2を出していた卒業生たちも「これではやぐらを立てただけで警察を呼ばれそうだね」と肩をすくめる。しかし、どんな大学の当局も学生の服装までを管理することはできない。おそらく本人たちはそこまで考えていないと思うが、コスプレや仮装は京大生にとって自らの身ひとつを〝場〟として何かを表現するという最後の手段なのかもしれない。

萩生田光一文科相が、英語民間試験の不公平感について問われて「自分の身の丈に合わせて頑張ってもらえれば」と発言。教育格差を容認する発言として厳しい批判を受けて謝罪に追い込まれた。

無期停学処分

京都大学通則第三二条「学生の本分を守らない者があるときは、総長は懲戒する」に基づいて「譴責」「停学」「放学」いずれかの処分が行われる。無期停学処分中は授業料を納付しなければならない。条文にある「学生の本分」は定義があいまいで総長による恣意的な解釈が可能ではないかという批判がある。

5-9

京都大学新聞

【きょう・と・だい・がく・しん・ぶん】

一九二五年に『京都帝國大學新聞』として創刊（定価は一部五銭、年間購読料一円）[※21]。学内唯一の報道系公認団体、京都大学新聞社が運営・管理を担う。第二次世界大戦後は『学園新聞』を創刊し、関西一円の大学の新聞として活動した時期もあったが、一九五九年に通算一〇〇〇号を機に『京都大学新聞』と改題し現在に至る。月二回（毎月一日、一六日）発行。大学や学内諸団体から独立したジャーナリズム活動を行っている。西部ＢＯＸ棟にボックスを置く。

http://www.kyoto-up.org/

京都大学新聞の前身となる『京都帝國大學新聞』が創刊されたのは、一九二五年四月一五日のこと。あと数年で一〇〇周年を迎えようとする、非常に歴史あるメディアである。一九四四年、戦時中の物資不足のために、『帝国大学新聞』（現『東京大学新聞』）と合併して『大学新聞』に改題。発行元も帝国大学新聞社（現・東京大学新聞社）と合併し、社団法人大学新聞社関西支社となったが、一九四六年に同法人から分離。京都大学新聞社として再出発した。

京都大学新聞社は、一九四六年四月一日に『学園新聞』を創刊する。京大だけでなく近畿一円の大学・高等専門学校を対象とし、他大学や高校にも通信員を置いてニュースを集め、販売にもあたらせた。また、独立採算制をとることで、大学当局や特定の団体の機関紙になることを回避。独自の立場で学生の主張を伝えていく報道を目指した。一九五九年末、多くの大学で大学新聞が発行されるようになったため、京都帝國大學新聞創刊から通算一〇〇〇号を迎えたことを機に学園新聞は『京都大学新聞』と改題。現在に至るまで、京大当局や学内団体からは独立した立場で、学内外に視野を広げながら報道を続けている[※22]。一九九三年には、京都大学東南アジア研究センター所長であった矢野暢教授（当時）のセクシュアル・ハラスメント事件▼の報道にも一役を買った。また、**総長団交** 3-9 や**石垣★カフェ** 3-4 などの報道では号外も発行。学内で大きな問題が起きたときには、特集を組んで詳細に報道するなど学内外の世論を喚起している。近年は、**タテカン** 5-1 や**吉田寮第二次在寮期限** 5-3 に関する報道にも力を入れているようだ。

本書の執筆にあたって、京都大学附属図書館に保存されている京都大学新聞の過去三〇年分のバックナンバーを閲覧し、参考文献にさせてもらっている。もし、京都大学新聞に残された記録がなければ、京大の学生自治のありようは後世に伝わる

セクシュアル・ハラスメント事件

京大矢野事件。一九九三年、京都大学東南アジア研究センター所長の矢野暢教授（当時）の研究室において、複数の若い女性秘書に対して数々のセクハラが行われていたことが発覚した。京都大学新聞は、矢野教授が研究室の秘書に毎朝唱和させていたという「矢野先生は世界の宝、日本の柱です」などの「五訓」を掲載。『週刊文春』に取り上げられ、矢野事件は世に広く知られるところになった。日本の大学における、はじめてのセクシュアル・ハラスメント事件とされる。

べくもなかっただろう。京大当局による広報だけでなく、学生側の視点で伝えられるメディアの存在が、京大における言論の自由と京大的文化を強く支えているのだと思う。学内七カ所での販売のほか、二〇〇八年からは公式ウェブサイトにて記事の全文掲載も行っている。京大の今を知りたい人は、ぜひご一読いただきたい。

長い歴史のなかの「今」を見る

三高の時代から**教養部** 1-1 があった頃まで、そしてその後の時代においても、京大にはずっと「こんなことやってもいいんや！」と思わせるような何か、あるいは万城目学さんがいう『アホが今日もアホしてる』と学生に無形の安心感を与えるようなモノやことがありつづけていました。キャンパスで集会やライブが行われるたびに登場する**やぐら** 3-1 や**こたつ** 3-2。キャンパスに異空間を常設する**くびくびカフェ** 3-5 や**石垣★カフェ** 3-4 のような場。そして、校門や時計台クスノキ前、各学部の校舎の入り口から東一条通り、そして石垣前へと何百枚と置かれていた**タテカン** 5-1。「こんなことやってもいいんや！」という空気は、自由に真理を探求していく学問の場にとってとても大切なものだったし、京大周辺のまちに漏れ出して〝左京区文化〟を醸成してもいたと思います。

しかし、本章で明らかになったのは、昨今の京大における「こんなことやってはいけないのかも……」という締めつけのほう。「やってはいけない」空気は、「自由の学風」を傷つけるものだと思います。なぜなら、自由は全方位的なもの。どんなに小さな制約があっても、そこにもう自由はありません。だけど、おそらく読者のみなさんのなかにも「今はそういう時代じゃないからしかたがないよ」と思う人はいるでしょう。京大当局もまた「吉田寮の今後のあり方について」という文書のなかで、「時代の変化と現在の社会的要請」という言葉を使っています。でも、本当にそうでしょうか。「今」という時代をつくっているのは誰なのでしょう？　「時代」という言葉を使うことは、往々にしてわたしたち自身をないがしろにしてしまいます。「そういう時代じゃない」と言う前に、「わたしたちは、どういう時代に生きたいのか」を語りはじめるほうがよっぽどいいと思うのです。

また、「現在の社会的要請」という言葉にも目を向けたいと思います。「社会の求めに応えなければいけない」という言葉はとても正しく見えます。でも、これまた往々にして社会を構成している、他ならぬわたしたち自身を疎外したままで、「社会」が語られる場面が多いように思います。たとえば、就職活動ではしばしば「社会的ニーズ」が語られますが、多くの場合それは「企業のニーズ」と置き換えることができます。

言葉は、使い方を間違えるととても怖いものです。「時代」や「社会」という言葉の中身を確かめずにそのまま受け取っていたら、あっという間にものごとの本質を見失います。だからこそ、「時代ってなんだろう」「社会ってなんだろう」と問いつづける必要があります。

大学という場は、こうした問いを発するためにあるのではないでしょうか。問うことは、やはり対話を通じて行われます。**ごりらとスコラ**5-2にタテカン撤去を通知した学生支援部厚生課長は「『看板があるのがイヤだから撤去してほしい』というのが京大として撤去を要請する理屈である」と説明して話を打ち切ったそうです。ある意味、とても正直な人だと好感すら覚えるのですが、せっかくなら「なぜ看板を立てたいのか？」と学生に問うてみたらよかったのにと思います。大学には、学生だけでなく多くの教職員も働いています。「看板があるのがイヤだ」という意見もとても大切です。一人ひとりが場の当事者として対話を重ねるなかで、「キャンパスにタテカンがあるほうがいいかどうか」を、当事者みんなで決めることが大学の自治だと思うのです。

京大あるいは京大の自治空間が、当事者性を重視してきたのは、自ら当事者として問いを発して対話をすることが、自治をつくるうえでとても大切だからです。まずは問いをもつこと、そして誰かと対話すること。そのいとなみを続ける限り、京大的文化は未来へと受け継がれていくはずです。

※1「京都大学の立て看規制を考える」署名募集呼びかけ文、「立て看規制を考える集まり」準備会サイト、二〇一八年五月二日
https://kyotoutatekan.wixsite.com/kyoto-u-tatekan

※2「京都大学出身弁護士有志のアピール」おもしろくも変人でもない京大サイト、二〇一八年五月二二日
https://sites.google.com/view/tatekan-yoshidaryo/lawyers-appeal

※3「京都大『立て看規制撤回を』市民グループ、京都市に要請書／京都」『毎日新聞』地方版二〇一八年五月二四日
https://mainichi.jp/articles/20180524/ddl/k26/100/383000c

※4「記者の目 京都大タテカン規制 自由な学風どこへ」『毎日新聞』二〇一八年九月二一日
https://mainichi.jp/articles/20180921/ddm/005/070/002000c

※5 万城目学さん（@maqime）ツイッター、二〇一八年四月三〇日
https://twitter.com/maqime/status/990800320744730625

※6「京都大立て看問題『改善措置必要』学長がコメント」『毎日新聞』二〇一八年七月二一日
https://mainichi.jp/articles/20180721/ddn/012/100/034000c

※7「『京大タテカン』今度はゲームに　撤去めぐる攻防、スマホで体感」『京都新聞』二〇一八年一二月二〇日
https://www.kyoto-np.co.jp/articles/-/1782

※8「2016.10.13 ごりすこからの申入書」ごりらとスコラウェブサイト、二〇一六年一〇月一八日
https://gorilla-and-schola.jimdofree.com/ごりらとスコラの歩み-2016年期/申入書/

※9「厚生課長が持ってきた通告書」ごりらとスコラウェブサイト、二〇一六年一〇月三一日
https://gorilla-and-schola.jimdofree.com/ごりらとスコラの歩み-2016年期/通告書/

※10「一五〇二一二確約書」吉田寮公式サイト、二〇一五年二月一二日
https://sites.google.com/site/yoshidadormitory/吉田寮資料集/kakuyaku/150212

※11「吉田寮自治会への通知について」京都大学ウェブサイト、二〇一五年七月二九日
http://www.kyoto-u.ac.jp/ja/about/events_news/office/kyoiku-suishin-gakusei-shien/kosei/news/2015/150728_1.html

※12「吉田寮生の安全確保についての基本方針」京都大学ウェブサイト、二〇一七年一二月一九日
http://www.kyoto-u.ac.jp/ja/about/events_news/office/kyoiku-suishin-gakusei-shien/kosei/news/2017/171219_1.html

※13 特設サイト「吉田寮を守りたい」
https://yoshidaryozaiki.wixsite.com/yoshidaryozaiki2017

※14「吉田寮の今後のあり方について」京都大学ウェブサイト、二〇一九年二月一二日
http://www.kyoto-u.ac.jp/ja/about/events_news/office/kyoiku-suishin-gakusei-shien/kosei/news/2018/190212_1.html

※15 百万遍クロスロード「立て看板や吉田寮のある景観を残そうデモ」（二〇一八年七月二八日開催）ビラより

※16 百万遍クロスロード（@CrossMillion）ツイッター、二〇二〇年一月三〇日
https://twitter.com/CrossMillion/status/1222698685223432192

※17 ※7に同じ

※18「京大『自由の学風』はどこへ……『オルガ先生像』設置で処分されそうな学生を直撃」ハーバー・ビジネス・オンライン、二〇一九年一〇月四日　https://hbol.jp/203172

※19「京都大学によるオルガ（アニメキャラクター）像を構内に設置した学生に対する処分を止めよう」change.org

※20 自由の学風／京大変人講座（@orita_hikoichi）ツイッター、二〇一九一〇月八日
https://twitter.com/orita_hikoichi/status/1181407946636267520

※21『京都帝國大學新聞』大正一四年四月一五日

※22 京都大学新聞社「『帝大新聞』『学園新聞』の時代」『京大史記』京都大学創立九十周年記念協力出版委員会、一九八八年

終章

今は個々バラバラの細流であっても

かつて、京大の自治空間にいた人たちは、今どこでどんなことをしているのでしょうか。「自分たちのことは自分たちで決める」という自治の精神は、どんなふうに息づいているのでしょう。最後に、彼らの軌跡を追いかけながら、みなさんと一緒に「わたしたち自身の自治」についてあらためて考えてみたいのです。「自分たちのことは自分たちで決める」というフレーズを自分のものにしたとき、この世界との関わり方が変わりはじめると思うからです。

インタビューのなかで、「自分たちのことは自分たちで決める」というフレーズを耳にするとき、彼らの間には「自分たち」と呼べる関係性があることをいつも感じていました。その関係性は、対立する意見をもつ人とぶつかりあい、くだらないことに夢中になり、ときには思い通りにならないことを経験するなかで築かれたもの。深く、濃く、関わりあった果てに、腹の底からお互いの存在を認め合えたからこそ、「自分たちのことは自分たちで決める」というフレーズを獲得できたのだと思います。「あのときの声がずっと残っている」――と安岡健一さん（九九年度生）は言います。「今もその声に、何かを考えたり決めたりするときも『本当にそれでいいのか』と問われるというか。学生時代に本気で議論をした経験は、葛藤も含めてなんですけど、自分のなかにありつづけると思います」

まずは自分自身を深く知って自分のあり方を認め、他者と向き合うなかで相手のあり方も認めていく。その繰り返しのなかでこそ、この社会は少しずつ多様になるのだし、そこに文化と呼べるものが生まれてくるのです。

一方で、自治というものはとても身体的な側面があって、「こんなことしてもいいんや！」という誰かのふるまいをなぞりながらつかんでいくものでもありました。本章では、京大的文化をつくっていた人たちが、今この世の中にどんな場を開いているのかを紹介。本書に登場した人たちがかつてそうしていたように、まずは彼らの生きざまに触れることから手がかりをつかんでほしいと思います。

地域のなかに「吉田寮的な開き方」をインストールする
——山下健太郎さん

自治とは、当事者性を獲得するいとなみ。「自分ごと」として、自分がいる場で起きているものごと、暮らしている地域に関わることも自治です。たとえば、地域に移住して暮らしている人やまちづくりに関わっている人は、意識せずとも「自治」をしているように思います。小さなまちで自分たちの暮らしをつくることは、そのまちの当事者になることでもあるからです。

今、日本では、人口減少が進むなかで、地方の小さな町や村の過疎化がますます深刻になっています。国は、二〇一四年に地方創生戦略▼を発表。地域おこし協力隊制度▼などを利用して、都会の若い人たちが地域に移住し、まちづくりに取り組む流れをつくりました。京大の自治空間を経験した人のなかにも、地域に移り住んで新しい場をつくっている人たちがいます。**地塩寮**[4-12]に暮らしながら吉田寮しばい部▼に参加し、のちに**吉田寮**[4-1]にも住んでいた山下健太郎さん（九九年度生）もそのひとり。現在は、富山・氷見市でコミュニティスペース「HIRAKU（ヒラク）」▼を

地方創生戦略
人口減少が進むなか、首都圏への人口一極集中と地域の過疎化に歯止めをかけて、国全体の活力をあげることを目的とする一連の政策。二〇一四年、第二次安倍改造内閣発足後に発表された。国の総合戦略などを踏まえて、各地方自治体が総合戦略を策定・実施。地域の活性化を目指す。

地域おこし協力隊制度
人口減少や高齢化が著しい過疎地域などに、都市地域から生活拠点を移した人を、地方公共団体が地域おこし協力隊員として委嘱。一年以上三年以下の活動期間に、地域づくりに関わる活動を行ってもらい定住・定着につなげる。二〇〇九年度から制度化され、二〇一八年までに五五三〇名が協力隊員として活動し、約六割が任期終了後に定住。

吉田寮しばい部
↓一八二頁

HIRAKU
氷見市中央町商店街の空き店舗をリノベーションしてつくられたコミュニティスペース。毎月第一金

運営しています。

二〇一五年、氷見市の地域おこし協力隊の一期生になった山下さんは、移住支援と空き家バンク▼を担当。メンバー三人で「ヒミヒラクプロジェクト」を立ち上げ、二〇一八年に商店街の空き店舗をＤＩＹでリノベーションしてHIRAKUをオープンしました。壁や天井の塗装などはワークショップ形式にして、興味のある人に参加してもらったそう。完成間近になると、ワークショップの参加者や場所を使いたい人たちを招いて「感謝祭」を開き、「これからここで何をやりたいか」を話し合ったそうです。場づくりのプロセスに人を巻き込むあたりに吉田寮っぽさを感じます。

HIRAKUでは、持ち寄りの食事会や部活など、参加型のイベントを開催。場とそこに集う人たちが有機的につながるなかで、場の当事者が生み出されているようです。特に何もしていない日でも、学校帰りの子どもたちが遊びにくるのもいい感じ。わたしも訪ねてみましたが、HIRAKUはとても居心地のよい空間でした。カウンターや本棚に、いろんな人が思い思いに過ごした跡が残されているせいでしょうか。誰に対しても開かれていて、たまたまそこに居合わせた人たちとの出会いや語らいのなかで、自由に場をつくり変えていける〝関わりしろ〟があるのを感じま

曜日に飲み物・食べ物を一品持ち寄って集まる「持ち寄らナイト」、ボードゲームや料理をする「大人の部活」、フリーマーケットなどのイベントが行われている。また、不定期でコワーキングスペースとして運営されている。

空き家バンク
地方自治体やまちづくり団体などが空き家所有者と移住希望者の間をつなぐため、空き家物件情報をウェブサイトや広報誌などで提供する仕組み。

した。**厨房**[4-3]をほうふつとさせる小上がりもあって、なんだか京大の自治空間に似ているような気もします。「吉田寮には、新しく外から来る人たちが、自分たちの問題を知らせてくれるという感覚がありました。その人たちが感じている不自由さを自分たちのなかに取り込んで、一緒に考えていこうとする開き方に特徴があったんじゃないかな。地域で場をつくるときも、同じような開き方をしようとしています」

ひとつのコミュニティの心地よさを保つには、「徹底的に異物を排除するか、徹底的に話し合うか、どちらかしかないと思う」と山下さん。地域が新しい人を迎えることを選ぶなら、「吉田寮的な考え方を取り入れたほうがよい」と話します。「大学の自治空間には、いろんな国や地域から人が来るので、『これが当然だ』という暮らし方自体がありません。だからこそ、答えがないことについて話し合う前提を共有して、それぞれが大事にしていることや抱えている問題について一緒に話し合いながら場をつくっていました。この考え方を基本にもっていれば、どこでも暮らしていけるし、場を開くことができると思います」

山下さんは、大学の自治空間を経験した人たちと地域で活動するなかで出会う人たちには、場をつくるベースになる感覚が共通していると感じることがあるそうです。「吉田寮界隈の自治空間だけが特別なわけではないし、たとえ大学に自治空間がなくなったとしても、別なところで生き残ればいい。いろんな人がいろんな場所で開かれた場を広げていく感じがいいと思います」

わたしもまた、地域の場づくりをしている人たちに、京大の自治空間について話すことがあるのですが、「公教育の場を開いて、関わる人を当事者として自治の主体にするなんてすごい！」と興味をもたれたりします。京大の自治空間のあり方を地域やコミュニティとかけ合わせたとき、新たな文化を生み出す土壌をつくる可能性があるのではないか、と思うのです。

「逸脱系」の人たちと日々の暮らしをつくる
――中桐康介さん

京大の自治空間の〝開き方〟を地域にインストールしている山下さんに対して、社会あるいはこの世界に自治空間そのものをつくるような運動をしているのが、大阪で「オシテルヤ▼相談支援センター」（以下、オシテルヤ）の代表をつとめる中桐康介

オシテルヤ
特定非営利活動法人長居公園元気ネットが運営する介護・福祉の事業所。もともと中桐さんの知人であった障害者のヘルパーが、自身が暮らしていた一軒家の一階部分を地域の障害者が立ち寄れる場として開放するフリースペースだった。彼らから中桐さんたちが共同運営のフリースペースとして受け継ぎ、のちに事業所を開設した。〝逸脱系〟の人たちとともに地域で暮らすための仕組みづくりに取り組みつづけている。

さん（九五年度生）です。入学した年の暮れから、大阪・釜ヶ崎▼の越冬闘争▼などに関わりはじめ、のちに「釜ヶ崎パトロールの会」▼（以下、釜パト）に参加。二〇〇〇年から、野宿者の排除がはじまっていた大阪・長居公園▼でテントを張って暮らす野宿者の支援に入りました。

当時、中桐さんは京大生を含む他の学生たちとともに、長居公園で野宿する労働者への聞き取り活動をしていたそうです。「宿泊していた釜パトのテントはそれなりの広さがあり、底上げした床には畳も敷かれていました。**吉田寮**[4-1]の**旧印刷室**[4-4]での暮らしと変わらないから、僕にとっては苦痛でもなんでもなくて。吉田寮にいるときはT字路▼や正門前でしていた情宣を、長居公園にいると長居駅前でする。いつも通りの生活で全然違和感ないなと思っていました。何より、労働者との共同生活やそこでの活動が楽しくてね。すでにある運動のなかに学生として参加するのではなく、自分自身を主体として『自分たちで考えて、自分たちの場所をつくっていこう』と思うようになったんです」

二〇〇二年、中桐さんは労働者たちと生きていこうと決めて大学を中退。ふたたび長居公園のテント村▼に居を移し、野宿する労働者の支援活動をはじめました。生活に困っている人にごはんを食べてもらったり、自殺を考えるほど追い詰められ

釜ヶ崎
大阪・西成区にある日雇い労働者が多く住んできた町。

越冬闘争
年末年始にかけて日雇い仕事がなくなる釜ヶ崎では、ドヤ（簡易宿泊所）の宿泊料を払えずに路上で寝起きする労働者が増える構造が常態化してきた。寒さのために体を壊したり、なかには凍死してしまう人もいる。毎年、労働組合や支援団体などが集まり、夜眠るための場所を用意したり、炊き出しをしたりするなどの取り組みをしてきた。京大からも多くの学生が参加してきた運動である。

釜ヶ崎パトロールの会
一九九七年から、扇町公園を拠点に大阪市内のキタエリアで野宿者支援活動を行っている団体。

長居公園
大阪・東住吉区にある公園。公園内に長居陸上競技場や長居球技場などの施設がある。二〇〇七年二月、大阪市は世界陸上競技大会の開催を理由に、長居公園で暮らしていた野宿者の立ち退きを要求、テントなどの強制撤去を行っていた。

ている人の話を聞いたり。「そういう支援の活動以上に、テント村という生活の場をうまくやっていくことがとても大変で。多いときで二六人くらいいたのですが、しょっちゅう起きるケンカの仲裁をしたり……。周辺住民から行政に対しては『出て行かせろ』という圧力もあるし。地域との軋轢もはらみながら、困っている仲間を迎え入れていける村をつくりましょうというのが、テント村での運動だったんです。行政との交渉、集会やデモもしていたけれど『日々の暮らしですよ』ということをとても意識していて。場所をみんなといっしょに自主管理して、生活をきちんとつくっていくことが、排除を止めていく運動そのものだと思っていました。それがやれたのは、吉田寮でやっていた運動と同じだという感覚があったからだと思います」

ところが、二〇〇七年に長居公園のテント村は大阪市による強制撤去を受け、中桐さんも活動の拠点を失ってしまいました。しかし、公園内で野宿する人はまだ二〇人ほどいたため、中桐さんたちは夜回り活動▼や相談支援活動を続けることに。その拠点となったのが現在のオシテルヤの前身となったフリースペースでした。「野宿者から、『生活保護を受けて畳の上で暮らしたい』と相談を受けると、行政手続きや住宅確保の支援もしていました。でも、仲間と一緒だった野宿生活とは違っ

T字路
↓一一二頁

テント村
さまざまな事情により野宿生活を送るようになった人たちがテントや小屋掛けを建てて共同生活を送る「村」。長居公園のテント村では、公園という公的空間を占有する意味を問いながら、テント村の公共性をかたちにしてきた。借りた畑で育てた野菜をテント村の前で販売したり、試行錯誤しながら地域の人たちとも交流。受け取ったカンパ物資を、路上で暮らす野宿者と分け合うこともあったという。

夜回り活動
夜のまちでホームレスと思われる人に声をかけて、支援につながる情報を提供したり、医療機関につなげたりする。おにぎりや寝袋、衛生用品など、路上生活で必要なものを配ることもある。アウトリーチ活動のひとつ。

てひとり暮らしは孤独です。さびしくてお酒を飲みすぎたり、近所の人とトラブルを起こしてしまう人もいました」。二〇一一年、中桐さんたちは地域のアパートで暮らしはじめた元野宿者を支える仕組みも必要だと考え、オシテルヤの場所と名前を受け継いでヘルパーステーションを設立。訪問介護と居宅介護の事業をはじめることになりました。

「僕は〝逸脱系〟と呼んでいるのですが、テント村やオシテルヤで出会う人は、常識的な社会から逸脱しがちなものの考え方を身につけてしまっていて、なかなか適応の難しい人も少なくないんです。社会から排除されてきた結果、生きる術として犯罪を犯したり、すぐに嘘をついてしまったりするんですね。社会秩序から逸脱してきた彼らを受け入れるためにも、また彼らをサポートするスタッフを守るためにも、僕自身が専門的な理論やノウハウを勉強して身につけていきました」。中桐さんが〝逸脱系〟と呼ぶ人たちには、世の中であたりまえとされる生き方やルールに適応できない人たちも含まれます。彼らを受け入れようとする背景には、京大の自治空間で出会ってきた常識にしばられない人たちとのつきあい、あるいはキャンパスに異空間をつくる**やぐら**[3-1]や**こたつ**[3-2]で過ごしてきた時間も影響しているのかもしれません。

中桐さんはオシテルヤでの活動を「困っている人を地域で支え合うまちづくり」とすることに〝警戒心〟があると言います。「今の僕には、地域の人が望む『安心なまち』と僕らが一緒に生きている人たちの生活の柄の折り合いをつけていこうという気持ちはあまりないんだよね。『より良いまちづくりをしましょう』というのはいいけれど、現に生きている我々のありようを変える気もないし、受け入れてくださいという気もないんです。物議を醸すことをしたいんだよね。問題を起こしながらも一緒に暮らせたらそれでいいじゃん。変わる側は、地域であって、差別や偏見をもっている側だろうという気持ちが強くあるから。むしろ、地域にとって受け入れがたい異物でありたい。嫌がられて、『なんだ、あいつらは?』って思ってくれないと、本当に考えるきっかけにならないんじゃないかと思っているんです」

「文化=culture」の語源であるラテン語の「colore」には、「耕す/住む/守る」などの意味があるそうです。現時点では物議を醸しながらも、中桐さんたちは「本当に考えるきっかけ」をつくり、この世の中を耕すことをしているようにも見えます。今すぐには受け入れられなくても、長い時間軸で地域の人たちとの対話を続けるなかで目指しているのは、吉田寮の「話し合いの原則」による「全会一致」なのかもしれません。

自分の「ものさし」を壊していく——森下光泰さん

京大の自治空間を経験した人たちは、「自分たちの足場」とか「足元にあること」を基点として、この社会あるいはこの世界を見ることをとても大切にしていました。「ひとつだけ自分で責任をもたなければいけないとしたら、自分が立っている足元をしっかりと見つめて、やるべきことは何かを問いつづけることだと思う。国家や大学、あるいは企業や市民など、この社会のさまざまなアクターとの関係のなかで自分がどういう位置にいるのかを問うことは、他の誰かがやってくれるものじゃない。その場にいる人間の責任としてやるべきことだと思う」と話すのは、**熊野寮**[4-8]で暮らし、経済学部同好会などを担っていた森下光泰さん（九一年度生）。卒業後は、日本放送協会（NHK）に入局し、ディレクターとして差別や人権をテーマにしたドキュメンタリー番組などを制作してきました。

現在、森下さんは、NHK大阪放送局で「みんなのためのバリアフリー・バラエティー『バリバラ』▼」（NHK Eテレ）のチーフプロデューサーを務めています。同

バリバラ
「みんなのためのバリアフリー・バラエティー『バリバラ』」。NHK Eテレにて毎週木曜日午後八時より放送されている（再放送は日曜日〇時～）。二〇一六年八月、日本テレビで「二四時間テレビ『愛は地球を救う』」が放映されている時間帯に、障害者の「がんばる姿」を感動の対象とするメディア制作の手法を「感動ポルノ」（ステラ・ヤング）という言葉で視聴者に問いかけた「検証！『障害者×感動』の方程式」で大きな話題を呼んだ。

番組は、「日本初の障害者の障害者による、障害者のためのバラエティ番組」として二〇一二年にスタートしましたが、森下さんが関わりはじめた二〇一六年、「生きづらさを抱えるすべてのマイノリティ」を対象にする番組へとリニューアル。セクシュアル・マイノリティ、ベトナム人実習生、薬物依存、被差別部落などもテーマとして取り上げるようになりました。「そもそも〝障害〟は障害者本人にあるのではなくて、社会の側にあるんだという考え方でやっています。『歩けないこと』が〝障害〟なのではなく、『段差があること』が〝障害〟なんですよね。じゃあ、『女性だから』『外国人だから』社会参加できない、理不尽なしんどさを抱えている、というのも社会の側にある〝障害〟（バリア）。同じ延長線上で考えるべきことだと思っています」

バリバラのキャッチコピーは「みんなちがって、みんないい」。当事者自身が自らのことを笑いの要素を交えながら発信することで、「他人事を自分事にできる社会を目指す」としています。森下さんは、「みんなちがって、みんないい」が意味するところを、「ものさし」という言葉で説明します。「この社会は基本的に、マジョリティが使いやすい大きなものさしでデザインされています。僕自身も、障害者か健常者かというと健常者寄りだし、男か女かというと男寄りだし、日本において日本語を使う日本国籍の人間です。その立場に無自覚でいる限りは、マイノリティの人たちがぶつかるバリアに気づけないし、マイノリティの人たちを生活しづらくさせているこの社会を変える邪魔をしてしまう可能性があるわけです」。しかし、当然のことながら、私たちは一人ひとり違う人間であり、それぞれが異なるものさしをもってこの社会に生きています。その意味では、誰もが〝マイノリティ〟であるともいえます。「大きなものさし」を内面化してしまうことは、実はわたしたち自身をも生きづらくさせているかもしれません。「どこかで『この人たちのことを何も考えていなかった』と気づくなかで、『一緒に考えて、ちょっと工夫してみよう』と変えていけるほうがハッピーでいい。いろんなマイノリティの人たちをよく知っていくと自分のものさしが多様になっていき、実は自分の生きづらさを少し楽にすることもできます。『いや、自分は今のままで不満はないし、常識を変えなくていい』ってガチガチに思っている人ほど、環境が変わったときに弱かったり、心折れてしまったりしやすいと思うんですよね」

バリバラでは、「この社会の大きなものさしに合わせるのがあたりまえだと思っている人たちに、違うものさしがあるのだということを伝えたい」という森下さん。「いろんなあり方を受け入れていくほうが自由に生きられるし、自分の生き方の選択肢も広がると思う」と話します。マイノリティの人たちが直面している差別を考えていくことは、「自分も差別をしているのではないか」と問うことでもあり、「自分が自分に当てはめてきたいろんなものさしから自由になっていく、しんどいと同時に楽しい作業」でもあると考えています。こんなふうに言い切る背景にあるのは、やはり学生時代のさまざまな経験のようです。「京大に行って何がよかったかというと、無数の気づきを得られる環境があったことだと思う。自分たちに関わる一つひとつのことを決めていく、めんどくさいけど大切な作業の積み重ねが自治です。その感覚を身につけた人間が、この社会のなかで自分の足元をちゃんとつくっていけば、小さな力ではないと思うんですよね」

森下さんが手がける番組は、今までその問題に興味をもっていなかった人にも新しい視点を投げかけ、ときに大きな議論の渦を巻き起こすこともあります。まるで、番組そのものが自治空間で行われていた議論の場を表しているかのよう。きっと、番組を通して森下さんが発したメッセージは、たくさんの人が今まで気づいていなかったことを考えるきっかけとなり、一人ひとりの「足元」を少しずつ変える力になりえているのではないかと思います。

小さな解放区をつくりつづけよう

「自治って一度経験したらやめられない気がする」――とある卒業生は話していました。なぜ、彼は「やめられない」と言ったのでしょうか？　おそらく、自治をするという経験は根源的にわたしたち自身のあり方をつくるものであり、〝記憶〟というよりは〝痕跡〟と呼ぶにふさわしいほどに深く刻み込まれるからだと思います。

笠木丈さん（九九年度生）は「場所、力、痕跡」と題する文章[※1]のなかで、自治空間に身を置いているときの感覚を、まさに痕跡という言葉で表現しています。「力の流れのなかに自分の身を置いて、自分の力を引き出されるがままにしてみる。発せられる言葉や表現を自分のなかに響かせてみる。身をあずけてしまうことで、自分の奥底から解き放てる力があるはずだ」。「力の流れ」とは、人と一緒に過ごしながら、言葉や感情を交わしあうことによって生まれる「流れ」のこと。誰かが話している言葉、そこに込めている気持ち。場所を沸騰させていくエネルギーのようなもの。「その場に立ち現れたものが夢のように消え去ったあとでも、その痕跡は残る。痕跡は場所に刻まれる。大きく目立つものも、誰も気にとめない些細なものも、それがもはやなんであったのかわからないものも。人も場所のことを覚えているし、場所も人や出来事のことを覚えている。だから、ただの空間が場所になるとき、場所はたしかに痕跡を残しているはずだ。場所は力の場であり、その記憶でもある」

わたしたちに刻み込まれた痕跡は、安岡さんの言う「あのときの声」のように、わたしたちを問いつづけています。そして、たとえ場所を失ってさえも、わたしたち自身を〝場〟として自治を起動させる力をもっています。「〝場〟をつきつめて考えていくと、たったひとりの自分自身もまた〝場〟であり〝自治〟であるとたどり着きました。そのことを伝えたいという思いもあって、舞台に立っています」と話すのは、**吉田寮食堂** 4-2 や**厨房** 4-3 に寮外生として関わり、現在も音楽活動を続けているコテラさん（九九年度生）。「自治は、本来すべての人に関わることだという気持ちが常にあります。『あなたが願うなら、あなたのことでもあるんだよ』といつでも言えるようでいたいし、誰にも『私には関係ないし』とあきらめてほしくない」

今も、自治空間をともにした人たちはみな、それぞれが生きている現場で、日々の暮らしのなかで、自らに残る痕跡を起動させて、新たな文化を生み出す培地となる小さな解放区をつくりつづけているだろうと思っています。「こうして、自治について話すことそのものが自治でもあると思う」とコテラさんは言います。本書の取材でわたしがインタビューをすること自体も「自治のいとなみではないか」と言った人たちもいました。もしかしたら、そうなのかもしれないと思いながら、今もこの文章を書いています。

「空間に刻まれた痕跡というのは、なんとなくその場に漂って、積もり重なってじわじわと感じられるものなのかなと思います。私は何かを証言できるほど、京大的文化に積極的に参加していたわけではありません。でも遠巻きに見ながら、ぼんやりじんわりその文化の湯加減に浸っているだけで十分に自由の爽快感を味わっていました」と話すのは、本書の編集者・臼田桃子さん（二〇〇〇年度生）。この本の企画は、彼女のなかに刻まれていた「京大的文化がうごめく空気」の痕跡から立ち上がりました。彼女の痕跡がわたしの痕跡に重ならなければ、みなさんがこの本を手にすることはありませんでした。同じように、もしもみなさんがこの本から「京大的文化がうごめく空気」を感じているなら、そこに「痕跡」が刻まれることもあるかもしれません。

「今は個々バラバラの細流であっても、新しいそしてとてつもなく大きな奔流として形成されはじめている」——過去の資料をリサーチするなかで見つけた、一九七二年の「同学会▼再建宣言」の一節です[※2]。当時における「細流」は、ベトナム反戦運動や全共闘運動、全国各地の社会運動などのこと。「この奔流を生み出すための一つの溶鉱炉が、京大同学会というそれが、今ここに建設されたのだ」と続きます。情熱的な文体に思わず胸が熱くなりました。京大にあるそれぞれの自治空間やそこで育まれた文化もまた、「個々バラバラの細流」あるいは「奔流を生み出す一つの溶鉱炉」になりえていたのではないか、と思うのです。

昔に比べれば、二〇二〇年現在は「個々バラバラの細流」は数も少なくなり、流れることもかなわないしずくの一滴になっていると悲観することもできます。でもすぐに「本当にそうかな?」と問い返したくなります。たぶん、わたしが見つけられていないだけで、いろんなところに熱が生まれているんじゃないか。世の中が発する「やってはいけない」メッセージに絡め取られて、「やらかしている」人たちを見る目を曇らせているのはわたしの方じゃないか、と。

わたしたちはまっさらな目で、今、どこに熱源があるのかを、注意深く探しつづけなければいけません。「こんなことやってもいいんや!」というものごとを見つけて、「やってみよう!」と誰かに語りかけて熱を増幅させるのです。そして、バ

同学会
一九四一年に創立された京都大学の学生組織。当初は総長を会長とする全学生加入制の組織だったが、戦後に学生を主体とする全学自治会に改組。京大の学生運動を率いてきた。一九六五年の代議員選挙で民青同盟が多数派となり、一九六九年の京大闘争では全共闘運動と激しく対立。一九七二年一一月の学生大会で民青系執行部のリコールを決議し、同学会は再建された。「同学会再建宣言」はこのときに書かれたものである。

ラバラの細流から奔流を生み出すためにも、日々の営み、あるいは日々の暮らしのなかにこそある自治を、わたしたちはあきらめてはならないと思うのです。もう一度、「同学会再建宣言」から最後の言葉を引用して、ペンを置きたいと思います。

「さあ行こう、夜明けの熱烈な予言者として」

※1 笠木丈「場所、力、痕跡」https://joekasagi.tumblr.com/

※2 京都大学同学会「同学会再建宣言」一九七二年一二月二〇日

インタビュー：森見登美彦氏に聞いてみた

「京大」と「自由」の語りづらさについて

この本でたどってきた、京大の自治空間とそこにいた人たちの姿を、違った文脈から浮き彫りにできないか――そんなことを考えているうちに、ふと思い出したのが、作家の森見登美彦さん。京大在学中だった二〇〇三年に書かれたデビュー作『**太陽の塔**』▼のほか、『**四畳半神話大系**』▼『**夜は短し歩けよ乙女**』▼などの作品でも、京大と思しき大学を舞台に〝阿呆学生〟たちが繰り広げるドラマを描かれています。

興味深いのは、かなり幅広い世代の京大出身者が、森見さんの作品を読むと「ああ、これが京大ってもんだね」と思っているらしいこと。たとえば、一九八〇年代の京大生だった作家の綾辻行人さんは「森見さんが描く大学や大学生像は、僕なんかの目にもなんだかとても懐かしく感じられます」[※1]と

『太陽の塔』

左京区に住む京都大学農学部五回生の「私」が、「水尾さん研究」と題してかつての恋人を観察・研究するという青春小説である。第一五回日本ファンタジーノベル大賞受賞。

新潮社、二〇〇三年一二月（新潮文庫、二〇〇六年四月）

『四畳半神話大系』

主人公は「バラ色のキャンパスライフ」を想像していたのに、冴えない学生生活を送る京都大学三回生。一回生のときに時計台前で手渡されたビラのうち、どのサークルを選んだかによって異なる学生生活を送るという、並行世界が描かれる。二〇一〇年にはテレビアニメ化もされている。

語っていますし、本書の取材で出会った人たちも「違和感ないなぁ」と言うんですよね。「なぜ、森見さんが描く京大は、こんなにも共感を得ているんだろう?」――そんな問いを小脇に抱えて、森見さんにインタビューを申し込みました。

才能とは「やりたいことしかやれないこと」

――京大の人たちは、大学で「こんなんやってもいいんや!」と思わせてくれる人に出会うなかで、自分のもっていた常識を壊していったと言います。森見さんも、学生時代にそういう人に出会われたでしょうか。

森見　一番大きな影響を受けたのはライフル射撃部▼と大学院の研究室で出会った、我が道を突き詰めていく人たちかな。本当にすごい才能やエネルギーがある人は、自分の周りの世界をつくり変えていったり、周りの世界からおもしろいものを引っ張り出したりして自由に生きていくと思うんですよ。僕は、そういう生き方に憧れ

四畳半神話大系　森見登美彦

大田書店、二〇〇五年一月（角川文庫、二〇〇八年三月）

『夜は短し歩けよ乙女』
「黒髪の乙女」と彼女に思いを寄せる「先輩」が語り手となり、夜の先斗町、下鴨神社の古本市、大学の学園祭を舞台に繰り広げられる恋愛ファンタジー。第二〇回山本周五郎賞受賞、第一三七回直木賞候補。

角川書店、二〇〇六年一一月（角川文庫、二〇〇八年一二月）

ライフル射撃部
一九六〇年創部。北部構内のグラウンド北東角にあるエアーライフル射撃場で練習している。森見さんは一回生から入部。「クラブのノートに面白い文章

はするんだけど、どちらかといえば冒険しないタイプ。積極的に外へ出ていかない学生だったし、今でもそうです。だから、小説を書かないと自由になれない感じというか。内側に世界を拡張していくほうがいいだろうって思っていました。

——森見さんの内側に拡張された世界が、小説というかたちになって読まれることもまた、世界を変えることではないでしょうか。書くことは、言葉を使って相手の世界に関わることだから。

森見　とにかくそれしかできないからね。僕の場合は、自分が自由になれる面白い世界をつくってるだけで、あとのことは読者におまかせという意識なんです。僕には何も言う権利もないって感じがするんだけどな。

——京大のいろんな人のお話を伺ううちに、「やりたいことしかやれない」というところに才能があるんじゃないかなと思うようになりました。凸凹の凸の部分を際限なく伸ばそうとするというか。

森見　いやまあ、他の道を探るのを怠けているということでもあるから、あまり偉そうなことは言えないかな。僕はこれまで外側の基準を内面化しようとして苦しんで、やっぱりできないという諦めをしてきたんですよね。小説家になったのは、いろん

を書いていた」ことは、これまでのインタビュー等でも語られている。

な方向に行こうとしつつ、最終的には自分のやりたいようにしかやれなかったからだと思います。いちおう農学部の大学院へ行ったり、国会図書館に就職したりしてみたんだけど。

いいかげんな組織と四畳半的世界

——本書の取材で、京大には、気まぐれにつくられた名前だけの団体や、学内問題に取り組むための実行委員会が、融通無碍に生まれては消えていたことを知って驚きました。さらに、自治会によっては「〇〇学部闘争委員会」という別組織もあったようなんです。「自治会と闘争委はどう違うの？」と聞くと「いや、中の人は一緒やで。自治会の名前でやれへんことがあるときに、闘争委を名乗るねん」というざっくりした説明をされまして。

森見 ははは！　看板を付け替えるんですね。

——そうそう（笑）。もしかして、こうしたよくわからない組織の存在が、森見さんの作品に出てくる「福猫飯店」▼や「図書館警察」▼などの元ネタにもなったのかなと思ったのですが。

森見 いろんな源流があるかなぁ。農学部のなかにも自治会室があったけど、そもそも僕らにとっては自治会って謎だったし。それこそ、学生運動の時代やその後に、新左翼の人たちがどんどん分裂して新しい党派をつくっていたこともイメージにありました。

あと、ライフル射撃部では体育会の運営に関わるのですが、他大学と一緒に対抗戦の運営などを行う学生連盟とか、京都府ライフル射撃協会など、外の組織への出向なんかもあるんですよ。すると、出向した人たちはふつうの部員とは違う文化圏に行っちゃうというか、謎めいた別組織に吸い取られたみたいに見える。そんなこともあって、いろいろな組織の気配をあちこちで感じていたことは影響しているでしょうね。

——よくわからない組織が、よくわからないところで暗躍しているみたいな?

森見 実は、そうだったのかも、みたいなね。あと自治会やサークルの組織って、ある種の擬似的な社会みたいなものだと思うんです。所属すると、「自分はこういう立場で、こういう仕事をしなければ」ってなるし、ある種の居場所を得るイメージ

福猫飯店
大学を裏で牛耳る非公認の秘密機関。図書館警察・印刷所・自転車にこやか整理軍などの下部組織がある。

図書館警察
『四畳半神話大系』『四畳半王国見聞録』などに登場する「福猫飯店」の下部組織。大学図書館の本を延滞した者から回収するため、膨大な個人情報を収集している。

もあった。その対局にあるのが、あらゆるしがらみからポーンと放り出されて、ひとりでうろうろして、四畳半で食っちゃ寝している学生というか。小説では、そんな四畳半の日常に迫ってくる擬似的な社会を描くことで、メリハリをつくろうとした部分もあります。

――まさに、小津くん▼みたいに擬似的な社会に所属する人が四畳半的な世界にやってきて、わずらわされているうちに巻き込まれていくというような。あ、わたしは小津くんかなり好きです。

森見 小津くんは、「あんな風に学生時代を送れたらいいよね」という僕の憧れです。ダメな学生でも、大学のいろんなところに顔を出したり、へんな人とつきあったりしていれば、それなりに得るものはあっただろうけど……僕はできなかったからね。へんな人たちに困らされて、いろんな事件に巻き込まれる小説は、基本的に自分の憧れを描いています。読者のなかには「さぞかし充実した学生生活を送っていたんでしょう」と思う人もいるようですが、そんなわけない。ほとんど四畳半から出ないで書いていたんだから。

――森見さんの作品を読むと、いろんな世代の人たちが「あ、これは私／僕らが知ってる京大

小津くん
『四畳半神話大系』の主人公の同級生、宿敵であり盟友。偏食家で顔色の悪い風貌だが、図書館警察ほか多くのサークルや組織に所属して京都中に幅広い人脈と情報網をもち、有意義かどうかはともかくとして、充実した学生生活を送っている。しばしば、主人公の住む下鴨幽水荘に訪ねてきて、新しい情報を吹き込んだり珍事に巻き込んだりする。

だ」と思うみたいですよ。七〇～九〇年代までの京大の雰囲気を捉えられているのはどうしてなのかな？と思っていて。

森見　父がちょうど学生紛争の頃の京大生で。弁論部でいろんな人と議論していたから、そのなかには学生運動で捕まった人なんかもいたようです。だいたい、四畳半の下宿に住んだのも父親のノリが影響したせいで。だから、僕の京大は当時のスタンダードよりちょっと古めなんですよ。あえて古めかしい部分を強調しているから。

――なるほど。お父さんを通して、森見さんの作品には七〇年代の京大が混ざり込んでいったんですね。ちなみに、弁論部ってもしかしてあの「**詭弁論部**」▼のモデルですか……？

森見　そうそう。実は「猫ラーメン」▼も父から聞いた話が元になっています。なんでも、東一条通りの正門脇あたりに、夜になると「猫ラーメン」っていう屋台が出ていたって言うんです。「鍋の中を見たら猫の骨が入っていた。あれは猫の骨で出汁をとっていたんだ」とか、わけのわからんことを（笑）。「猫の骨なんか見たことないやろ！」って思うんですけどね。

詭弁論部
『四畳半王国見聞録』『夜は短し恋せよ乙女』などに登場する文化系サークル。

猫ラーメン
『四畳半神話大系』『太陽の塔』に登場する下鴨神社界隈に出没する屋台ラーメン。猫で出汁を取っているという噂だが、味は「無類」。

祭りは「生きていることの極限」

——『夜は短し歩けよ乙女』の「**韋駄天コタツ**」▼は、京大の**こたつ**[3-2]を広く世に知らしめてしまいましたね。学生時代にこたつをご覧になったことは？

森見 北部祭典▼のとき、農学部の出口のそばやったかな？　こたつを出している人たちがいて、なんとなく印象に残っていたんです。あのこたつはじーっとしていたけど、あれが自由に学内を移動していたら面白いなと思って書きました。ちなみに『有頂天家族』の担当編集者は僕より少し年上の京大出身者で、学生の頃あのこたつに入れてもらってお酒を飲んでいたそうです。僕は勇気がないから、「こたつに入れてください」とは言えなかった。もし、僕が当時あのこたつに入れてもらえるような積極性のある学生だったら、そもそも下宿にこもって小説なんて書いてないと思う。

——『夜は短し歩けよ乙女』の**一一月祭**▼をモデルにした学園祭はすごくリアルでした。主人公の

韋駄天コタツ
↓一一〇頁

北部祭典
↓一一一頁

一一月祭
↓一一一頁

──「先輩」は学園祭の事務局長とお友だちでしたが、もしかして森見さんもそうだったんですか？

森見 研究室の一年後輩に、一一月祭の事務局長をしていた人がいたので、彼からどんなことがあったのかを聞きました。でも学生のときは毎年前夜祭は覗きに行っていたけど、学園祭そのものを見物したのは一度くらい。卒業してからは行っていません。そもそも僕はお祭り騒ぎが苦手なんですよ。性格的にノレない。お神輿を担ぐとか、なんでみんなあんなに荒っぽいことをするんだろう？と思っていたし、夜のお祭りの不気味さも怖かったし。

──苦手なのに、お祭りを書いちゃうのはどういうわけなのでしょう。

森見 祭りってひとつの極限だと思うんですね。ものすごく生きられるときなんだけど、狂騒的に盛り上がっていった最後には死の匂いが立ち込める。向こう側にある世界の匂いというか、言葉にできない、我々の理解できない世界の気配が高まっていくというか。自分の小説をものすごく深く掘っていくと、根底にあるテーマは「生きることと死ぬこと」のふたつしかない。そんなことを言い出したら、何も言ってないに等しくなるからふだんわざわざ言わないけど、小説の本当のテーマなんてそれぐらいしかないでしょう。祭りにすごく心惹かれるのは、生と死が直接的に同じ場に現れるから。きっと祭りは、我々が生きることの中心にあることだと思うんですね。僕は現実生活ではそういうものと距離を取ってしまうから、小説のなかでは逆にそういうものを描いて自分を解放しようとしているのかもしれない。

——京大の自治空間のように日常と並立する非日常な空間、あるいはお祭りなどの祝祭空間に、わたしはずっと興味をもちつづけています。日常のなかでわたしたちは、ものすごくいろんなものに縛られていますよね。常識、肩書き、性別、役割、約束事、あるいは過去の経験。それらをばーんと打ち壊して、生のエネルギーに直接触れられるのが祭りであり、非日常をくぐりぬけて日常に帰ってくると、少しだけ自由になれるのかなと思っていて。京大で見かける、「何の役に立つの、それ?」ってことに過剰なエネルギーを注いでいる人たちも、もしかすると〝祭り〟に近い存在なのかなと思ったりします。

森見 うん、まあそうですね。つまり、その人は自分の生をものすごく誠実に生きているんだけど、同時にやばい方向に行っていて、死の匂いをまとうのかもしれない。何かこう、とんでもないことにエネルギーを注いでいる人を見るのは、痛快でこっちも元気になることだけど、同時にちょっと「大丈夫かな?」と心配になったり、怖くなったりする。単にそれを讃えるだけではすまない。でも、間違いなくエネルギーはもらっているでしょうね。

〝阿呆〟や〝自由〟は腐りやすい

――今回、あらためて森見さんの作品を読み直していて、ふと思ったのですが、阿呆学生は京大じゃないと成立しないんじゃないでしょうか。そもそも京大生は言うまでもなくエリートなのに、〝阿呆〟という言葉で森見さんが表されたようなことをすごく大事にもしていて。**教養部** 1-1 の先生方の文章を読んでいたら「自由と気ままはここの雰囲気である。(中略)だらしない、何やらうさんくさい匂いがつきまとう」[※2]なんて書かれているんです。

森見 あはは! ただねえ、阿呆は「阿呆っていいね」と言ったとたん腐るというかね。自由もそうじゃないですか? 「我々は自由なんだ」って言ったとたんにすぐ自堕落なものになる。そこが京大について語るときのいやらしいところというか、ね。持ち上げたとたんに、急にそれが別なものに変わって腐ってしまうのがいやなんです。

――自治空間では、一番大切なことは言語化しないままで共有しようとする感じがすごくあったのですが、同じようなことかもしれない。

森見 自由というのは、何をやってもいいということではないですよね。「自由でありたい」と思っていることが自由で、「自由になった」とたんに本当の自由じゃなくなってしまう。たとえば、ライフル射撃部は体育会のすみっこのほうのへんなクラブだから変わり者が多かったんです。「体育会の大きな部じゃなくて、ライフル射撃部だからこの人の面白さも一目置かれるんだ」みたいな人もいて。「京大生たるものこうあるべき」と思ってそうなっているんじゃなくて、やむにやまれずそうなっているだけっていうような。うまく言えないな……。

――やむにやまれずそうなっちゃうところに一目置くというような？

森見 「ちゃんとしよう。有意義な学生生活を送ろう」と本人は思っているのに、どうしてもおかしなことになってしまう。そういうせめぎ合いのなかでもがきながら、その人なりの生き方を貫こうとするところに一目置いていたかもしれない。逆に、「俺は自由で阿呆だからこういうことをしてもいいんだ」と図に乗ったり、人の目を気にしてウケを狙う人間に対しては、「あいつは本当にダサい」という冷ややかな目も同時にあったと思いますね。

――まさに「大日本凡人會」▼の無名君▼が陥ってしまったアレですね。

森見 あー、そうか。そういうことを書いていたのか。いや、忘れていましたけど(笑)。すぐに腐ってしまうものを、なんとか腐らせないようにバランスを保つというのかな。京大は、そういう働きがある空間だったと思います。だから、小説で京大生っぽいものを出して書くということ自体が、自分が京大生だった頃の気分には反している感じもある。もし今、僕が京大生で、こんなん書いて売れている小説家がいたら「なんだあいつは?」と思うはずですよ。書くというのは、結局は自分の妄想に利用することだし、僕の小説を読むことによっていろいろ勘違いしてしまう人もいるかもしれない。「罪深いな」と思うこともあります。

――っ、罪深いとまで……。

森見 阿呆を小説というかたちで保存しようとしているにもかかわらず、阿呆という

大日本凡人會

『四畳半王国見聞録』に登場する、凡人を目指す非凡人の集い。特殊な能力をもっているにもかかわらず、その能力を世のため人のために使わないという信条のもとに集う。

無名君

「大日本凡人會」の最年少で新入り。どんな集団にいてもその存在に気づかれないという能力をもつが、「存在感がないことで存在感を出すなんて、そんなアクロバティックな生き方は出発点がおかしい」と、自尊心をもてなかったことから、大日本凡人會の誓いに反して〝善行〟に手を染めてしまう。

ものにへんな免罪符を与えて、阿呆を腐らせることに加担しているのではないかと思うこともあって。うかつに京大とその文化に対して、「こんないい仕事をしています」とは言えないなと思う。そういうことを考えて複雑な気持ちになることもある。

――たしかに。私も本書の取材では、「言葉にすると違うものになってしまうかもしれないけど、みんなの記憶や言葉を重ね合わせて残したい」と協力をお願いしてきたものの……。言語化することで変質させてしまうことがあるという恐れを抱えつづけていました。

森見 誤解される余地ができてしまうと思うからですか？

――はい。まちづくりの現場には「保存と同時に崩壊がはじまる」という言葉があると聞きます。でも、今書いておかないと、みんなの記憶にしか残らなくていつか消えてしまう。それはいやだと思ってもいて……。

森見 よくわかります。ある意味、なくなりかけているから保存しようとするんですよね。

自由は人の生きざまにしか現れない

――当初は、京大の面白い学生文化の本をつくろうとしていたのですが、取材して書いていくなかで「あ、わたしは自由の話を書きたいんだ！」と思った瞬間があって。なので、森見さんの作品と京大の関係を聞くつもりでインタビューに来たのに、自由の語りづらさの話をしていただけてとてもよかったです。

森見 今年、西東三鬼の『神戸・続神戸』▼の文庫版が出たときに解説を書いたんですね。終戦間際に神戸の場末のホテルに暮らしていた、外国人や世の中のはぐれ者みたいな人たちの強烈なエピソードが描かれている本なのですが、それこそ定義しようとすると消えてしまう、その人たちの生きざまのなかにしかない、こうあるべきだとは言えない「自由」を感じました。この人たちは、自由を求めてこのように生きたということしか言えない。京大的なものとは少し違うかもしれませんが、僕は「ああ、いいなあ」と思いました。

――もしかしたら折田先生もそういう存在だったのかもしれません。折田先生ご自身は「三高

西東三鬼の『神戸・続神戸』

西東三鬼（一九〇〇〜六二年）は岡山出身の俳人で、歯科医。戦時中に厭戦・反戦の俳句を掲載した「京大俳句」に参加し、特高警察に睨まれたことから検挙され、執筆活動中止を命じられた。一九四二年から東京に妻子を置いて神戸に移住し、アパートを兼ねた奇妙なホテルに住み着く。『神戸・続神戸』は、西東三鬼がこのホテルで出会った外国人やバーの女性たちのことを綴った随筆。二〇一九年に新潮文庫から再版されたとき、

の校風は自由だ」とは一度も言わないのに、学生たちが「三高は自由だ」と言いはじめて校風として共有されていくんです。

森見 たとえば自分の身の回りの人や先人たちが、「ある状況ではこんなふうにふるまっていた」ということを見聞きして、「それなら僕は今ここでこんなふうにふるまおう」と決めていく。言葉ではなく、いろんな人の生き方が重なっていく過程で、「あ、これがもしかしたら自由なのかも？」という感覚をみんなで共有していくものではないかと思います。

——自由は、言葉としては存在しえないようなものかもしれませんね。

森見 やっぱり、一人ひとりの自分なりの生き方と結びついているから。それが、京大がいう「自由の学風」の難しいところでもあると思う。自由を掲げるのはいいけれど、身の回りに本当の意味で自由に生きている人がいなければ、その技術も伝わりようがない。昔は、自由に生きた人たちがずっと、うまくつながって空間を保っていたのかもしれないけど。

——そうですね。先生であれ、職員さんであれ、先輩であれ、友だちであれ、自由な生き方を

森見さんは次のような解説を書いている。「自由であること——我々はそれがどんなことであるか、漠然とわかったつもりでいる。しかしいざそれを説明しようとすると困惑する。なぜなら自由というものは虚空にポカンと浮かんでいるものではなく、それぞれの人間の生き方に現れてくるものだからである。西東三鬼が『神戸』を書くことによって保存しようとしたのは、そういう自由の感覚だったのだと思う」

神戸・続神戸　西東三鬼

新潮文庫

新潮文庫、二〇一九年

する人がいるから「あ、こんなんやっていいんだ!」と感じ取れたのだと思います。そういう意味では、「〝自由〟で大学をブランディングする」みたいな方向性はちょっと違うんじゃないかな……と思ったりもするのですが。

森見 いやあ、ほんとにそうですよ。自由とブランディングはなじまないですよね。かといって、「じゃあ、自由とは何なんですか? どうすることなんですか?」と聞かれたら、言葉では答えられないのが難しいところです。

学生そのものが非日常的な存在かも

――今はずいぶんキャンパスもクリーンになりましたが、かつては語り得ない自由を受け継ぐ痕跡がたくさん残っていて、無言で語りかけていたように思います。ただ、同じ京大のキャンパスにいても、その痕跡の声を聞き取れる人と、そうでもない人が同居していたと思うんです。

森見 そうなんですよ。卒業してから、京大出身の人たちと話してみたら両極で。小説を読んで「あんなん、全然ぬるい」って言う人もいれば、「え? あんな学生、今どきいるの？」って言う人もいました。やっぱり、みなさん同じ大学でもどういうところで活動していたのかによって、見えている世界が全然違っていたと思いますね。

あと、やっぱり学生って若いから、世界をもっと広く感じるというか。たとえば、不思議な友だちがひとりいるだけで、大学の空間がものすごく変わってしまうことはありませんでしたか？　最近、よく思うんですよ。大学の界隈を歩いてみても、学生の頃の自分が感じていた広がりってなかなか再現できなくなってくる。

――それは、大人になって自分の感受性が変化しているからですか？

森見　そうだと思う。京大周辺の風景も変わったけど、そういうことじゃないんですよ。学生のときって、ただの街角や本屋さんを見てもすごく奥行きを感じていた気がします。それはたぶん、僕が世界を知らなかったからだと思う。わからないことがすごく多かったから、その隙間にすごく自分の想像を膨らませられる余地を感じられていたんですよね。「この向こうには何かあるんじゃないか、不思議なものがあるんじゃないか」という気配をもっと強く感じていたから、小説にもいろいろ書いたわけだけど。

——たしかに。若いときは、出会ったものに対してもっと素直に自分を委ねられていたように思います。その感覚がもし年齢に属するものなのであれば、大学という場は世界の奥行きを感じられる人たちが集積しているという意味でも面白いですね。

森見 若いときは世界観がまだ固まっていないので、友達の言葉ひとつ、本一冊を読むだけでも自分の世界観が揺れ動く度合いがすごく大きくて。そういうヒリヒリ感はありましたよね。大人になってそれなりの世界観ができてしまうと、新しいものを見つけてもちょっとやそっとじゃ変わらないので。

——そう思うと、二〇歳前後の人たちは非日常的な存在だと言えるかもしれません。

森見 今の自分から考えれば、学生なんてほとんど非日常を生きているようなものですからね。外から見ると、学生は下宿でひっくり返っていたり、自転車でぶーんって走ったりしているだけなんだけど、内側から見た世界は本人にしか体験できない奥行きや広がりがあったんじゃないかな。

――本当にそうですね。さらに言えば、森見さんが描いてこられた、京都というまちがもっている非日常性も、京大という空間に影響していたと見ることができそうです。語りづらいテーマについて、一緒に考えてくださって本当にありがとうございました。

（二〇一九年一二月二五日、京都にて収録）

※1 森見登美彦『森見登美彦対談集 ぐるぐる問答』小学館、二〇一六年、九九頁
※2 前田敬作「停年退官に際して――雑居ビル礼讃」『京大教養部報』一四五号、一九八五年二月

森見登美彦（もりみ・とみひこ）一九七九年奈良生まれ。京都大学大学院農学研究科修士課程修了。在学中に執筆した『太陽の塔』（新潮社）で、二〇〇三年に日本ファンタジーノベル大賞を受賞し、小説家デビュー。二〇〇七年に『夜は短し歩けよ乙女』（角川書店）で山本周五郎賞、二〇一〇年に『ペンギン・ハイウェイ』（角川書店）で日本SF大賞、二〇一四年に『聖なる怠け者の冒険』（朝日新聞出版）で京都本大賞、二〇一七年に『夜行』（小学館）で広島本大賞を受賞。その他に『有頂天家族』（幻冬舎）、『四畳半王国見聞録』（新潮社）、『熱帯』（文藝春秋）など著書多数。

京大的文化の主なできごと年表 1989〜2019

本書で扱ってきた、一九八九年以降の京大的文化に関わる主なできごとを、京大当局および国の大学改革の動き、当時の世相とあわせて年表にまとめた。京大と国の動きの関わりを、時代背景とともに読み取ってほしい。

「自治空間・運動」の段においては、他大学に関する項目を、「京大当局および国の大学改革の動き」の段においては、「大学改革の動き」に該当する項目を、それぞれグレー地とし差別化した。

	1989	1990	1991
自治空間・運動	1月 吉田寮「河合提案」を受け入れ。西寮撤去、東寮空き地（中庭）にプレハブ建設へ／西部講堂で「CRY DAY EVENT」を開催 3月 吉田寮西寮撤去 5月 教養部図書館前空き地に丸太小屋出現 7月 教養部図書館前丸太小屋、建てた学生により解体される／尚賢館全焼 9月 A号館西壁、二代目の〝キリン〟「二尾のネコ」描かれる	5月 東大路沿い石垣に大壁画出現／A号館西壁、三代目〝キリン〟「ヘビ」描かれる 6月 吉田寮、留学生受け入れを開始／吉田寮祭企画「人民酒場」T字路ではじまる 9月 京大軽音楽部、西部講堂前で焼け跡ライブ開催 10月 海外派兵および「即位の礼」の祝日化に反対する教養部ストライキ実行委員会を中心とする学生約六〇名、時計台占拠	3月 折田先生像（銅像）「怒る人」に 7月 教養部T字路付近に丸太小屋出現
京大当局および国の大学改革の動き	3月 教養部廃止と「総合人間学部」構想発表 4月 評議会、吉田寮の在寮期限の執行を了承／授業登録にコンピュータ導入、二重登録取り締まり可能に／教養部、教室内黒板および窓へのステッカー貼り禁止	6月 評議会、独立研究科「人間・環境学研究科」開設案承認。九一年度の設置が確実に 8月 森重文教授がフィールズ賞を受賞 10月 時計台・総長室に立てこもる教養部ストライキ実行委員会の学生を機動隊を導入して排除	4月 西部構内で車両入構規制 5月 大学審答申「大学教育の改善について」を受けて、大学設置基準の改正（大綱化）、今に至る大学改革の基点に 10月 第二二代総長に井村裕夫医学部教授を選出 11月 大学審答申「大学院の量的整備について」で
世の中の動き	1月 昭和天皇崩御、昭和から平成へ／ジョージ・H・W・ブッシュが第四一代アメリカ合衆国大統領に就任 2月 手塚治虫死去（六〇） 3月 吉本ばなな『TUGUMI』、平成初ミリオンセラー 4月 天安門事件／消費税導入／連続幼女誘拐殺人事件、宮崎勤逮捕／映画『魔女の宅急便』（監督：宮崎駿） 11月 ベルリンの壁崩壊、東西ドイツ統一へ／日本労働組合総連合会（連合）発足 12月 マルタ会談、冷戦終結へ／日経平均株価史上最高値（三万八九一五円八七銭）	1月 大学入試センター試験導入 2月 ミハイル・ゴルバチョフ書記長が共産党独裁放棄を宣言（ソ連）／ネルソン・マンデラ釈放（南ア） 3月 不動産融資総量規制、バブル崩壊の引き金に 4月 ハッブル宇宙望遠鏡打上げ 8月 イラク軍によるクウェート侵攻、中東危機 10月 ドイツ統一、西独が東独を吸収合併 11月 天皇即位式・大嘗祭 12月 TBS宇宙特派員・秋山豊寛が日本人初の宇宙飛行 この年 バブル崩壊	1月 湾岸戦争 4月 自衛隊ペルシャ湾派遣、初の自衛隊海外派遣／mova発売、携帯電話小型化に成功 6月 アパルトヘイト撤廃宣言（南ア）／雲仙普賢岳大規模火砕流発生 12月 ソビエト連邦解体／アウン・サン・スー・チー、ノーベル平和賞受賞 この年 漫画誌『週刊少年ジャンプ』人気絶頂、六〇〇万部超

二〇〇〇年までに大学院生数を二倍規模に拡大することを提言

1992

3月 森毅先生退官
4月 ブンピカで「L喫茶」はじまる
5月 文学部学友会、有権者の過半数を超える投票により再建。「五月ブンピカ」が行われる
7月 北部車両入構規制について、理学部自治会評議会と理学部長の会見、平行線のまま中断
8月 西部八月、ボ・ガンボス フリーコンサートなど開催される
9月 経済学部同好会、監視カメラ導入に反対
11月 文学部学友会、団交を要求する無期限ストライキに突入。即日団交が実現しブンピカの存続決まる

3月 北部構内ゲート導入計画が明らかに（北部車両入構規制）
4月 京都工芸繊維大学国際交流会館建設工事のため、トラックの西部構内通行使用を一方的に通達（西部問題）
5月 法経北館への夜間入館規制
7月 教養部「教養部構内における車両規制の実施について」を掲示。夏季休暇中の車両入構を規制
9月 西部問題、ルート変更で学生側と合意
10月 総合人間学部設置

1月 ドイツマルク暴騰、欧州通貨危機
2月 佐川急便不正融資事件
3月 アニメ「美少女戦士セーラームーン」放送開始
4月 ロサンゼルス暴動、レイシズム問題／尾崎豊死去（二六）／旧ユーゴスラビア解体、紛争泥沼化／育児休業法
8月 中上健次死去（四六）／松井秀喜五打席連続敬遠（第七四回甲子園 星稜×明徳戦）
9月 自衛隊PKOカンボジア派遣
10月 天皇皇后中国訪問
この年 綾辻行人『時計館の殺人』で日本推理作家協会賞受賞

1993

5月 農学部自治会七年ぶりに再建、常任委員会発足へ／時計台前に丸太小屋出現。三日後に職員約五〇名が撤去／この頃、WEEKEND CAFE はじまる
6月 皇太子の結婚儀礼に抗議する「六・九実」が、小屋を再建／六・九実および熊野寮自治会、皇太子結婚の儀の日の丸掲揚を阻止
10月 西部講堂で、「レズビアン・アンド・ゲイ・フィルム・フェスティバル」開催／一〇・二一国際反戦デー集会、時計台前で開催。小選挙区制反対を訴える約一〇〇名の学生が四条河原町までデモ
12月 熊野寮祭企画「四条大運動会」はじまる

1月 本部構内交通問題説明会を開催。約一五〇名の学生・教職員が参加
3月 教養部廃止
8月 夏季休暇中に、A号館窓のステッカーが剥がされる。総合人間学部、ビラ剥がしを一部強行
9月 北部構内交通問題、新ゲート案凍結
10月 文系四学部（文・法・経・教）の共同研究棟着工へ
12月 東南アジア研究センター所長の矢野暢教授、セクハラ告発を受ける（矢野事件）

3月 江沢民国家主席就任（中国）
4月 天皇皇后沖縄慰霊訪問
5月 日本プロサッカーリーグ（Jリーグ）開幕
6月 皇太子徳仁結婚
8月 細川連立内閣成立、五五年体制の終わり
9月 米不足、米の緊急輸入へ
11月 EU（欧州連合）発足
12月 法隆寺と姫路城が世界遺産に登録、国内初の世界遺産／田中角栄死去（七五）
この年 新卒者就職内定取り消し相次ぐ／新党結成ブームはじまる

1994

3月 図書館系の職員を中心に、京都大学自立労働者組合「ユニオンきりん」結成
4月 時計台前広場で何者かが「日本をインドに返還せよ」などと落書き／北部構内交通問題、ゲート始動するも、四日後に破壊される
10月 文学部学友会、新館建設にともなう閲覧室閉鎖に抗議し、団交を要求する無期限ストライキ

2月 「二一世紀における京都大学のあり方について―中間報告―」評議会で承認される。大学院重点化進む
4月 時計台の記念館化構想が計画される。本部構内に新事務棟建設など
6月 自己点検・評価報告書『自由の学風を検証する』作成
9月 折田先生像への度重なるいたずらに対し、総合人間学部から「当局の看板」が出る
11月 農学部改組の動き本格化、三学科六専攻に

4月 高速増殖炉もんじゅ運転開始
5月 ネルソン・マンデラ大統領就任（南ア）
6月 松本サリン事件／関西国際空港開業
7月 北朝鮮で金正日体制始動、核開発路線の強化
8月 NATO軍が旧ユーゴ紛争地域に介入
10月 ロシア軍がチェチェンに侵攻、首都グロズヌイ制圧／大江健三郎がノーベル文学賞受賞

1995

6月 北部構内の旧動物別館（取り壊し予定）を占拠し「きんじハウス」に
8月 「きんじハウス」閉鎖される
11月 文学部学友会、学生大会決議に基づき学部長に団交を要求しストライキ／京都府警が機動隊など一〇〇名以上で熊野

6月 工学部改組、四学科（土木・交通土木・衛生・資源）が「地球工学科」に統合される
9月 大学審答申「大学運営の円滑化について」で学長・学部長のリーダーシップ強化を求める
11月 科学技術基本法施行。「科学技術創造立国」を目

1月 阪神・淡路大震災
2月 野茂英雄ドジャース移籍、日本人初MLB（新人賞獲得）
3月 地下鉄サリン事件
5月 オウム真理教教祖麻原彰晃（松本智津夫）逮捕／サハリン大地震
8月 村山談話、村山首相が大戦時のアジア侵略と植民地支配を謝罪

寮ほかを捜索。寮生ら五名を逮捕。熊野寮自治会と吉田寮、文学部、理学部、経済学部、農学部の各自治会が統一抗議声明

指して、五年ごとに科学技術基本計画が策定されるように

9月 沖縄米兵少女暴行事件/フランスが太平洋で核実験強行
10月 アニメ「新世紀エヴァンゲリオン」放送開始、第三次アニメブーム
11月 Windows 95 日本語版リリース/ジル・ドゥルーズ死去(七〇)
12月 高速増殖炉もんじゅナトリウム漏れ事故
この年 安室奈美恵ブームに

1996

6月 明治大学記念館解体へ(リバティタワーに)
10月 総合人間学部構内南部のサークルボックス棟が火事で全焼。吉田寮南側の旧食堂の一部が半焼

4月 文学部大学院重点化を実施/独立研究科「エネルギー科学研究科」新設
東大が駒場寮の「廃寮」を宣言
7月 総合博物館計画、九七年度予算に組み込まれる
10月 大学審答申「大学教員の任期制について」で教員任期制提言

2月 ゲームソフト「ポケットモンスター」発売
3月 英国で狂牛病発生
4月 Yahoo! JAPAN 開設
6月 住専法、住専不良債権処理に公的資金七〇〇〇億円を投入
7月 大阪O-157集団食中毒
10月 小選挙区制導入
11月 「たまごっち」発売
12月 ペルー日本大使公邸占拠事件

1997

6月 「学内再編問題に関する連絡協議会」を組織。学内再編に関心ある〝当事者〟は個人の立場で出席できるとする
7月 学内再編問題に関する公開質問状を井村総長宛てに提出。回答期限日には、時計台前にステージを組み「時計台パンチ! 学内再編を討つ宴」を開催。井村総長、学生に囲まれ団交を約束する/二二年ぶりの総長団交が開かれ、五〇〇名を超える参加で会場が溢れる
10月 副学長制、学内再編問題をめぐる二回目の総長団交。前回同様、学生・職員などの参加者で会場が溢れる
12月 総長団交の予備交渉が決裂/時計台二階で連日の抗議。総長任期終了日は時計台内で〇時まで鍋を囲んで座り込み宴会。総長退任式は学内で開けず

4月 総合人間学部、「折田先生像」をA号館前から撤去
6月 副学長制導入・学生部の事務局編入、評議会において全会一致で決定
「大学の教員等の任期に関する法律」施行
8月 アジア・アフリカ地域研究研究科の概算要求へ
9月 国立大の設置形態の変更は大学の使命を崩壊させ、国の将来を危うくすると国大協が言明/行政改革会議・中間報告(独立行政法人化を示唆)
10月 第二三代総長に長尾真工学部教授を選出
東大、駒場寮に残る四四名と寮自治会などを相手取り、明け渡しを求める訴訟を東京地裁に起こす
12月 再生医科学研究所の概算請求へ/総合博物館完成/総合情報メディアセンター完成

2月 クローン羊ドリー誕生
4月 消費税率、三%から五%に
6月 神戸連続児童殺傷事件、犯人は中三の少年A(酒鬼薔薇聖斗)/環境アセスメント法
7月 香港返還/アジア通貨危機、タイ・バーツ暴落/新京都駅ビル竣工、未来的デザインが物議を醸す/映画『もののけ姫』(監督:宮崎駿)
8月 ダイアナ元英皇太子妃死去(三六)
11月 山一証券廃業
12月 「気候変動に関する国際連合枠組条約の京都議定書」採択
この年 国内新聞発行部数のピーク(約五三七七万部)

1998

2月 経済学部教授会、経済学部同好会の求めてきた必修科目撤廃を「交換条件」に重複履修登録廃止を決定。同好会は交渉中に行われた一方的決定に猛抗議
4月 「副学長による情報公開連絡会」の開催を決定
7月 海の日制定に反対するサンバ・デモ
10月 折田先生像(ハリボテ)「力石徹」が現れる/大学審答申に抗議して京大生らの有志が東京・文部省前などで抗議行動

9月 理学研究科、独自判断で朝鮮大学校出身者の受験を認める。国立大として初の決定
10月 大学審答申「二一世紀の大学像と今後の改革方策について」で大学改革の四つの基本理念と具体的方策を示す
12月 アジア・アフリカ地域研究研究科、情報学研究科新設

2月 冬季オリンピック長野大会
7月 和歌山毒物カレー事件/中田英寿ペルージャ移籍、日本人初セリエA/日本共産党・中国共産党が和解
8月 iMac発売/北朝鮮がテポドン発射、三陸沖着弾
9月 黒澤明死去(八八)
10月 平野啓一郎『日蝕』、翌年芥川賞最年少受賞/日本長期信用銀行破綻
この年 「だんご三兄弟」ブーム

6月 総合人間学部学生有志★、A号館使用九団体と総合人間学部当局の貼紙への対策を議論/「大学改革」に反対する京大学生連絡会、学生はじめ当事者との話し合いのないままでの評議会決定に抗議する集会

4月 法学部、二〇〇〇年度からセメスター制導入を含むカリキュラム改革案を公表/文学部旧館取り壊し工事はじまる
5月 生命科学研究科設置

1月 地域振興券発行/コソボ虐殺
2月 iモードサービス開始/国内初の脳死判定、臓器移植実施へ
3月 宇多田ヒカル『First Love』(累計九九〇万枚超)
4月 石原慎太郎東京都知事就任

1999

8月 国旗国歌法制定に抗議する学生ら「国旗国歌法制定反対三次元闘争」として時計台前に三階建てのやぐらを立てる

11月 理学研究科・理学部教授会「国立大学の独立行政法人化を危惧する」声明を発表

6月 総合人間学部、A号館内での大音量での楽器演奏、深夜の教室使用を禁止する貼紙を掲示

7月 全学共通教育のための新共通教育棟建設費用を、二〇〇〇年度概算要求として申請

9月 評議会、桂・御陵地区に新キャンパス用地取得。工学研究科と情報学研究科の移転に必要な予算請求を決定

5月 2ちゃんねる開設／情報公開法

8月 国旗国歌法／通信傍受法／人事院が国家公務員給与引き下げを勧告（戦後初の引き下げ）

9月 東海村核燃料施設臨界事故

12月 二〇〇〇年問題

2000

1月 総合人間学部教授会「国立大学の独立行政法人化（独法化）に対する見解」にて、大学の教育・研究機能への影響について疑問・懸念を示す

2月 学生有志「大学の明日を問うシンポジウム――独立行政法人化で大学はどうなる!?」開催

4月 この頃、吉田寮の焼け跡に巨大な穴が掘りはじめられる

7月 経済学部同好会、建設中の法経新館、法経本館改装の情報公開がないことを団交で批判。E地下利用形態の維持などを学部長と確約

12月 学内で部落差別落書き相次ぐ

2月 新管理棟の建設計画において、二階以上は原則として学生および一般人の立ち入りを禁止することが明らかに

3月 東京地裁、東大の請求を認め駒場寮生らに明け渡しを命じる判決

5月 二〇〇三年春に桂キャンパスへの工学部移転開始の計画を発表／吉田南構内のテニスコート跡地に総合情報メディアセンター棟が完成

6月 皇太后死去に伴い、時計台二階大会議室で弔旗（日の丸）を掲揚

国大協が、文部省の「国立大学の独立行政法人化に関する調査検討会議」への参加決定。国大協内の「設置形態特別検討委員会」委員長に長尾真京大総長が就任

7月 法経本館改装、経済地下（E地下）に法学部演習室を設置する計画

11月 大学審答申「グローバル化時代に求められる高等教育の在り方について」で、国際的な通用性・共通性の向上と国際競争力の強化の提言

4月 介護保険制度導入

5月 ウラジーミル・プーチン大統領就任（ロシア）／西鉄バスジャック事件

7月 越後妻有アートトリエンナーレ・大地の芸術祭はじまる、地域アート流行の兆し

9月 Google 日本語版サービス開始

11月 amazon.co.jp 開業／カメラ付き携帯電話発売（J-PHONE）／ストーカー規制法／石器捏造事件（神の手）／イチロー、マリナーズ移籍、日本人初MLB野手

この年 『ハリー・ポッター』ブーム

2001

6月 民受連、アジア系外国人学校出身者の受験資格を求める要望書と署名を長尾総長に提出

8月 東京大学駒場寮、強制執行により学生が退去させられる

10月 学内で相次いだ差別落書き事件について、「部落差別問題を考える会」などの要望で事実確認会実施／米軍によるアフガニスタン攻撃および日本の自衛隊派遣に抗議する時計台前でのハンスト、河原町通でのサンバ・デモ

12月 文学研究科・文学部社会学研究室教授の学生に対するセクシュアル・ハラスメントで、院生有志が当該教授に辞職要求／A号館北棟建て替え計画が発覚

1月 文部省と科学技術庁を統合・再編して文部科学省設置

4月 総長の事務を補佐する、総長補佐制導入／本部構内へのバイク入構規制がはじまる

長尾真京大総長、国立大学協会会長に就任

6月 総長選の方式を変更、第二次投票を従来の「教授・助教授・講師」から「評議員」に／カリキュラム検討委員会に、全学共通科目におけるセメスター制導入、二重登録禁止などを盛り込んだ報告書が提出される

遠山敦子文科相が「大学（国立大学）の構造改革の方針」を経済財政諮問会議に提出。国立大の再編・統合、法人化、民間的経営手法や競争原理の導入などが軸。「遠山プラン」と呼ばれる

2月 えひめ丸沈没事故

4月 小泉内閣発足、新自由主義路線の強化

5月 Wikipedia 日本語版開設

6月 大阪教育大附属池田小学校無差別殺傷事件

7月 明石花火大会歩道橋崩落事故

9月 9・11同時多発テロ事件

11月 東浩紀『動物化するポストモダン――オタクから見た日本社会』

12月 文化芸術振興基本法

この年 米国とタリバンの対立激化、アフガニスタン侵攻

12月 法科大学院（ロースクール）構想に関する説明会が行われる

2002

3月 A号館取り壊しに対し、学生側は自主活動に支障が出ないよう交渉を開始。総合人間学部、代替スペースとして構内三カ所にプレハブ建設／「折田先生を讃える会」発足

4月 監視カメラ設置に対し、理学部学生自治会評議会は、プライバシー侵害として話し合いの場を求め、公開質問状提出、農、経、文の各自治会も連名で要求書提出

7月 早稲田大学第一、第二学生会館閉鎖・解体へ

9月 同志社大学学生会館別館取り壊しへ

11月 一一月祭の仮装行列、参加者減で中止。大正時代から受け継がれたイベントいったん終止符

3月 総合人間学部、A号館本館（北棟）取り壊し工事開始を学生に突如通知

4月 理学部六号館に監視カメラが設置される

遠山プランに基づき、研究拠点形成費等補助金事業「二一世紀COEプログラム」開始

6月 同和・人権問題委員会、外国人学校卒業生に対し、受験資格を認めるべきとする最終報告書を総長に提出

7月 学生部、西部構内サークル棟建替計画について説明会を行う

8月 京大初となる、受験生のためのオープンキャンパスを実施

10月 京大植物園内で植物学教室による約三〇本の樹木伐採／京大原子炉実験所が、厚生労働省に無届けで中性子を使用するがん治療を実施していたことが発覚

1月 ユーロ導入

3月 都市再生特別措置法、構造改革特区導入

4月 公立校の土日休み完全実施

5月 サッカーW杯日韓大会／日本経済団体連合会（日本経団連）発足、旧経団連・日経連が統合

8月 住民基本台帳ネットワーク導入

9月 日朝平壌宣言、小泉首相電撃訪朝、拉致被害者帰国へ

この年 SARS発生（中国）／タマちゃん（アゴヒゲアザラシ）人気に／森見登美彦『太陽の塔』で第一五回日本ファンタジーノベル大賞を受賞しデビュー

2003

3月 民受連が他団体・個人と連名で総長に申し入れ。全国に先駆けて、受験資格を認めるよう求める

4月 樹木伐採を受けて、学内外有志の「京大植物園を考える会」が発足

7月 独立行政法人化に関して、同学会が総長団交を求める申入書を提出。部局長会議が開かれる本部事務局棟前で集会を行う

12月 多くの学生、教職員出席で総長団交（京大当局は「第六回法人化説明会」と呼称）。オンラインで学内に中継された

3月 総合人間学部二号館完成

4月 高等教育研究開発推進機構発足。総合人間学部二号館を拠点に全学共通科目を統括・把握する組織に

7月 国立大学法人法成立

8月 京大植物園の管理主体、植物学教室から理学研究科に移り、同研究科教員による「植物園管理運営委員会」が発足

9月 学部入学試験での民族学校出身の受験資格認める

10月 第二四代総長に尾池和夫理学部教授を選出

11月 学生、教員、職員参加のもと、法人化究明会が行われる。学生側があらかじめ提出していた基本質問、再追及事項に長尾真総長が回答した

12月 百周年時計台記念館オープン／吉田南構内に国立大初のコンビニ

2月 スペースシャトル・コロンビア号空中爆発事故

3月 イラク戦争

4月 養老孟司『バカの壁』／六本木ヒルズ開業

5月 個人情報保護法

10月 国産トキ絶滅

4月 学生有志が自転車の通行禁止に反対する署名活動実施／全学団体交渉実行委員会が副学長団交。「学生等当事者の意見が大学運営に反映されるべきであること」「法人化後も福利厚生・自主活動が制限される状況を生み出さない」など書面で確約

同志社大学学友会解散

4月 新吉田南総合館北棟使用開始。北棟正面から吉田南構内正門までの遊歩道で、自転車を含むすべての車両進入禁止／吉田南構内に「歌舞音曲の禁止」立て札が掲示される／学生部、約五〇のタテカンを撤去し、構内五カ所に分けて放置する

2月 「facebook」サービス開始／自衛隊イラク派遣（サマワ入営）

8月 沖縄国際大学米軍ヘリ墜落事故

9月 プロ野球再編問題、史上初のストライキ実施／三浦展『ファスト風土化する日本』

10月 金沢21世紀美術館開館／ジャック・デリダ死去（七四）

11月 田臥勇太フェニックス・サンズ移籍、日本人初NBA／ヤセル・アラ

2004

6月 経済学部同好会、新カリキュラムで登録科目数が大幅に制限されるなどとして要望書を提出／学生有志が吉田南キャンパスの管理責任者である高等教育研究開発推進機構に公開質問状提出。機構側は文書回答や団交を拒否

11月 ミス&ミスター京大コンテスト批判を受けて中止／「本部構内北西門改善計画を考える会」結成し、当局に話し合いを要求

12月 法政大学学生会館解体へ

5月 国立大学法人が発足

文部科学省、各国立大学法人の「中期目標・中期計画」を発表

9月 附属図書館から北西門に至る道路の歩車分離、駐車場整備に伴い、百万遍交差点に面した石垣を後退させることが判明

10月 桂キャンパスオープン

ファト死去（七五）

12月 スマトラ沖地震、死者・行方不明者二二万人超

この年 青色発光ダイオード開発報酬問題こじれる（日亜化学）／ニート問題に注目集まる／年金未納問題、著名人で未納者多数発覚（菅直人ら）

2005

1月 石垣改修の本工事開始前に、学生有志が現場に単管パイプのやぐらを設営。「石垣★カフェ」と名付けて常駐する

4月 「石垣問題説明会」が開かれる。学生など当事者、職員二〇〇名以上が集まり、質問や意見が出される

5月 第二回「石垣問題説明会」開催

7月 経済学部同好会、五年ぶりの学部長団交。専門科目のカリキュラム問題を議論

8月 第三回「石垣問題説明会」で学生が修正案を提出。工事計画修正の合意をもって、石垣★カフェ自主撤去

3月 二〇〇七年度から入試後期日程廃止を発表

4月 百万遍石垣前のタテカンが倒れ、学生が怪我。学生部はGW前に「安全性に問題がある」と判断したタテカンを撤去／京大ローム記念館完成

5月 電通と提携し、企業スポンサー制度「京都大学アカデミックパートナーズ」を設けると発表

6月 京大独自の授業料免除措置を新たに実施

11月 尾池総長監修「総長カレー」発売

12月 文部科学省に申請していた、公共政策大学院、経営管理大学院が設置認可される

2月 YouTubeサービス開始／はてなブックマークサービス開始

3月 愛知万博

4月 JR福知山線脱線事故

6月 天皇皇后サイパン慰霊訪問

8月 ハリケーン・カトリーナ、ニューオーリンズ洪水被害

10月 普天間基地の辺野古移設合意、基地問題泥沼化

11月 マンションなどの構造計算書偽造事件

12月 AKB48活動開始

この年 中東で自爆テロ相次ぐ／小惑星探査機はやぶさが小惑星イトカワに到達

2006

10月 吉田寮建て替えに関する副学長団交。当局の建て替え案は白紙に

12月 課外活動関係施設整備計画関係サークル連合（B連）と学生部、西部構内サークルBOX建て替えに合意

4月 京大と早稲田大、連携協力に関する基本協定を締結。二大学による共同開発ブランドビール「ホワイトナイル」の発売を発表

7月 尾池総長発案により「京都大学メールマガジン」創刊

11月 京都大学同窓会設立

12月 教育基本法改正

1月 ライブドア事件、証券取引法違反で堀江貴文逮捕

2月 Twitterサービス開始

5月 藤原正彦『国家の品格』

6月 夕張市財政破綻／村上ファンド事件

9月 第一次安倍内閣発足

10月 北朝鮮地下核実験

11月 京都国際マンガミュージアム開館

12月 ニコニコ動画サービス開始／サダム・フセイン死刑執行／ジェイムズ・ブラウン死去（七三）

この年 森見登美彦『夜は短し歩けよ乙女』が山本周五郎賞受賞／万城目学『鴨川ホルモー』でデビュー

2007

3月 文学部東館の機能移転について、事前に文学部学友会との協議がなかったことに学生側は強く反発

8月 A号館西棟・南棟の改修工事着工。A地下のサークルはハーモニカBOXに移転

10月 一一月祭統一テーマ「超意欲的ニート」、学生有志の問題性指摘で「満喫！ モラトリアム」に変更

12月 西部構内の新サークルBOX棟の建設工事着工

3月 文学部東館の機能を工学四号館内空きスペースに移転することが明らかに／学術研究や教育の充実・発展を目的として学外から寄附金を募る「京都大学基金」を創設

4月 二一世紀COEプログラムを引き継ぎ、グローバルCOEプログラム開始

5月 女性研究者支援センター開所

6月 学校教育法改正

11月 「事務本部」を「教育研究推進本部」と「経営企画本部」に分割。各本部に合計一一のセンターを

1月 防衛省発足／宮崎鳥インフルエンザ

3月 サブプライムローン危機、世界の金融混乱を招く

4月 バージニア工科大学銃乱射事件

6月 iPhone発売

11月 iPS細胞樹立に成功（山中伸弥）

12月 ニコニコ生放送サービス開始

この年 食品偽装問題相次ぐ

設置

12月 京大、東大、早稲田大、慶應義塾大、院生が各大学院で研究できる協定を結ぶ

2008

6月 自治や自由空間を再考する「第一回エポック前夜　原点回帰的村祭」開催。学内で場所を移しつつ四日間にわたり座談会、映画上映、ライブ、演劇など

8月 熊野寮自治会、防犯カメラ設置を決議、導入へ

11月 熊野寮祭「時計台コンパ」初開催。学生ら多数がはしごで時計台屋上へ

4月 桂・吉田キャンパス、屋外全面禁煙に

10月 益川敏英京大名誉教授、南部陽一郎氏、小林誠氏とともにノーベル物理学賞受賞／京大附属図書館の大規模改修がはじまる／第二五代総長に松本紘教授を選出／稲盛財団記念館が竣工

12月 中教審答申「学士課程教育の構築に向けて」が単位制度の実質化（一日の平均学修時間三時間三〇分）など提言

1月 中国産ギョーザ中毒事件

2月 フィデル・カストロ議長引退、弟ラウルが継承（キューバ）／川上未映子『乳と卵』

4月 後期高齢者医療制度導入

5月 四川大地震、死者推定九万人／宇宙基本法、宇宙開発の防衛利用が認められる

6月 秋葉原通り魔事件、七人を殺害

9月 リーマンショック

12月 年越し派遣村

この年　日経平均株価が一年間で四二%下落／『蟹工船』リバイバル

2009

2月 京都大学時間雇用職員組合「ユニオンエクスタシー」、五年雇い止め条項撤廃を求めて「首切り職員村」を開く

4月 ユニオンエクスタシー「くびくびカフェ」オープン

5月 吉田寮自治会、副学長らと「吉田南最南部地区再整備・基本方針（案）」のうち、「新吉田寮A棟」について予備折衝を行う

4月 ユニオンエクスタシーによる時計台前テントを「不法占拠」とし、明け渡しを求めて京都地裁に提訴／「吉田南最南部地区再整備・基本方針（案）」の説明会。吉田寮建て替えを含む大規模改修案を提示

5月 京大、阪大、神戸大、社団法人関西経済連合会に入会

9月 「京都大学 東京オフィス」を開設／京都大学次世代研究者育成支援事業「白眉プロジェクト」の立ち上げを発表

1月 バラク・オバマ大統領就任（米国）／ビットコイン発行

4月 タイで反政府赤シャツデモ、ASEAN会議粉砕

6月 マイケル・ジャクソン死去（五〇）

8月 裁判員制度導入

9月 衆院選で民主党圧勝、政権交代へ／普天間移設について鳩山由紀夫「最低でも県外」発言、翌年撤回し混乱招く

11月 太陽光発電余剰電力買取制度導入、太陽光バブル／民主党政権下で事業仕分けはじまる

2010

3月 この頃、熊野寮にて「KMN48」結成

6月 B連を発展的に改組、西部課外活動施設使用団体連絡協議会（西団連）発足

7月 森毅先生死去（82）

9月 情報公開連絡会で「本部構内の交通安全の確保（案）」の説明に批判相次ぐ／築九八年を迎えた吉田寮で「やったね！吉田寮ほぼ一〇〇周年祭」

12月 本部構内交通規制に関する説明会に学生一〇〇人以上が参加。学生側の批判で計画は白紙に

3月 京都上労働基準監督署、京大に三六協定の特別条項適用について改善を指導。職員一四名に健康被害の恐れがあると警告

4月 時間雇用職員に対する五年条項の適用開始／第二期重点事業実施計画で、西部構内の音楽・演劇系サークル棟、学生寄宿舎の改修・建て替えなどを「今後検討するもの」に挙げる

7月 国立大学法人への運営費交付金の二〇一一年度以降大幅削減の可能性を受けて国大協など緊急声明

9月 学内での交通事故、路上駐輪問題の改善を目的とする交通規制構想が浮上する

11月 時計台前再整備工事はじまる（二〇一一年五月まで）

1月 ハイチ大地震、死者二〇万人超／日本年金機構発足、社会保険庁廃止／日本航空（JAL）経営破綻

3月 子ども手当法／高校授業料無償化法／メキシコ湾原油流出事故、油田掘削施設が爆発

7月 参院選で与党民主党惨敗、ねじれ国会へ／梅棹忠夫死去（九〇）

8月 チリ・コピアポ鉱山落盤事故、閉じ込められた鉱夫三三人は六九日後全員救出

9月 尖閣諸島中国漁船衝突問題

10月 Instagram サービス開始

12月 アラブの春

5月 熊野寮にて「第一回熊野連帯フェスタ」（くまのまつりの前身）開催

9月 くびくびカフェ閉店

2月 入試（二次試験）中に入試問題の一部がネット掲示板に投稿される（カンニング騒動）

3月 東日本大震災の発生により、教育推進部教務企

3月 3・11、地震・津波・原発爆発の複合大災害

5月 オサマ・ビン・ラディン殺害される

6月 LINEサービス開始

2011

画課から卒業生宛てに、仮装などの行為をする学生の卒業式入場を断る旨のメールが送られる。コスプレ学生ほぼ見られず

7月 女子サッカー日本代表がW杯優勝／タイ大洪水、収束までに半年／ノルウェー極右テロ（オスロ政庁爆破・ウトヤ島銃乱射）
9月 ウォール街占拠運動
10月 スティーブ・ジョブズ死去（五六）
12月 北朝鮮で金正恩体制始動、ミサイル外交の強化
この年　東京を中心に反原発デモ

2012

4月 吉田寮自治会と当局「旧食堂の取り扱いと吉田寮新棟の建設について」の撤回および団体交渉を含む話し合いの継続など確約
6月 法学部学生自治会と法学部サークル連合が学生投票。「法経本館の終日利用が認められるよう法学部と交渉する」などの議案すべて可決
9月 国際高等教育院構想に対し、人間・環境学研究科および総合人間学部教授会が同意なき決定に反対する決議／吉田寮自治会と赤松明彦副学長、A棟建設を合意。現棟の老朽化対策に向けて協議を継続する確約書を締結／地塩寮史上初めての寮祭が開催される
11月 人環教員の一部が有志会を結成、国際高等教育院構想の凍結・白紙撤回、総長リコールを求めて活動／理学部学生自治会評議会、国際高等教育院の設置などについて学部に説明を求め要求書を提出。説明会が開催される／一一月祭のファッションショー、学生有志から性差別の観点で問題を指摘され中止／文学部、理学部、農学部、法学部各自治会常任委員会、国際高等教育院構想の強行決定撤回と全学的な説明の場を求める要求書を提出
12月 人間・環境学研究科教員二一名、国際高等教育院構想に手続き上の問題があるとして監査請求／教員有志の会、松本総長の辞職を求める署名集めを開始

4月 赤松副学長「旧食堂の取り扱いと吉田寮新棟の建設について」を発表し、吉田寮食堂取り壊しと代替スペースの新設、A棟建設を吉田寮自治会に通告
5月 学外者集団による自動車・バイク暴走などの被害を受け、本部構内夜間閉門へ／法学部、法経本館の管理方法を変更、終日利用から夜間施錠へ
7月 自転車・バイクなどの盗難が相次ぎ、キャンパスの防犯カメラ設置や夜間巡回の警備員増員が検討される
8月 中教審答申「新たな未来を築くための大学教育の質的転換に向けて」で、学修時間の増加、シラバスの充実、学修成果の把握など提言
9月 翌年度からの全学共通教育科目の抜本的再編が明らかに。教養教育の企画と実施責任を担う新組織「国際高等教育院」の設置構想が判明
10月 グローバルリーダー養成を目的とする五年一貫制の博士課程大学院「思修館」開設／山中伸弥教授ノーベル生理学・医学賞を受賞
12月 部局長会議での批判が出たことを受けて、教育院構想を修正。「国際高等教育院（仮称）の設置について（案）」が承認される

2月 復興庁発足
4月 第一回ニコニコ超会議（幕張メッセ）
5月 東京スカイツリー竣工
10月 東京駅丸の内駅舎復元
11月 新国立競技場コンペ、ザハ・ハディド案選出、のち白紙撤回
12月 第二次安倍内閣発足、自公政権復活

2013

1月 西部構内の旧サークルBOX棟（南棟）解体
4月 法政大学生が逮捕された事件に関連して、熊野寮にガサ入れ。機動隊、令状の読み上げ・身分呈示を行わず
9月 吉田南構内最南部の学生集会所が取り壊され、一〇三年の歴史に幕

1月 全学共通科目群の再編が発表される
4月 「京都大学特色入試」を二〇一六年度から実施することを発表／全学共通科目にキャップ制導入／教員組織を教育研究組織から分離する案が浮上
11月 「京大・アイヌ民族遺骨問題の真相を究明し責任を追及する会」との話し合いを本部棟を封鎖して拒否

1月 アルジェリア・ガスプラント人質事件、イスラム過激派の犯行／アベノミクス政策はじまる、金融緩和・株価維持路線
3月 習近平国家主席就任（中国）
4月 公職選挙法改正、インターネット選挙運動解禁／ドラマ「あまちゃん」放送開始
5月 エドワード・スノーデンによるNSA内部告発
6月 富士山が世界遺産に登録
8月 イチローが日米通算四〇〇〇本安打達成
12月 特定秘密保護法／猪瀬直樹都知事辞任

3月 学生集会所の建て替え、新施設の工事はじまる
11月 私服警官が無断入構。学生が取り押さえ、駆けつけた杉万

2月 入学料・授業料免除申請手続き、ウェブ申請が可能に

1月 STAP細胞論文不正発覚
2月 クリミア危機

2014

俊夫副学長らが事情を尋ねた。この間、学外に機動隊約一〇〇名が待機／警視庁公安部が熊野寮を家宅捜索。大きく報道される／熊野寮、鴨川右岸で「第一回鴨川沿京都大学熊野寮ブロック駅伝競走」を開催／一一月祭前夜祭恒例の「教員酒場」、松本総長に酒類の自粛を求められたことを受けて「教員甘酒」に

8月 「学校教育法及び国立大学法人法の一部を改正する法律」施行
10月 第二六代総長に山極壽一理学部教授を選出

4月 消費税率、五％から八％に
5月 内閣人事局発足、官邸側が官庁幹部の人事権を掌握
9月 雨傘革命、香港で普通選挙要求デモ
10月 まち・ひと・しごと創生本部の設置を閣議決定（地方創生）
11月 空き家対策特別措置法
12月 リニア中央新幹線着工

2015

2月 吉田寮現棟の補修に向けた確約書を杉万副学長との間で締結
3月 吉田寮食堂等の補修が完了
4月 吉田寮新棟の建設工事が完了し、吉田寮自治会に引き渡される
7月 吉田寮自治会、杉万副学長と入寮募集停止を要請する通知文書撤回を確約するが、山極総長は「部局長会議で決めたことなので撤回はできない」
8月 吉田寮自治会、山極総長に公開質問状を提出

1月 「京都大学イノベーションキャピタル株式会社」の設立を文部科学省と経済産業省が認可。国立大学の出資では国内初
4月 エンタメサイト「探検！京都大学」開設
6月 山極総長「京都大学の改革と将来構想」（WINDOW構想）を発表
7月 吉田寮自治会に対し秋期入寮募集停止を要請する通知を出す
8月 「今回の通知は廃寮化を意図したものではない」とし、「学生・大学側から五名程度の代表者を出す円卓会議の設置」を提案
9月 杉万副学長が辞任。後任は川添信介文学部教授

1月 イスラム過激派ISILによる邦人殺害／シャルリ・エブド襲撃事件
3月 又吉直樹『火花』／渋谷区、同性カップルを結婚に相当する関係として「パートナーシップ」を証明する条例を可決
5月 東芝不正会計発覚／SEALDs結成
7月 新国立競技場コンペ白紙撤回／東京オリンピックエンブレム盗作疑惑
9月 安全保障関連法、集団的自衛権行使容認へ
12月 電通女性社員過労自殺、電通に対し労働基準法違反罰金五〇万円

2016

2月 入試期間中、入寮募集要項を配布していた吉田・熊野寮生が大学職員の妨害を受ける
3月 吉田寮自治会が寮生が居住したままの補修を提案するが、川添副学長は団交を拒否／学生生活委員会が学生団体の公認の条件を明文化。顧問の設置や誓約書の提出が義務付けられる
8月 吉田寮自治会、抗議声明で「老朽化対策を行わないまま、大学の福利厚生機能を縮減させている」と当局を批判
10月 ごりらとスコラ、時計台クスノキ前に巨大タテカンを出す

3月 公式サイトの寮案内のページで吉田寮について「入寮募集の停止を要請している」との文章を掲載／公式サイトにて「副学長による情報公開連絡会」を中止する告知、以降開かれず
4月 部局長会議「軍事研究資金を受け入れない」とする一九六七年の申し合わせを再確認
8月 吉田寮自治会に新規入寮募集停止を要請する通知。部屋割り情報を含めた寮生名簿の提出を要求
10月 京大職員、ごりらとスコラによる巨大タテカンを破壊
12月 教育研究評議会、授業料滞納者の扱いを変更。二期（一年）の滞納で除籍とするなどの変更を決定

1月 個人番号（マイナンバー）運用開始
4月 熊本地震／電機大手シャープが鴻海精密工業（台湾）に買収される
5月 オバマ大統領広島訪問
6月 英国が国民投票によりEU離脱を決定、以後混乱続く
7月 相模原障害者施設殺傷事件、入所者一九人死亡
8月 豊洲市場地下汚染水問題
11月 博多駅前陥没事故／フィデル・カストロ死去（九〇）
12月 SMAP解散

2017

3月 吉田寮自治会、入寮募集を継続
5月 京大変人講座開講
8月 吉田寮自治会、抗議声明を発表し入寮選考を継続
10月 京都府警察本部、熊野寮にガサ入れ。寮自治会は、警察による不当行為と人権侵害に強く抗議
11月 一一月祭全学実行委員会、最終日一五時以降の飲酒制限を実施。キャンプファイヤーも中止

1月 女子寮の建て替えを決定
2月 情報学研究科教授、米軍機関からの資金受け取りが一般紙報道により発覚
3月 吉田寮自治会に対し春期入寮募集停止を要請する通知を出す／二〇一七年度より、京都大学基金「企業寄附奨学金制度」を創設
日本学術会議「軍事的安全保障研究に関する声

1月 ドナルド・トランプ大統領就任（米国）
2月 金正男がマレーシアで暗殺される／森友学園問題発覚
5月 加計学園問題発覚
6月 住宅宿泊事業法、民泊解禁／将棋の最年少プロ棋士・藤井聡太四段が二九連勝を達成
10月 ラスベガス銃乱射事件
11月 パラダイス文書公開、国際調査報道ジャーナリスト連合による

12月 吉田寮自治会、退去通告への抗議声明発表、公開質問状を提出

明」を発表

6月 文科省、京大を「指定国立大学法人」に指定。プロポスト制構想を評価

8月 吉田寮自治会に対し秋期入寮募集停止を要請する通知を出す

9月 総合博物館、琉球民族遺骨の所蔵を認める

12月 「京都大学立看板規程」を制定し、看板の大きさや枚数、設置場所、設置日数などを制限する／「吉田寮生の安全確保についての基本方針」を決定し、寮生および公式サイトで通知

リーク

12月 大谷翔平、LAエンゼルス移籍

この年 仮想通貨バブル

2018

2月 緊急シンポジウム「立て看・吉田寮問題から京大の学内管理強化を考える」開催／職員組合が「立て看板規制に対する声明」で問題点の指摘と再検討要求。学内諸団体、話し合いの場の設定を求め要求書を提出／百万遍コタツ事件

5月 有志による市民団体「立て看文化を愛する市民の会」、当局に立看板規程の見直しを求める要請書を提出

6月 職員組合、山極総長宛てに組合の看板を一方的に撤去したことへの抗議声明を発表

7月 百万遍クロスロード「立て看板や吉田寮のある景観を残そうデモ」第一弾／吉田寮自治会「きてみな吉田寮――吉田寮のこと全て伝えます」と題した五日間のイベントを開催

9月 吉田寮在寮期限日に電話回線遮断など行われる

12月 吉田寮自治会、学内集会「踊らされるな、自分で踊れ――大学の今とこれからを語る集い」を主催

2月 京都大学立看板規程は「すでに大学として決定したもの」とし、「話し合いの場を設定しない」と回答

中教審大学分科会将来構想部会「今後の高等教育の将来像の提示に向けた論点整理」で、教育の質保証の不十分さなど指摘。一週間の学修時間（授業約二〇時間、予復習約五時間）を短いと批判

3月 「京都大学における軍事研究に関する基本方針」を制定し、軍事研究を行わないことを明記

4月 京都大学立看板規程に適合するタテカンを取り付けるフレームを吉田キャンパス内五カ所に設置

5月 京都大学立看板規程施行。指定場所以外のタテカンに通告書を貼り出し、一週間後に一斉撤去

10月 本庶佑特別教授、ノーベル医学生理学賞受賞

4月 板門店宣言、文在寅（韓国）と金正恩（北朝鮮）が会談

6月 史上初の米朝首脳会談／大阪北部地震／タイ・タムルアン洞窟遭難

7月 オウム事件関連死刑執行、教祖・麻原彰晃以下全一三人

8月 平成の天皇が退位にむけて「おことば」発表

9月 北海道胆振東部地震

10月 豊洲市場開業

11月 フランスで黄色いベスト運動／カルロス・ゴーン日産会長が金融商品取引法違反で逮捕

12月 米国がユネスコを脱退

この年 Me Too運動

2019

2月 吉田寮自治会「吉田寮の未来のための私たちの提案」発表／オルガ先生像現れる

4月 建て替えていた女子寮竣工

5月 熊野寮「ワークショップくまの」はじまる

7月 一一月祭全学実、全学生の二五%が回答したアンケートで、九七%が「四日間の開催を望む」との結果を受け、当局に日程交渉に関する要望書を提出

8月 一一月祭全学実、当局からの授業期間中の準備などを認める回答を受けて、例年通り四日間の開催を決定

9月 熊野寮「くまの夏の夜まつり」開かれる

1月 京都地裁、京大当局の申し立てにより吉田寮現棟・寮食堂に対する「占有移転禁止の仮処分」を執行

4月 吉田寮の寮生二〇名を相手取り、現棟および食堂の明け渡しを求める訴訟を起こす

6月 一一月祭全学実に「教室での夜間泊り込み」「授業期間中の吉田南構内での準備」を認めないと通告

7月 京都地裁にて、吉田寮裁判第一回口頭弁論が行われる

10月 吉田寮裁判第二回口頭弁論が行われる

12月 吉田寮裁判第三回口頭弁論が行われる

1月 梅原猛死去（九三）

2月 沖縄県民投票、移設反対七割超／天皇在位三〇年式典

3月 イチローが現役引退

4月 ノートルダム大聖堂で火災

5月 平成から令和に

6月 香港で民主化デモ

7月 アニメ制作会社「京都アニメーション」で放火事件、三三人死亡

8月 あいちトリエンナーレで「表現の不自由展・その後」が中止に／渋野日向子が全英女子オープン初優勝

10月 消費税率、八%から一〇%に／ラグビー日本代表が史上初の決勝トーナメント進出／首里城で火災／旭化成の吉野彰がノーベル化学賞を受賞

杉本恭子さんの本に寄せて

尾池和夫

毎日、厚さ一〇センチから二〇センチほどの郵便物が、自宅の郵便受けに届く。ある日、その中にひときわ分厚い封筒があって、この本のゲラが入っていた。めくっていくとだんだん面白くなって、つい読み進んでしまった。

私が京都大学に入ったのは一九五八年四月、出たのが二〇〇八年九月末である。かれこれ五〇年ほどいた京大のことが書いてあるから、なつかしいキーワードが次つぎと出てくる。吉田寮、熊野寮、西部講堂という建物、その中で活動する学生たち、総長団交。自由の校風という、わかったようなつもりになる言葉も並んでいる。立て看のところには尾池和夫が提供したという写真もある。これがそもそもやっかいなことに巻き込まれたきっかけであった。ある日、杉本恭子さんから、新聞で見た立て看の写真をほしいというメールが入ったからである。

その写真は、私が学生部担当の副学長として最後の三月に、立て看は京大の文化だから学生部として写真を撮っておくようにと、職員に指示して撮影した解像度の高い写真で、看板の内容が充実しているのがよくわかる。最近、百万遍の角にあった立て看を見て、字がうまくないと言ったことがあるが、私の手元にある記録写真の立て看は実によくデザインされている。

「きんじハウス」という言葉もあった。その当時は、理学研究科にいて京都大学評議員であった。占拠された建物の無血開城を計画して、実行するときの指揮を鎮西研究科長から命じられた。早朝から静かに集まった教授たちを指揮するのであるが、自由の学風を最も重んじている理学研究科の教授たちが集まるのである。いつもはひとりずつ、まったく別々のことに関心をもって、自由に研究を楽しんでいる方たちである。きんじハウスを占拠している人たちのことはほとんどわからないが、猿学のベテランは個体識別の技術をもっているので勝手に名付けて識別はできていた。

ゲラに出てこないことも、読みながら思い出した。文部省の方針とは相容れないことであったが、朝鮮大学校の卒業生の理学研究科への入学を認めたことがあった。周囲にいる教職員の多くは、理学研究科長の私がやっていることを知っていたが、皆が邪魔をせずに、合格発表まではじっと見ているという態度であった。発表の朝、朝日新聞とＮＨＫが、前もって取材していて、精度の高い報道をしてくれた。本庁（文部省）の課長さんには電話で叱られた。お言葉を書面でほしいと頼んだが、だめだった。私はこのとき急性心筋梗塞から生還したばかりで、やゃしんどかったが何とか乗り切った。時の文部大臣は有馬朗人さんで、国会質問もこなしてくれた。民族学校の問題を一歩進める結果になったと思うが、大学本部からは呼び出されて説明を求められた。部局長会議で、理学研究科の規則によって、「たとえ三歳であっても研究科が認めれば受験させる」と発言したら、法学研究科長から「法の前に常識というものがある」とご注意があり、たいへん感銘を受け、それ以後、言い方が変わった。

学生部担当の副学長のときは、差別落書きが学内で発生して、その対応に追われた。夜中まで学生たちとの団交があったが、学生部委員会の委員に付き合ってもらい、学生部の職員に支援してもらった。夜中過ぎると、委員や職員、団交相手の学生も、それぞれの人柄がよく見えてくるという貴重な体験をした。確認書は、異常な雰囲気で無理矢理サインするというようなことは決してなく、十分議論して納得するまで時間をかけた。学生のために仕事しているという基本思想が、皆の背景にあったことが大きな効果を生んでいた。

もうひとつ、大学という場にとって、たいへん重要な視点がゲラにあった。一九八九年、京都大学新聞によるサークルＢＯＸ特集のなかに、「国有財産は税金でつくられるのであり、特別に問題がない限り誰でも自由に使えるべきだ」という文章がある。最近、公文書を読む機会が多いので、税金を使う以上、その成果をわかりやすく国民に説明する必要があるという内容を頻繁に目にする。そのこととの関連で、京都大学新聞の表現は新鮮であった。何の役に立つかという言葉は、最近の予算書にはしかたなく出てくるが、ふだんの研究者の議論にはあまり出てこない。研究者たちは盛んに「面白い」という言葉を使う。面白いから研究をして、面白いから学習をするのが大学なのである。人類の存続のために、子孫の繁栄を願い、自分の心身の健康のために、食を楽しみ、芸術を楽しみ、知的好奇心に応える学習をする。それらを支えるのが大学であり、面白いと人びとが感じることができれば、それが大学で懸命に仕事する研究者や学生たちが、税金を使って挙げた成果なのである。

今、京都大学では、出身者たちの言葉を、一二五周年記念としてウェブサイトに次つぎと掲載している。求められて書いた「一八歳のとき入って」という文章から、以下を引用しておく。「教育の認証評価という仕事で、東京大学など多くの大学の評価をしました。そして自分の学生の時を振り返り、京大の自由の学風というのはよかったと初めて意識しました。理学部にいるとき、周囲の人たちは皆、異なる分野の研究をしていました。それでもいつも議論していましたが、何の役に立つかというようなことは議論しませんでした。面白いというだけの意識で議論していました。外から京大を見るようになって最近、自由の学風はどうなっているのかと気になるようになりました。面白いから学問をやるのだという学風を、私たちにも外から見えるように、いつまでも守ってほしいなと思って見ています」

杉本さんのウェブサイトには、「書くことは聴くことからはじまる。誰かの思いをていねいに聴き、伝えていくいとなみを通して、この世の中を耕していきたい」とある。私が尊敬する京都大学での同僚に東山紘久さんがいる。私が総長のとき、副学長として学生部を担当して活躍してくれた。彼が言っていたのが、「人は、今日はしゃべりすぎたという反省をするが、聞きすぎたという反省をすることはない」という言葉だった。その言葉で、人の話を聞くということの意味を学んだ。

杉本さんが書いた記事に、河村能舞台を守りながら、「能楽おもしろ講座」を開く河村純子さんの話がある。「みんなはお笑い芸人の言葉だと思っているかもしれないけど、『ノリがいい、ノリが悪い』は、室町時代から使われている能の言葉。ノリがいいというのは、調子の良いリズムに乗る音楽を表す言葉なんです」。要するに杉本さん自身も、「ノリのいい人」なのであろうと思った。そうでなければ、これほどたくさんのインタビューを、これほど分厚い本にまとめるなどという途方もないことができるはずがない。

私には読書の趣味がなく、めったに本を読まないが、久しぶりに本を読んだという気分になった。しっかり読んだが、分厚い割に、私のことは一行出てきただけだった。夜遅くなってしまったが、これからまだ、遠隔講義の用意をしなければならない。忙しいがとても充実感のある一日だった。

（二〇二〇年五月二十六日　第二十四代京都大学総長）

大学の自治空間を大切に思っていたからこそ、卒業後は「絶対に後ろは振り返らない」と決めていました。ノスタルジーは苦手。だから、この本の企画も最初は断るつもりでした。でも、他の人に「キッチュでサブカルな京大の学生文化」として上手に書かれてしまったら？　きっとわたしは後悔します。それに、自分の原点を見つめ直すことは、書いて生きていく自分にとっても意義あることだと思い直して引き受けました。

取材をはじめてからの一年半、約五〇人の卒業生・現役学生、教職員の方たちの声に耳を傾け、資料を紐解いて書いた原稿をもとに彼らと議論を重ねました。あえて言葉にせずに共有していたことを書き起こしていくのはとても難しく、本当にしんどかったけれど、しあわせな時間でもありました。今は、旅先での長い滞在を終えて、最後の手紙を書いているような気持ちです。わたしたちはこれからこの世界で、どんなふうに生きて、誰とどんな関係をつくっていくんだろう？

いろんなかたちで、この本に関わってくれたすべての人に、心からの感謝を伝えたいと思います。京都大学の自治について多くの示唆を与えてくれた、森下光泰さんと鈴木英生さん。ご多忙のなかインタビューに答えてくださった森見登美彦さん、文章を寄せてくださった尾池和夫先生。そして、編集者の臼田桃子さんに重ねてお礼を申し上げます。

この本から、たくさんの対話の場が開かれることを心から願っています。

二〇二〇年六月一五日、京都にて　杉本恭子

主要参考文献

各章末注や脚注で示した以外に、本書の基本資料および背景として参考にした文献を挙げた。

〈京都大学関連〉

・『京都大学新聞』京都大学新聞社、一九八九-二〇一九年発行分
・『京大教養部報』京都大学教養部部報委員会、一-二〇五号、一九六四-九二年
・『京大広報』京都大学、一九八九-二〇一九年発行分
・京都大学新聞社編『京大闘争――京大神話の崩壊』京大全共闘協力、三一書房、一九六九年
・石田紀郎『現場とつながる学者人生――市民環境運動と共に半世紀』藤原書店、二〇一八年
・尾池和夫『四季の地球科学――日本列島の時空を歩く』岩波新書、二〇一二年
・酒井敏『京大的アホがなぜ必要か――カオスな世界の生存戦略』集英社新書、二〇一九年
・東山紘久『プロカウンセラーの聞く技術』創元社、二〇〇〇年
・安達千李ほか編『ゆとり京大生の大学論――教員のホンネ、学生のギモン』ナカニシヤ出版、二〇一三年
・福田桃果『京都大学熊野寮に住んでみた――ある女子大生の呟き』エール出版社、二〇一八年

〈大学改革関連〉

・佐藤郁哉編著『50年目の「大学解体」20年後の大学再生――高等教育政策をめぐる知の貧困を越えて』京都大学学術出版会、二〇一八年
・田中弘允、佐藤博明、田原博人『検証 国立大学法人化と大学の責任――その制定過程と大学自立への構想』東信堂、二〇一八年
・山上浩二郎『検証大学改革――混迷の先を診る』岩波書店、二〇一三年
・山口裕之『「大学改革」という病――学問の自由・財政基盤・競争主義から検証する』明石書店、二〇一七年
・吉見俊哉『大学とは何か』岩波新書、二〇一一年

〈背景資料〉

・青木淳『原っぱと遊園地――建築にとってその場の質とは何か』王国社、二〇〇四年
・網野善彦『無縁・公界・楽――日本中世の自由と平和』平凡社選書、一九七六年
・トッド・ギトリン『60年代アメリカ――希望と怒りの日々』疋田三良、向井俊二訳、彩流社、一九九三年
・リチャード・セネット『無秩序の活用――都市コミュニティの理論』今井高俊訳、中央公論社、一九七五年
・ヴィクター・W・ターナー『儀礼の過程』冨倉光雄訳、新思索社、一九九六年
・たんぽぽの家編『ソーシャルアート――障害のある人とアートで社会を変える』学芸出版社、二〇一六年
・鶴見俊輔『限界芸術論』ちくま学芸文庫、一九九九年
・ジェイミー・バートレット『ラディカルズ――世界を塗り替える〈過激な人たち〉』中村雅子訳、双葉社、二〇一九年
・ミハイル・バフチン『ドストエフスキーの詩学』望月哲男、鈴木淳一訳、ちくま学芸文庫、一九九五年
・G・ベイトソン『精神の生態学』佐藤良明訳、思索社、一九九〇年
・ランドルフ・T・ヘスター『エコロジカル・デモクラシー――まちづくりと生態的多様性をつなぐデザイン』土肥真人訳、鹿島出版会、二〇一八年
・松岡博之『ハンセン病療養所と自治の歴史』みすず書房、二〇二〇年
・横田弘『障害者殺しの思想［増補新装版］』現代書館、二〇一五年
・良知力『青きドナウの乱痴気――ウィーン1848年』平凡社ライブラリー、一九九三年

杉本恭子（すぎもと きょうこ）
同志社大学大学院文学研究科新聞学専攻修了。学生時代は、同大の自治寮に暮らし、吉田寮や熊野寮、ブンピカなどで自治を担う京大生とも交流した。現在は、フリーランスのライターとして活動。アジールとなりうる空間、自治的な場に関心をもちつづけ、寺院、NPO法人、中山間地域でのまちづくりを担う人たちなどのインタビュー・取材を行っている。
https://writin-room.tumblr.com/

京大的文化事典
自由とカオスの生態系

2020年6月25日　初版発行
2020年8月20日　第二刷

著者　杉本恭子

装画　宮崎夏次系
ブックデザイン　吉岡秀典（セプテンバーカウボーイ）
DTP　チーム組版（藤原印刷）
編集　臼田桃子（フィルムアート社）

発行者　上原哲郎
発行所　株式会社フィルムアート社
〒150-0022
東京都渋谷区恵比寿南1-20-6　第21荒井ビル
tel 03-5725-2001
fax 03-5725-2626
http://www.filmart.co.jp/

印刷・製本　シナノ印刷株式会社

ISBN978-4-8459-1823-2 C0095